THE RHETORIC

ザ・レトリック

人生の武器としての伝える技術

ジェイ・ハインリックス 著
多賀谷正子 訳

ポプラ社

THE RHETORIC

人生の武器としての伝える技術

To Dorothy Jr. and George: You win.

Originally published by Three Rivers Press,
an imprint of the Crown Publishing Group,
a division of Penguin Random House LLC, New York
as Thank You for Arguing: What Aristotle, Lincoln,
and Homer Simpson can Teach Us about the Art of Persuasion.

Japanese translation rights arranged with
Cynthia Cannell Literary Agency
Through Japan UNI Agency, Inc., Tokyo.

まえがき

第6代米国大統領のジョン・クィンシー・アダムズが自分の人生を変えた、という人はあまりいないだろう。たとえいたとしても、自分だけの秘密にしておいたほうがいいと知っているに違いない。私は3000年も前に生まれたレトリックという説得術――自分の考えや思いをうまく相手に〝伝える技術〟――について熱心に学んできたが、それをテーマにした本を書くと言ったとたん、友人たちに口を揃えて反対された。

だが、言わせてもらいたい。ジョン・クィンシー・アダムズを通じてレトリックを知ったことで私の人生は変わった！

もう何年も前のことになるが、ある日、私はダートマス・カレッジの図書館を特に目的もなくぶらつきながら、さまざまな本を手に取ってはパラパラと眺めていた。そのとき、書庫に、レトリックに関するコーナーがあって、たくさんの本が並んでいることに気づいた。ちょうど目の高さにアダムズの書籍があった。赤茶色の表紙でほこりっぽかったのを覚えている。その本を開くと、私は屋内にいながらにして、探検家のような気分になった。ここに宝が眠っていると感じたのだ。

その本には、アダムズが1805年から1809年にかけてハーバード大学の学生に向けて行った、レトリックに関する一連の講義録が載っていた。当時アダムズは米国の上院議員をしており、マサチューセッツとワシントンのあいだを行き来していた。最初の講義録によれば、お腹が出て頭の禿げ上がった38歳のアダムズが、知識欲にあふれた若者たちに向かって「古代のレトリシャン（雄弁家）が残した演説から無敵の力を学ぶべきだ。その力があれば、聴衆の心を語り手の意に沿うように変えたり、国の指針を国民が望むような形にしたりすることもできる」と語ったらしい。

それ以来、レトリックに関する本を片っ端から読んできた。そして、気づいたことがある。アダムズの言葉そのものは古くさいが、彼の言う「説得の力」は本物である。レトリックとは単なる大げさな美辞麗句ではない。辞書に載っているように「言葉を使って影響を与えたり説得したりすること」だけでもない。**レトリックは、私たちに、怒りの感情を掻き立てずに会話や議論をすることを教えてくれる**のだ。

新版へのまえがき

この本を執筆し始めたころ、妻は、これでようやく私がレトリックを使わなくなるだろう、と思ったらしい。残念だがそうはいかない。書き始めてからというもの、レトリックは私の一部になった。毎日スカイプで学生と話したり、大学で講義をしたり、コンサルティングの仕事をしたりしていると、レトリックについて何かしら学ぶことがある。

実際、この〝伝える技術〟にのめり込むのは有益なことでもあるとわかった。本書はこれまでに11もの言語に翻訳されている。高校の英語の上級クラスでは標準的なテキストとして使われるようになり、多くの大学やロースクールの授業でも使われている。ニューヨーク・タイムズ紙のベストセラーにもなった。

聡明な若者たちのあいだでレトリックが広がりつつあるという事実は、根深い問題だらけのこの社会において、私に希望を与えてくれる。フェイクニュースがあふれ、お粗末な政治が行われ、社会や大学では右へならえの集団思考に陥りがちなこの時代、レトリックこそが新しい道を切り拓いてくれるからだ。いや、むしろ、レトリックが、資本主義・民主主義国家が生まれたころのように対話によって問題を解決していた時代に私たちを戻してくれるかもしれない。

私の家族も、レトリックが自分にとって役に立つものだということを知った。まだ子どもたちが幼いときから、私は夕食時になると決まって、レトリックを使って熱心に話をしていた。家族はうんざりしていたようだが。そのおかげか、いまでは息子と娘も根っからのレトリシャンである。本書に登場するのは、子どもたちがまだ10代のころの話がほとんどだが、いまでは彼らも成長し、きちんと話のできる立派な社会人になっている。

娘のドロシー・ジュニアは、ワシントンD．C．で移植手術後の患者のケアを行う看護師として働いており、息子のジョージは、アイダホ州のサン・バレーにある高校で歴史を教えている。彼は討論の授業も担当し、本書をテキストとして使っているそうだ。ふたりとも、怒りの感情を起こさずに議論する方法を心得ている。妻のドロシー・シニアは、医科大学や医療センターの資金調達を担当する上級職として働いていており、仕事にレトリックを生かしている。

本書を読んでくださった方々もレトリックという伝える技術の恩恵を受けているようだ。読者のみなさんが、日常生活のなかでどのように本書で紹介した方法を生かしているのかを聞くのは、とても楽しい。私のとっておきの技法は何か、とよく聞かれる。**私自身は「譲歩」という相手の論点に同調する方法を最近よく使っている。この方法を使えば、どんな方法よりも早く、相手とのあいだの緊張を和らげることができる。**

また、読者や教育関係者からは、たとえばいじめに対処するときや、文章を書くときに使えるような技法をもっと教えてほしい、というリクエストもいただいた。この新版では、その両方のリクエストに応えるべく新しい章を加えてある。さらに、比喩の奥深さについて考察した章も設けた。比喩を使うことで事実を和らげて伝えたり、より豊かな言葉で彩ったり、ときには人々の意識を「操る」ことができる。

この原稿を書いている最中、ドナルド・トランプが政界において驚くほどの躍進を見せた。彼のストレートな物言いに傾倒する有権者も多いようだった。トランプは、2016年の選挙運動で「短い文章を重ねていく」という演説の秘訣を効果的に用いており、この技法を説明するまたとない機会となった。

巻末には「伝える技術　実践編」と題して、練習問題をつけてある。これは素晴らしい修辞学者のデイヴィッド・ランデスの協力で実現したものだ。彼はドバイにあるアメリカン大学で教鞭をとるかたわら、世界中を回ってワークショップを開催したり、ゲスト講演者として話をしたりしている。また、ArgueLab.com〔英語サイト〕では映像やブログもご覧いただけるようになっている。

デイヴィッドは、いまの時代にうまく合う方法でレトリックを教えている。「人を操る技術ではないのか」という倫理上の問題について、もっともらしい疑問を投げかける人も大勢いるが、レトリックは、ほかのどんな科目をもってしても不可能な形で「世の中をひとつにする」ことができる、と彼は指摘する。「**レトリックは、力をもたない人に力を与え、傷ついた人の心を癒やし、人間関係を修復する力をもっている**」と彼は言う。

実際、レトリックは一流の論客を育てるのに役立つとはいえ、**技術のほとんどは勝つことを主眼とはしていない**。「状況の数だけ議論をする動機がある」とデイヴィッドは言う。「評価されたいのではなく、ただ話を聞いてもらいたいだけの人が大勢いる。一方で親身になって話を聞いてもらいたい人もいる。いかにも自信がありそうに意見を言わなければならないというプレッシャーを感じている人もいる」

そんなときこそ、レトリックの出番だ。レトリックを学べば、言葉の奥深くに潜んでいる力や、その裏側にある動機を理解できるようになる。**効果的に相手を説得するには、聞き手が何を信じ、何を期待し、何に重きを置き、どんな感情を抱いているかを読み取る力が必要だ。〝伝える技術〟を学ぶことで、どんなときにも冷静に、それを読み取れるようになる。**レトリックを使えばあなたの論点を聞き手にわからせることもできるし、世界だって変えられる。だが、デイヴィッドの言葉を借りるなら、レトリックは「人のためにあるのであって、概念のためにあるのではない」。

ときとして、レトリックは破壊的な力ともなる。操られないように備えるだけでも、意味がある。だが、**レトリックという伝える技術は何よりも人を癒やす力をもっている。**レトリックがこの文明社会を救ってくれる、と私は心から信じている。

目次

Part 2
DEFENSE

「守り」の伝える技術
相手の議論から身を守る

Part 3
ADVANCED OFFENSE

「攻め」の伝える技術 応用編 相手を自然に動かす

Part 4

ADVANCED AGREEMENT

大勢の人の心をつかむ技術

Concordia discors.

不和の中にも調和あり

—ホラティウス(古代ローマの詩人)

1章 伝える技術の達人になるために

真実は友との議論から生まれる。

——デイヴィッド・ヒューム（18世紀のイギリスの哲学者）

ある日の早朝、17歳の息子が朝食をとっている隙に洗面所を使うことにした。我が家には洗面所がひとつしかないので、使うならこのタイミングだ。タオルを腰に巻いて洗面台の前に立った。鏡に映った自分のむさくるしい顔は極力見ないようにしながら、歯ブラシと歯磨き粉を手に取る。すると、歯磨き粉のチューブが空だった。買い置きがしまってあるのは寒い地下室だし、この恰好ではとても取りに行けたものではない。

「ジョージ！」大声で息子を呼んだ。「歯磨き粉を使いきったのは誰だ？」

するとドアの向こうから嫌味たっぷりな答えが返ってきた。「そこは問題じゃないよね、父さん？」ジョージが言った。「今考えるべきなのは、どうしたら同じことが二度と起きないかってことじゃないの？」

一本とられた。**実のある議論をするには、終わったことではなくこれからのことを話すこと、何を選択するか、何を決定するかについて話すことが大切**だ、とこれまで繰り返し息子に教えてきたのだ。

「そのとおり」と私は答えた。「お前の勝ちだな。そこでお願いなんだが、歯磨き粉を取ってきてもらえないか？」

「いいよ」ジョージが歯磨き粉を取ってきてくれることになった。父親を言い負かしたことに気をよくしたらしい。

だが、本当に息子が勝ったのだろうか？　思いどおりの結果を得たのはどちらなのだろう？　実際は、私のほうが、息子の論点を認めてやることで彼を説得したのだ。もし私が「くだらないことを言ってないで歯磨き粉を取ってこい！」と言ったら、息子は議論をふっかけにやってきたかもしれない。だからこそ、息子には「父親に勝った」と思わせたのだ。勝ったと思ったからこそ息子は頼みを聞く気になったのだし、私の側からしてみれば、自分の思いどおりにことが運んだというわけだ。説得の力を最大限に活用した結果だ。**説得とは、単に相手の合意を得ることではなく、聞き手をこちらの思いどおりに動かすこと**である。

悪いな、ジョージ。勝ったのは父さんだ。

ジュリアス・シーザーもシェイクスピアもレトリックを学んだ

息子を操るなんて、いったいどんな父親だと思われるかもしれない。いや、「操る」という言葉はやめて「指示を与える」と言うことにしよう。子をもつ親なら誰しも、読み書き算数と同じぐらい、レトリックという説得術、つまり自分の考えや思いをうまく相手に〝伝える技術〟を重視すべきだ。レトリックとは、聞き手に影響を与え、友好的な関係を築きながら雄弁に語り、ウィットの効いた答えを返したり、反駁《はんばく》の余地のない論理を展開したりする技術である。レトリックは、人を説得するうえで役に立つ。

　気づいていないかもしれないが、**あなたの周りのいたるところでこの伝える技術が使われている。**あなたの感情に訴え、あなたの気分を変え、決断を促し、物を買わせようとしている。政治的立場のレッテル貼り、広告、仲間うちの言葉、声や身振り、罪悪感の背後にも潜んでいる。**レトリックを知っていると、議論の論点や説得の仕方がわかるようになる。**

　その昔、**レトリックはリーダーシップに欠かせないスキルであると考えられており、とても重要な知識として高等教育の中心に置かれた。**教育を受けた人は、レトリックから説得力のある話し方や書き方を学び、演説をするときには何を言うべきかを考え、演説で聞き手の好感を得る方法を学んだ。

　古代ギリシャ人が生み出したレトリックは、世界初の民主主義国家の創設にも大きく寄与した。レトリックを使って、古代ローマのジュリアス・シーザーやキケロは演説に磨きをかけ、聖書も崇高な言葉で紡がれていった。かのウィリアム・シェイクスピアもレトリックに感化されたひとりだ。アメリカ建国に貢献した人々もこぞってレトリックを学び、その原理を憲法の草稿に利用した。

　一方、学術研究の世界では、1800年代に入るとレトリックに関する学問は衰退していった。社会科学者たちは、「たったひとりの人間の力でも、レトリックを使えば抗《あらが》いがたい歴史の流れに立ち向かえる」という意識を失ってしまったのだ。

同じころ、古代ギリシャや古代ローマの文学はイギリス文学にとって代わられ、古代の考えは廃れていった。しかし、そうした時代の流れにあっても、レトリックを学び続けていた人がいた。そのひとり、ダニエル・ウェブスターは、アメリカ・ニューハンプシャー州のダートマス・カレッジで、ユナイテッド・フラタニティという討論クラブに入ってレトリックを学んだ。そのクラブはみごとな古典のコレクションをもつ図書館を所有しており、そこでは毎週のように討論会が開かれた。のちにそのクラブは、アルファ・デルタと名称を変えて、映画『アニマル・ハウス』のモデルになることで永遠にその名をとどめることとなった。

大学でレトリックの人気が高まっている

現在でもまだレトリックを教える大学は残っていて、実際、学部生のあいだでは急速に人気が高まっているという。だが学界の外では、もはやすっかり忘れ去られていると言ってもいい。なんともったいない話だろう。

私が本書を執筆しようと思った理由はそこにある。読者のみなさんをあまり知られていないレトリックの世界へ誘い、伝える技術の達人へと導くこと、それが本書の目的である。読み進めていくうちに、アリストテレスが提唱した信頼に値するリーダーシップの3つの特質、「徳（大義）」「実践的知恵（技能）」「公平無私（思いやり）」についての理解が深まるだろう。論理を使って人を説得し、誤った考えを排除し、盤石《ばんじゃく》な主張を繰り広げられるようになるはずだ。議論が非難の応酬や怒りに満ちたものになって先へ進まなくなった場合の対処法も説明しようと思う。

まだこの本は始まったばかりだ。これから先のページでは、古代の文献から拝借して現代の状況に合わせた技法を100通り以上紹介し、家庭、学校、職場、コミュニティでの使い方も提案する。それを読めば、論理の力を使うとうまく話が進むのはどんなときで、感情に訴えかけたほうがよいのはどんなときかがわかるだろう。スピーチで相手の心をつかむための技法や、ミスをしたときに、それを逆手に取ってうまく利用する方法も紹介するつもりだ。

本書を読み終わるころには、あなたも、聴衆をぐっと引きつける技術を身につけているだろう。昔から人間は、上手に語られる話を聞くのが大好きだ。本書ではまるまる一章を割いて、キケロが提唱したスピーチを組み立てるときのコツについても解説する。これは2000年も前から偉大なる演説家たちが利用してきた方法でもある。

最も効果的なレトリックは、その技術が決して表からは見えないものだ。そこで本書では、言葉だけで巧みに聞き手の頭に語り手の意見を刷り込む技術も明らかにしたい。

レトリックを学ぶと、こうした実践的な方法が身につくだけではなく、哲学的な幅広い気づきを得ることもできる。**私たちの周りにはレトリックがあふれかえっていることに気づけば、世界の見え方も変わってくるはずだ。**私自身が、その生き証人である。

誰にも説得されないよう一日を過ごしてみる

つい最近、自分の周りにどれほどレトリックがあふれているのか確かめたくて、私を説得しようとするものをすべて避けて、一日を過ごしてみたことがある。広告も見ない、政治家の話も聞かない、家族と喧嘩もしない、そのほか手段を問わず私を精神的に操ろうとするものすべてを排除した。誰も私を説得しようとしないし、私も誰かを説得しようとはしない。自分で自分を説得してもいけないのだ。誰も、私自身さえも、私に何をするべきか指図しない、そんな一日を過ごした。

この実験をしようと思ったら、私のように「隠遁生活」を送っていなければならない。私は個人で仕事をしている。報道・出版業界から脱落した結果、ひとりで仕事をすることになったわけで、自宅からちょっと離れたところにある小さな部屋で仕事をしている。広告業界の人にとって、私のような者は悪夢にちがいない。なにしろテレビもスマートフォンも持っていないし、インターネットはダイヤルアップ接続というありさまだ。

それでも、6時になると腕時計のアラームが鳴る。ベッドから起き上がるためにいつもアラーム機能を使っているのだが、今日はそれも無視しよう。天井を見上げる。すると、煙感知器が「安心してください」とでも言わんばかりに点滅している。

当面、感知器は何も言うことがなさそうだ。だがペットの猫が何か話したがっている。猫はベッドの上に飛び乗ると、私の脇の下に鼻をこすりつけてきた。腕時計のように時間に正確で腕時計の

2倍うるさい愛猫は、言葉を話すこともない4・5キロほどの毛むくじゃらの生き物だというのに、説得上手だ。言葉の代わりに身振りや声のトーン――それこそ説得力をもつレトリックの要素だ――を使って私を説得しにかかる。

それでも私は断固として抵抗する。今朝は愛猫といえども私に指図することはできないのだ。

そこへまた腕時計が鳴る。私が愛用しているのはタイメックスのアイアンマンというスポーツウォッチで、トライアスロンにちなんで名づけられた腕時計だ。マゾヒスティックな選手が、一日で3・8キロの水泳と180キロの自転車走行と42・195キロのマラソンをこなすときに使っても問題ないのだから、昼休みに魚を探しに小川まで精力的に歩いていく私のような人間が使うにはまったく問題ない、ということなのだろう。古代ローマ人がこのアイアンマン・ブランドを見たら、「なおさら議論」を繰り広げている、と言うだろう。厳しい環境で問題なく動いているのだから、ゆるい環境ならなおさら問題ない、という論理展開だ。広告業界の人はこの論法を好んで使う。

まだベッドから起き上がってもいないというのに、この時点ですでに愛猫と煙感知器からのアピールを受け、腕時計から「なおさら議論」を投げかけられている。なんとか身体を起こしてベッドから出ると、鏡の中の自分に向かっていつものように言った。「誰にも説得されないぞ」

「誘惑」は会話や議論の奥に潜んでいる

愛猫が私のかかとをかじってくる。タオルをつかんで猫の朝食を用意しに行った。その5分後、歯磨き粉がなくなっていることに気づいて、息子と議論になったというわけだ。実験の滑り出しとしては、あまりよくない展開だ。こういうとき、科学者なら「人的要素あり」（つまり、まぬけなミスがあった）と婉曲《えんきょく》に言うものだ。だから私も、今回はそう記録しておくことにして、先へ進もう。コーヒーメーカーをセットした後、ノートにこれ見よがしにメモを取り始める。コーヒーを飲む前に書いたメモは、後で見返すと自分でも判読できないので、文字にしても何の意味もないのだが、レトリック的には大きな収穫がある。私が何かものを書いているときは、たいてい妻が朝食の準備をしてくれるのだ。

私が仕事を辞めてからは、妻のドロシーがフルタイムで仕事をしている。私が料理をするという取り決めにしたのだが、彼女は夫が精力的に執筆すると喜び、彼女自身も夫がもの書きとして成功するのをうまく手助けできる人間でありたいと思ってくれている。妻は屈託がなく、どうやらそういうタイプほど才能のある作家というやつに惹かれるらしい。もちろん、才能のある作家に惹かれる屈託のない女性という役割を演じることで、彼女が私を説得している、つまり妻が私をその気にさせている可能性はある。「誘惑」は、**最も巧妙で楽しい会話や議論の奥に潜んでいる。**

「誘惑」は性的なことだけに使われるものではない。ハーパーズ・マガジンの記者フレデリック・カウフマンは、フード・ネットワーク〔レシピなどを紹介するウェブサイト〕が、どんなふうにポルノ業界と同じ手法を使っているかを示している。強調された音、物語としての筋はあまりなく、見栄えのいい人物を、ピチピチの食材とあふれんばかりの肉汁や果汁のクローズアップ映像を交えながら映し出す、といった手法だ。

また以前、中古車のセールスマンに1万5000ドルの中古車を買わないかと勧められたことがある。そのとき私は家族とともにコネティカット州に引っ越したばかりで、安い車を探していた。引っ越し作業の疲れから、私は少しイライラしていた。中古車が並ぶ駐車場で、こちらが何も言わないうちから、そのセールスマンにつかまった。すると、彼が地味なフォード・トーラスのセダンタイプを試乗してみないかと提案してきた。私が同意すると彼は即座にこう言った。「サーカス王のP・T・バーナムの墓まで行ってみませんか?」私は同意した。

実に素晴らしい場所だった。クジャクが道を横切り、車を止めなくてはならないこともあった。鮮やかな青色をした野生のオウムが大きなモミの木の枝の上で鳴いていた。試乗の旅は素晴らしかったので、私はセールスマンの提案どおり、フォードを購入した。ポンコツだったにもかかわらず。

セールスマンが、私の気分を変えたのだ。要するに、私を「誘惑」したのだ。正直に言って、とても楽しかった。翌朝思い返してみると、彼の行動に少しばかり疑念を抱いたが、後悔はない。同意のうえでのことだったのだから。

これこそ**話し合いの最大の成果、「同意」**というものだ。単なる合意以上のもので、妥協とも違う。「同意」は聞き手の常識的な判断のこと。そう、それはまさに共通の考えであり、選択を、つまり決定あるいはとりたい行動を、ともに信じる気持ちのことである。そこに「誘惑」が入り込む余地がある。聖アウグスティヌスも言っているように、**信じるには感情が必要**なのだ。

「誘惑」とは相手を「操る」ことであり、議論もときに人を操るためになされるが、私たちは「誘惑」するのを尻込みしてしまう。だが、この方法を使えば同意を得ることができる。論理学の父であるアリストテレスも、「誘惑」には効果があると信じていた。**論理だけでは人間を行動へと駆り立てることはできない。相手に行動したいと「望ませる」ことが必要**なのだ。「誘惑は人を操る」ということを受け入れがたい人もいるかもしれない。だが、「**誘惑」は争いを生まない**。そして私たちはよく、争いと議論を混同してしまうのである。

自宅で試してみよう

愛する家族を操るなんてとんでもない、と思った方は、論理だけを押し通す方法を試してみてほしい。感情抜き、隠れた戦術もなし、家族のなかでのあなたの権威を相手に思い出させる方法も使わない、あなたがどんな犠牲を払っているかも口に出さない――そうやって、家族に接してみること。これを丸一日やってみる。すると家族がどれほどイライラしだすか、わかって驚くはずだ。そうなったら、「誘惑」が家族の気分を変えるのに効果的だ。

キツネもレトリックを使っている

そうこうするうちに、私の実験もいよいよ怪しくなってきた。私が洗面所を出ると、ちょうど妻のドロシーが卵料理を食卓に並べているところだった。彼女はスーツの上着に袖を通すと「今日は遅くなるからよろしく。レセプションでオードブルをたっぷり食べてくるわね」と言ってロースクールの資金調達の仕事に出かけていった。

私はジョージに向かって言った。「今晩、父さんと一緒に夕食をどうだ？　それとも学校で食べてくるかい？」ジョージは寄宿学校に通学生として通っているのだが、学校の食事が口に合わないらしい。「どうしようかな」息子が答えた。「学校から電話するよ」

今日は遅くまで仕事をしようと思っているので、料理をする気分ではない。だが、息子に父親が自分より仕事を優先しているとは思わせたくない。「わかった」と答えて、いかにも料理をする気がありそうな感じでこう付け加えた。「今夜はシチューにしよう！」

「ゲッ」ジョージが呟いた。よし、いいぞ。息子が大学の食事より嫌いなのは、私の手作りシチューだ。これで今晩食事を作らなくてはならない確率がぐんと下がった。

そうして一日が始まった。私は仕事部屋に行き、締め切りに間に合わなかった理由をもっともらしく書いたメールを編集者に送った。シアーズに電話して、オーブンのねじの交換代金の請求書について苦情を言わなければならなかったのだが、先延ばしにすることにした。請求書の件で文句を言うより、仕事を進めるほうが得策だ。

ランチを食べた後、散歩に出かけた。大きな岩の上に小さなキツネの糞がたくさん落ちている。糞によって「ここは、僕の縄張りだ」と主張しているのだ。キツネだけではない。たとえば、フェンス、糞、婚姻届、足跡、警報システム。そういったものはすべて縄張りを表している。まさに主張したり議論したりすることは、生き物がもって生まれた性質なのだ。

仕事場に戻ると、電話が鳴っていた。ジョージからの電話で、夕飯は学校で食べるという（しめた！）。その後、ときどき休憩のためにコンピューターでピンボールゲームを楽しみながら、遅くまで仕事をした。ゲーム休憩を入れれば、長い時間仕事ができる。これも説得と言えるだろうか？　きっとそうだろう。レトリックなんかに騙されないぞ、と誓った日だったのに、結局はレトリックの恩恵を受けた一日となってしまった。けれども、気分よく過ごした一日だった。

職場で試してみよう

「誘惑」は、プレゼンテーションでも使うことができる。あなたの計画は効率よく進みそうだろうか？　効率的に働けば、昼休みをゆっくりとったり、家族と過ごす時間が増えたりする、と聞き手にイメージさせてみよう。

Part 1

OFFENSE

「攻め」の伝える技術

相手の心をつかむ

2章

「議論」の目的を決める

アフロディーテはそう言うと、彼女のすべての魅力を引き立たせていた、色とりどりの刺繍がほどこされたコルセットをゆるめて胸元からはずした。そこには愛情、欲望、そして賢者をも虜にする魅惑的な説得が込められていた。

――ホメロス

1974年のことになるが、ナショナル・ランプーン誌がプラトンの『国家』をパロディーにしたコミックを掲載した。ソクラテスが数人の友と、立ったまま哲学について論じ合っている。彼が要点を述べるたびに友人たちがうなずく。「なるほど、ソクラテス。実にうまい言い方だ」すると次のコマで「パン!!!」と破裂音が鳴り、敵が吹っ飛んでいく。ノックアウトでソクラテスの勝利。

ランプーン誌のパロディー版『国家』は、歴史の事実に照らして見てもある意味妥当だと言える。古代ギリシャ人はあらゆる時代の議論好きと同じように、自分たちを闘士に見立てることを好んでいた。それでも、実生活においては闘うことと議論することは別物だと心得ていた。私たちもそうあるべきだ。

議論とお互いを非難し合うことは別物だと知らなければならない。現代では、議論とは、彼がこう言えば彼女があぁ言うといった口論のことだと思われている。**口論になってしまうと、どちらも相手に勝ちたいと思うものだろう。**しかし「議論」とは、**聞き手を「説得してこちら側に引き入れようとする」ことだ。**聞き手は、ときには見物人であり、ときにはテレビを見ている人であり、有権者も、「議論」の相手である。

うまくいく夫婦は議論、離婚する夫婦は口論をしている

この章を読めば、議論と口論の違いがわかり、議論から自分が何を得るのかを選べるようになるはずだ。1980年代から90年代に心理学者のジョン・ゴットマンが立証したように、このふたつの違いを心得ていれば結婚生活もうまくいくに違いない。ワシントン大学にある「愛情の実験室」で、ゴットマンはアシスタントとともに、9年にわたって何百組もの夫婦の様子をビデオに収め、すべてのテープをじっくりと研究した。そして、夫婦のあいだで見られたあらゆる感情や論点をデータベースに入力していった。来る日も来る日も夫婦たちの会話を観察し、お互いをにらみ合う様子やカメラの前で恥ずかしい振る舞いをする様子を見続けた。

1994年にゴットマンが研究結果を発表した際、全国のレトリシャンはしたり顔をしないように気をつけたことだろう。なにしろ、数千年にもわたってレトリックが主張してきたことを裏づけるデータだったからだ。ゴットマンによれば、この9年間、結婚生活が続いた夫婦と離婚してしまった夫婦は、どちらも同じくらいあれこれ言い合っていたそうだ。けれども、**結婚生活を続けられた**

夫婦は、離婚した夫婦とは違った方法で、そして違った目的で言葉を交わしていたという。

いくつかのビデオテープがネットワーク・テレビジョンで放送されたが、うまくいっている夫婦でも、明らかに険悪な雰囲気になる場面もあった。結婚生活をうまく続けているある夫婦は、夫が自分はどうしようもないほどの怠け者だと認め、妻がにこやかに夫に同意していた。**結婚生活が続いている夫婦は、問題を解決して互いの違いを認め合うために議論していたようだ。**そして議論の結果を信じていた。一方、うまくいかなかった夫婦は、同じ時間、相手を攻撃することに費やしていた。彼らにとって議論とは単に厄介なだけで、問題を解決するためにするものではなかったのだ。つまり、**うまくいっている夫婦は「議論」し、うまくいっていない夫婦は「口論」をしていた**のである。たいていの場合、うまくいっている夫婦というのは、互いに「誘惑」の力も使っているのだと思う。

アメリカの文化では率直な話し方をする人が尊敬される傾向が強いが、実際には、そういう人は周りがどう思おうと自分の本能のままに突き進むので、最後はうまくいかないことが多い。たしかに、**攻撃的でおしゃべりな人は周りを威嚇したり、こちらが疲れるほど話し続けたりするので、その場では相手に勝っているように見えるが、長い目で見て相手の信頼を勝ち取るのは、もっと巧みに、雄弁に語れる人である。**

企業の採用担当者の話がこの説を裏づけている。ビジネスの世界にも、競争相手を蹴散らそうとするボスタイプがいる。だが、役員クラスの人材のヘッドハンティング担当者に聞いてみると、彼らが探している人材は、人を説得するのがうまい人、チームをまとめられる人であって、決して攻撃的な人ではないということだ。

議論に成功するとは、聞き手をうまく説得することであり、口論に勝つとは、敵を支配することだ。たとえば、子どもたちが車の後部座席のどこに座るかでもめるのは、議論にはならない。叫んだりせずに、お互いに相手を説得してみようとするのであれば話は別だが。

仕事で使ってみよう

このところ、「リーダーシップをブランディングするコーチ」という職業が増え、CEOを目指す人たちに自分の会社をうまく体現する方法を教えている。理想的な性質は何か？ まず、攻撃的にならないこと、それから頭でっかちにならないこと。それでいて、これまでのあなたの人生をうまく語り、憧れを抱いてもらえるようになる能力が必要だ。後章で、感情に訴えて説得するのに、語り方がどれほど重要か紹介する。

「威力を使った議論」では何も得られない

息子のジョージは、2歳のとき、レトリシャンが「威力を使った議論」と呼ぶ方法を使うようになったことがあった。言葉でうまくいかないと、相手を叩いたりしたのだ。喧嘩をするたび、私は息子に訊いた。「それで、友達はお前の言うことをきいてくれたのかな？」父親は随分とくだらないことを聞くんだなと息子はずっと思っていたらしい。だが、そんな彼もそのうちわかるようになった。「威力を使った議論」はただの喧嘩で、議論でも何でもないと。喧嘩をしても相手を説得することはできない。相手はやり返すか逃げるかの、どちらかしかない。

口論になると、私たちは自分の攻撃的な気持ちを相手にぶつける。ドナルド・トランプがロージー・オドネルについて語った言葉は、まさに口論だ。「あの太って不細工な顔を見たらこう言ってやるさ。『ロージー、君はクビだ』ってね」一方、客にバーベキューグリルを売ろうとしているジョージ・フォアマンが使っているのは議論だ。客の気分や考えを変えて、グリルを買いたい気にさせるよう説得している。

議論は、うまくやれば聞き手を語り手の思うとおりに動きたい気持ちにさせるもの。それに対して口論は、相手に勝つためにするものだ。合意を得るためにするのは議論である。

状況によっては、議論に踏み込むのにそれ相応の勇気が必要なこともある。議論に国の命運が左右されることすらある。古代のレトリシャンは、煽動政治家、つまりレトリックの技術を悪用する権力志向の強い独裁者が政府を率いるようになることを、何よりも怖れていた。20世紀を振り返れば、彼らの懸念が正しかったことがわかる。だが、レトリックのマイナス面を解決する方法はまさにその裏側にある、と彼らは言った。国の政治ほどの重大事ではないかもしれないが、ずる賢い輩が職場にいるとか、キャンパス内の風変わりな団体にいるという場合もあるだろう。あなたがレトリックを身につければ、彼らに負けることはない。

ここに伝える技術！

古代では、書物のなかで議論を展開することを嫌った。聴衆の様子を見ることができないから、というのが理由のひとつだ。私が個人的にあなたに語りかけるなら、わざわざ息子の話からドナルド・トランプ、ジョージ・フォアマンまで、次々と話を変えたりはしない。どの話をすれば最もあなたの心をとらえることができるのか、わかるからだ。幅広くさまざまなたとえを出せば、多くの人の心に訴えることができる。

政治にまつわる議論で試してみよう

誰かがあなたの意見に賛成したら、その人が本当にあなたの意見に同調しているかどうかを試してみよう。こう訊いてみるとよい。「誰かがこの問題について尋ねてきたら、なんと答えますか？」

警察官を言いくるめる方法

高速道路で警察官に車を止められたので、あなたは窓を開けた。

あなた：何かあったんですか？

警官：ここの制限速度が80キロだって知っていましたか？

あなた：私はどれくらいのスピードを出してたんでしょう？

警官：90キロです。

威勢のいい切り返しをしたくなるところだが、それはいけない。ここであなたの目的を定めてみよう。この状況で、どういう結果を望むだろうか？

警官を馬鹿にしてやりたい気持ちもあるだろう。威勢のいい切り返しをすれば、それは達成できるだろう。同乗者という聴衆の前なら効果抜群だ。もちろん、警官が親切な応対をしてくれることはまずないから、その後言い争いになり、負けるのはあなたのほうだろう。代わりに、「違反チケットを切られない」という目的を定めてみることにしてみよう。さあ、どうしたらこの目的を達成できるだろうか？

慎重な議論で勝つためには、相手を言い負かそうとしてはいけない。そうではなく、自分の言いたいことを貫き通すことだ。

相手がレトリックを知っているとは考えにくい。あなたに負けを認めさせることが議論のポイントだと思っている可能性が高い。そんなふうにあなたの認識と警官の認識にずれがあることは、あなたにとって有利に働く。つまり**相手の攻撃的な態度を逆手にとれば、あなたにとってこれ以上ない説得の道具になる**のだ。相手は議論でポイントを稼ぎたい様子だろうか？　それなら稼がせてやればいい。あなたが狙っているのは勝つこと、つまり聞き手にあなたの意見を受け入れさせること、そしてあなたが思っているとおりに聞き手を動かすことなのだ。ポイントを稼いだにもかかわらず戦いに負ける、というのはよくあることだ。

世論調査によると、バラク・オバマとミット・ロムニーの支持率は、3回の討論の最中は拮抗していたが、そこからロムニーの人気が急速に高まった。オバマの論理は好きだがロムニーのほうが好き、という聴衆が多かったのだ。その時点では。

周りに誰もいなくて相手とふたりだけという場合でも、聞き手はいる。話している相手だ。この場合、成功するにはふたつの方法がある。議論に勝つこと、つまり相手に負けを認めさせること。そして〝負ける〟こと。このふたつを先ほどの警官で試してみよう。

1．反撃をうまくかわす言い訳を使って勝つ

あなた：子どもが産まれそうなんです！　妻を早く病院に連れていかないと！

警官：でも奥さんは乗っていらっしゃいませんよね。

あなた：しまった！　妻を忘れてきた！

もしこの言い訳がうまくいったら、あなたの勝ちだ。

2. 警官が期待しているような模範的な市民になって、警官の意見を受け入れる

あなた：おっしゃるとおりです。もっとしっかりスピードメーターを見ているべきでした。

いいぞ。警官にポイントを稼がせたわけだ。これで、おとがめなしにしてもらおう。

あなた：道路に注意を向けすぎていたのかもしれません。ほかに気をとられずにスピードメーターを見ていられる方法を教えていただけませんか？

警官の専門知識に訴える方法だ。皮肉に聞こえないように言えさえすれば、うまくいくかもしれない。だが、もう少し棘《とげ》のない言い方がいいだろう。

警官：最初から制限スピード以下で走っていればいいんですよ。そうすればスピードメーターを何度も見る必要はない。

あなた：なるほど。たしかにそうですね。ただそうすると、後ろの車にしょっちゅう急かされるんです。でもそれは彼らの問題、ということですよね？

警官：そのとおり。自分の運転のことだけを考えてください。

あなた：そうします。よいアドバイスをありがとうございました。

さて、この後どういう展開になる可能性が高いとお思いだろうか？　警官があなたに車から出るように命令することは、まずないだろう。あなたが怒りの感情を交えずに受け答えしたからだ。これで警官が注意を与えただけであなたを解放してくれたら、おめでとう、あなたの勝ちだ。警官は気づいていないかもしれないが、あなたは一番よい勝ち方をしたのだ。警官も気分よくこの場を去っていったし、あなたもそうだ。

ポイントを稼ぎたいと思っている相手に対応する最も簡単な方法は、相手にポイントを稼がせてあげることだ。あなたの立場が危うくならない程度に相手の論点を認めてやるといい。子どもに「パパ（ママ）はちっとも僕に楽しいことをさせてくれないじゃないか」と言われたら「そうだな、させていないね」と答えよう。同僚が「それはうまくいかないよ」と言ったら「んー、そうかもしれないな」と言ってみるといい。そのうえで、相手の論点を使って相手の気分や考えを変えてみるのだ。

言い換えれば、**他人の同意を得るためのひとつの方法は、あなた自身がまず相手に同意すること。**戦術として、ということだ。**初めに同意したからといって、議論をあきらめたことにはならない。逆に相手の論点を利用して、あなたが目指すものを手に入れればいいのだ。**相手の動きをうまく利用して相手のバランスを崩させる、「柔術」という技法を練習することだ。いきなり相手に同意するなんて、信念がない人のように見えたりしないだろうかって？　たしかにそう見えるかもしれない。だが、戦うのではなくうまく話をすることで、私たちは望むものを手に入れることができる。

相手をその気にさせる方法

議論から何を得たいのかが決まったら、その目的を達成するためには聞き手をどのように変えればいいのかが決まってくる。聞き手の気分を変えることだけですむかもしれない、そう、「誘惑」だ。誰かの気持ちを変えたい、という場合もあるだろう。たとえばライバルでなく自分を昇進させてほしい、という場合。聞き手に何か具体的なことをしてほしい場合もあるかもしれない。

歴史上最も偉大な弁論家キケロは、**人を説得するのには3つの目的がある**と言った。易しいものから順に並べると次のようになる。

- **聞き手の感情を刺激すること**
- **聞き手の考えを変えること**
- **聞き手を行動へ駆り立てること**

行動に結びつけるためには、3つの目的すべてを達成することが必要なこともある。そのことを考えると、なぜか古くからあるジョークを思い出してしまう。「電球を換えるのに、いったい何人の精神科医が必要なんだい?」〔アメリカでは人を揶揄するときに、電球ジョークと呼ばれるものをよく使う〕オチはこうだ。「電球が換わりたいと思うまで待つしかないだろう」——なんて非効率的なんだ!

「換わりたいと思う」のにどれだけかかるのだろう？　20年間のセラピー通いが必要？　いざ電球が換わろうと思ったところで、本当に換われるものだろうか？　レトリシャンなら、電球を「説得して」あっという間に換わらせてしまうだろう。説得にあたっては3つのステップが必要だ。

まず、気分を変えてやる。電球に「暗闇にいるのは怖いものだ」ということをわからせる。そうすれば、聞く耳をもつようになり、あなたの言う解決策を聞きたがるようになる。

次に、考え方を変えてやる。ここを明るくするためには取り換えるのが一番いい方法なのだ、と電球に納得させる。

最後に、行動したい欲望で満たさせる。電球に、変わることなんて簡単なことだと教えてやり、明るくなったところを想像させてみる。このときは、自分で選んだことは必ずやる、という気持ちにさせるだけの強い感情を起こさせることが必要だ。

感情を刺激してやれば、ほかの目的の達成も見えてくる。フランク・キャプラが映画『素晴らしき哉《かな》、人生！』を制作したとき、内気なジミー・ステュアートに、ドナ・リードにキスするよう説得するのに苦労したという。ステュアートは何かしら理由をつけてはそのシーンを先延ばししていた。ジミーとドナのふたりが、ドナが演じる女性の愚かなボーイフレンドの話を別々の電話で聞くという場面があったのだが、キャプラはとうとうその設定をあきらめて、ふたりでひとつの受話器を使って話を聞くという設定にした。身体を接触させることでなんとか目的が達せられた。

映画では、第二次世界大戦の復員軍人と若く愛らしい女優とのあいだに、妖艶な雰囲気が漂っているのを見ることができる。ステュアートは喜々としてこの場面を演じ、映画史上で記憶に残るこのキスシーンをたった一度のテイクで演じきった。キャプラは、代わりのものを使って「誘惑」するという方法で、聞き手（この場合はステュアート）に勝ったのだ。結果的に同意を得ることができ、八方うまくいったわけだ。

スピーチで使ってみよう

聴衆の考えを変えるのに激しい感情は必要ない。理性的な話をするのに最も適しているのは、相手がこちらに注意を向けている状態だろう。ジョークを言う代わりに、ちょっとした驚きを用いよう。「いくつかコメントを用意してきたのですが、今日、あなた方にお会いしたあと、私の気持ちを率直に語ったほうがいいのではないか、と思い直しました」というふうに。

相手の感情を変えると、説得しやすくなる

「**気分を変える**」**ことは、最も達成しやすい目的であり、たいていの場合、まず初めにやらなくてはならないことでもある。**アウグスティヌスは、レトリックを教えていたことがあり、キリスト教会の神父でもあったが、説教がうまいことで有名だった。彼によればその秘訣は、聴衆の好意的な注目を集めただけで満足しないこと、だと言う。彼は聴衆が涙を流すまで決して満足しなかった。稀代の説教者であり、感情に訴えかける華々しい説教によって、異教徒をキリスト教に帰依させた

こともある。**聴衆の感情を変えれば、彼らはあなたの話にもっと説得されやすくなる。**聞きたい気持ちにさせることができるのだ。

聴衆の涙を引き出すのは、2番目の目的、聞き手自身に「どうしたいのか決めさせる」ことよりも容易《たやす》い。ヘンリー・キッシンジャーは、ニクソン政権で国務長官を務めていた際、古典的な技法を使っていた。大統領に進言するときには5つの選択肢を示し、最も極端な案を最初と最後に、そして自分がいいと思っている案を真ん中にもってきたそうだ。そうすれば必然的に、ニクソンは「正しい」選択をする、とキッシンジャーは言う（最も巧妙な方法とは言えないが、この方法は、パワーポイントを使った企業のプレゼンで効果的に使われているのを見たことがある）。

議論はふたりのあいだで行われることが最も多いので、たいていの場合はふたつの選択肢（あなたの意見か相手の意見か）を扱うことになる。娘のドロシー・ジュニアはなかなか手強い相手だ。弟のジョージほど議論好きではないが、同じくらい説得上手。穏やかに話を進めていくので、気づかないうちにいつの間にか議論に釣り込まれている。

昔、彼女がロンドンの大学に1学期だけ留学していたことがある。そのときに、彼女を訪ねていった。滞在した最初の夜、安いインド料理店で夕食をとらないかと彼女が提案してきた。父親として気前のいいところを見せたかった私は、娘をもっとよい店に連れていってやりたかった。さて、どちらが勝ったのか考えてみてほしい。

私：同じインド料理でも、もっといいところに行かないか。

娘：いいわよ。
私：どこかいいところを知ってるかい？
娘：ロンドンにはたくさんあるわよ。
私：特に行きたいところはある？
娘：（曖昧な感じで）うん、まあね。
私：ここから近いところ？
娘：そうでもない。
私：じゃあ、いつものところがいいってわけか？
娘：父さんがそれでいいなら、いいわよ。
私：父さんはいやだって言ってるじゃないか！

癇癪を起こしてしまって悪かったな、と思ったのだが、これこそ娘の戦略だったのかもしれない。もっとも彼女は認めようとしないが。結局、私たちは彼女がよく行く店で夕飯を食べた。私の罪悪感を利用することで、彼女が勝ったのだ。

娘がキケロ風の巧みなスピーチを前もって用意していたら、こううまくはいかなかっただろう。キケロも「最も効果的なレトリックはレトリックに見えないものである」と言っている。ドロシーはこのことを本能的に知っていたのだ。いつもはおしゃべりなのだが、勝つためには言葉を控えるということを知っている。言葉を控えていても、ドロシーは比較的簡単に勝つことができた。どのみち、どこかに夕食を食べに行かなくてはならない。彼女は自分が選んだ選択肢に私を引き込むだけでよかったのだ。

お店で試してみよう

小売店は、キッシンジャーのように、安物と高級品を勧めると、売れ筋の商品が客にはちょうどよく見えるという技法を使う。今度、何かを買うとき、たとえば電子機器でも買うときに、店員に中くらいの値段の商品をまず初めに見せてほしいと言ってみよう。その後もっと高いものを見るか安いものを見るかは、あなたの意向次第、懐具合次第だ。

「欲望」を使ったダイエット

3番目の目的である、**聴衆を「行動へと駆り立てる」、あるいは「行動をやめさせる」は、最も難しい。聴衆を行動へと向かわせるには、ほかの場合よりさらに個人的な感情、つまり欲望を起こさせる必要がある。**たとえば、私がまったく夕食を食べに行きたくなかったとしよう。だとしたら、ドロシーは私を外に連れ出すのにはるかに多くの議論をしなければならなかっただろう。古い時代の表現を借りれば、馬に水を飲ませるのと同じだ。馬に塩を舐めさせて水を飲みたいという欲望を刺激することはできるし（そうやって馬に感情を起こさせる）、自分のあとについて小川まで行こうと説得することもできる（選択の段階）。だが、馬に確実に水を飲ませられるかどうかは、最も難しい問題である。

同じく、若者向けに繰り広げられていた「選挙に行こう」というキャンペーンも、つい最近までうまくいかないことで有名だった。ロックコンサートを開けば、大勢の若者たちが集まり、無料のTシャツにも飛びついた。煽動されて民主党か共和党に党員登録した人さえいるかもしれない。感情を起こさせて選択させるという段階においては、功を奏した結果だ。

しかし、フェイスブックやスナップチャットといった若者に人気のメディアが登場するまでは、彼らが選挙の日に実際に投票所に足を運ぶには至らなかった。水を飲ませる段階では、若者はなんとも強情だったということだ。

聴衆を行動へと駆り立てるには、「欲望」を利用することに加えて、行動するのはそんなに大変なことではないのだと納得させることも必要だ。どんな行動にしろ、汗をかくほどのものではないと納得させなければならない。数年前、私がロデール出版社で編集担当役員をしていたときのこと。ほかの部署がダイエット本を制作していると聞いた。「まったく、またダイエット本か」と私は思った。これだけ出版してもまだ足りないとでもいうようだ。加えて、彼らが考えていたタイトルも私には全然いいと思えなかった。ほとんどのアメリカ人が聞いたこともないような、主要都市の近郊にある土地の名前をタイトルに入れていたのだ。なんでも、著者である心臓病専門医がそこに住んでいるのだという。いったい誰が、『サウスビーチ・ダイエット』などというタイトルの本を買うというのだろう？

しかしどうやら、私のベストセラー予想は当たらないらしい。いま考えてみると、なぜ、そのタイトルもあながち悪いものではなかったかを説明することができる。「サウスビーチ」という地名は、読者、つまり「あなた」に水着を着ているところを思い起こさせる。ヴァカンスをイメージさせるわけで、それこそ人がダイエットに励む一番の理由だ。ロデール社の編集者たちは、魅力的で極めて個人的な目的を読者の頭に描かせることで（たとえば、水着を着た素敵なあなた）、彼らの感情を刺激したのだ。ここまでは欲望を刺激する段階だ。その本の副題は『素早く健康的に痩せるための、医者が監修する、美味しく確実な方法』だった。このフレーズに使われているのはたいした技法ではない。苦痛でない、極めて安全である、結果が早く出るなど、すべての要点がおさえられている。この本はミリオンセラーとなった。

自宅で試してみよう

あなたが頼んだことを他人が実際にやってくれるかどうか（その行動を望んでいるか）を調べるために、「コミットメント率」を計算してみよう。あなたが頼んだとおりに何かをしてくれた回数を、彼らが「いいよ」「わかった」と言った回数で割ってみる。私の場合、3日間で70パーセントという値になった。合格だ（お子さんをおもちでない方なら、もっと高い値が出るかもしれない）。

提案書を書くときに試してみよう

下書きができたら、以下のふたつの項目をチェックしてみよう。（1）すべての利点を考慮に入れたか、ほかの選択肢と比べてみたか？ （2）実現の可能性はどれくらいか？ ほかの選択肢と比べて、どれくらい安くて容易に実現できるか？

2章のポイント

この章では、「議論」から何を得たいのかを決めるための、基本的な方法を述べた。

- **語り手の個人的な目的を設定する**
- **聞き手に関する目的を設定する**：あなたが変えたいのは聞き手の**気分**なのか、**考え**なのか、それとも聞き手をあなたが思うとおりに**行動**させたいのか。

3章 時制をコントロールする

マージ：ホーマーったら。批判するのは簡単よ……
ホーマー：それに楽しいよね！
――『ザ・シンプソンズ』

さて、ここまでは自分の目的（議論から何を得たいのか）と、聞き手に関する目的（気分、考え、行動を変える）について話してきた。次は、実際に話し始める前に、「論点は何なのか？」と自問してみてほしい。アリストテレスによると、**すべての論点は次の3つに集約されるという。**

- **非難**
- **価値**
- **選択**

説得を目的とする議論はすべて、上記のどれかしらのカテゴリーに入れることができる。**「チーズはどこへ消えた？」これはもちろん非難。**「誰がやったのか」と責めているわけだ。

「妊娠中絶は合法にすべきか？」は、**価値**。お腹の中で大きくなっていく命を終わらせるかどうかを女性に選択させるのは、道徳的に正しいのか否か（つまり、「女性の権利」と「生命の尊厳」というふたつの価値の問題だ）。

「デトロイトに工場を建てるべきか？」は、**選択**。建てるか建てないか、デトロイトがいいか否か。

「アンジェリーナ・ジョリーとブラッド・ピットは別れるべきか？」は、価値。道徳的にどうなのかでなく、あなたと相手、それぞれの価値観に照らして見るとどうなのか。

「O・J・シンプソンがやったのか？」は、非難。

「ダンスをしませんか？」は、選択。ダンスをするのかしないのか。

どの質問がどの論点を扱っているのかを、なぜ考えなければならないのか？　それは、間違った論点をめぐって話をしているかぎり、あなたの目的が達成されることはないからだ。ある夫婦を例にして考えてみよう。ふたりともリビングで音楽を聴きながら本を読んでいる。

妻：少し音を小さくしてくれない？

夫：最後に音量レベルを調節したのは君だったじゃないか。

妻：あら、そうだったかしら？　じゃあ、今日の午後、レーナード・スキナードの『フリー・バード』を大音量で聴いていたのは、いったい誰だったかしら？

夫：そうか、僕がかける音楽が気に入らない、って言いたいんだな。

妻が得たいのは何だろう？　静寂だ。これは選択の問題である。彼女は夫に、音量を下げることを選択してもらいたがっている。だが、話の論点は、「選択」から「非難」に、そして最後には「価値」へと変わってしまっている。

「非難」：最後に音量レベルを調節したのは君だったじゃないか。
「価値」：そうか、僕がかける音楽が気に入らない、って言いたいんだな。

過去に音量を上げたのは誰かということや、『フリー・バード』という曲そのものについて話しているようでは、音量に関して、前向きな選択をするのは難しい。
つい先ほど、「非難」「価値」「選択」、それぞれの論点の例として挙げた文章には、あるパターンが見られる。非難するための質問は過去形を使っている。価値観を問う質問は現在形。選択を問う質問は未来形を使っているのだ。

- **非難＝「過去形」**
- **価値＝「現在形」**
- **選択＝「未来形」**

話の流れを変えるために、時制を変えてみる

話があらぬ方向へいってしまったときは、時制を変えて話してみるといい。チーズ泥棒を非難するときには、過去形を使う。妊娠中絶は重罪だ、と誰かに信じさせたいときは現在形。そして、先ほどの夫婦のリビングを平和で静かな空間にするのに最も適した時制は、未来形だ。

アリストテレスは、それぞれの時制を扱うレトリックを考案したが、彼自身が最も気に入っていたのは未来形だ。彼によれば、過去形は「正」「不正」の問題を扱う。アリストテレスはこれを「法廷のレトリック」と呼んだ。音楽をめぐって争っている例の夫婦は、過去形を使って互いを非難していた。

夫：最後に音量レベルを調節したのは君だったじゃないか。
妻：『フリー・バード』を大音量で聴いていたのは、いったい誰だったかしら？

音量が大きすぎることの**責任を誰かに負わせようとしているなら、過去形を使う**のは正しい。法廷のレトリックは、誰がいまそれをやっているのか、誰がそれをこれからやるのか、ではなく、「誰がやったのか」を問い詰めたいときに役に立つ。テレビドラマの『ロー&オーダー』や『CSI：科学捜査班』を観れば、セリフのほとんどが過去形だと気づくだろう。弁護士や警察官が使うぶん

には絶大な効果があるが、恋人どうしの会話で使うときは注意したほうがいい。

法廷のレトリックの目的は、有罪かどうか、どれほどの罰を与えるべきかを決めることだ。カップルがお互いを断罪し合うようになってしまったら、ゴットマン教授の「愛情の実験室」で見た、口論する夫婦と同じような行く末をたどることになるだろう。

では、現在形を使ったらどうだろう？　少しはましだろうか？　そうかもしれない。**現在形は、称賛したり糾弾したりするときに使われる。**つまり、悪いもののなかから良いものを選別したり、あるグループをほかのグループと区別したり、ある個人をほかの人と区別したりするときに用いる。卒業式での式辞、葬式での弔辞、あるいは説教などに使われるのも、勇者を称えたり、共通の敵を糾弾したりするときに使われるのも現在形だ。

これは、聞き手に一種の同族意識を喚起する時制なのだ（我々は素晴らしい、テロリストは卑怯者である、など）。未来への対処の仕方がわからない指導者も、民衆に同族意識をもたせようと、現在形を使いたがる。

アリストテレスは、このように称賛と糾弾を扱う言葉を「演示のレトリック」と呼んだ。先ほどの夫婦も、自分と相手を対立する立場に置くために、これを使っている。

夫：そうか、僕がかける音楽が気に入らない、って言いたいんだな。

この夫婦の対話は急に、「僕はこの音楽が好きだが君はこれが嫌い」という価値観を扱うものにすり替わってしまった。**私たちは、価値観について語るときに現在形を使う。**「それは間違っている」「これは正しい」「『フリー・バード』を嫌うなんて、道徳的に間違っている」という具合だ。

もしあなたが、**誰かと一緒に何かを決断したいなら、未来に焦点を合わせなければいけない。**未来形を使う技法は、アリストテレスのお気に入りだ。彼はこれを、「審議のレトリック」と呼んだ。なぜならこのレトリックは、何を選択するかを議論するときに用いられ、「どうすれば互いの目的を達成できるか」を決めるのに役立つからだ。

アリストテレスによれば、審議の議論の主な論点は、「どうすれば利益を得られるか」だという。これは、最も実用的な技法と言える。正しいか間違っているか、良いか悪いかではなく、互いの「都合」に焦点をあてるのだ。

- 過去形（法廷）は、懲罰を扱う。
- 現在形（演示）は、人と人とを結びつけたり、区別したりする。
- 未来形（審議）を使った議論は、利益を約束する。

先ほどの夫婦は、現在形を使ったせいで、前へ進めなくなっている。彼らのセリフを巻き戻して、未来形を使わせてみよう。

妻：少し音量を下げてもらえる？

夫：いいよ。

ちょっと待った。夫のほうは「喜んでそうするよ」と未来形で言うべきじゃないか？　もちろん、そういう言い方もできただろう。だが夫は、あえて未来形を使わないことで、こんなふうに続ける余地を残したのだ。

夫：ところでそれって、音量が大きいっていうこと？　それとも音楽を変えてほしいってことかな？

妻：それなら言わせてもらうけど、サザン・ロックは好みじゃないの。

これは痛い！　夫のほうがなかなかうまく出たと思ったら、妻は、古典ロック全般を否定しにかかった。こうなると、夫のほうも言い返すのが当然という気持ちになる。だが彼は、なんとか気を落ち着けて、控えめにこう言った。

夫：もっと明るい曲がいいってこと？　僕はそんな気分じゃないなあ。映画でも観る？

夫は**「選択」に話題を向けることで、攻撃的な展開になるのを防いだ**。同時に、妻の態勢を崩し、説得しやすくする効果もあったかもしれない。

妻：何かいい映画はある？
夫：『オデッセイ』はどう？　しばらく観てないよね？
妻：『オデッセイ』？　私、あの映画は嫌いなのよ。

夫のもくろみどおりの展開だ。本題からは少しそれるが、ここで技法をひとつ紹介しないわけにはいかない。それは、**極端な選択肢を最初にもってくること。そうすれば、あなたが本当に相手に選ばせたいものを、より妥当な選択肢であるように見せることができる。**

さて、先ほどの夫婦に話を戻そう。

夫：じゃあ『タイタニック』はどう？

本当は妻にはほかに好きな映画がある。だが、最初の提案のあとだけに、そう悪くも聞こえなかったようだ。

妻：いいわよ。

そう、『タイタニック』だ。最初から夫が観たかったのはこの映画なのだ。過去形、現在形、未来形と3つの種類の技法を使い分けることが、成功の鍵を握っている。私が息子のジョージと交わした会話を覚えているだろうか?

私:歯磨き粉を使いきったのは誰だ?
息子:そこは問題じゃないよね、父さん? 今考えるべきなのは、どうしたら同じことが二度と起きないかってことじゃないの?

皮肉めいた言い方であることはさておき、過去から未来の話に変えたのは、息子の手柄だ。息子が話の論点を「何を選択するか」に変えたのだ。

職場で試してみよう

職場での陰口にはたいてい、過去形か現在形が使われる(「入札がうまくいかなかったのはあの人のせいだ」「彼女って本当にひどい人よね」)。自分が陰口をたたかれているとわかったら、これから先の選択の話に論点を変えてやればいい。「どうしたら次の契約がとれるでしょうか?」「あなたが私のことをどう思おうと構わないけれど、なんとかうまくやっていける方法を探しましょう」

ここに伝える技術！

大統領選を思い出す、だって？　それもそのはず。2016年の大統領選挙では、民主党も共和党も現在形を好んで使った。「ヒラリーは不正直だ！」「ドナルドの支持者は哀れだ！」支持団体を挑発したいのなら、これ以上ない方法だろうが、民主政治を行うにはまったく向かない。30章でさらに詳しく述べる。

コンペで試してみよう

自分が勤めている企業よりも高い業績をあげている企業、あるいは自分よりも優れた候補者（自分よりも適任である者）と争う場合にも、未来形で話をしてみるといい。「過去の功績については十分お聞きになり、私の競争相手がいかに素晴らしいかはもう重々ご承知でしょうから、次は、これからのことを話しましょう。御社が達成したい目標は、何でしょう？」

決断するときは、未来形を使う

さて、未来のことを話すというと確かに聞こえはいいが、丁寧な議論というのは、事実に基づいて行われるものではないのだろうか？　未来に事実はないのでは？　事実を推測しているだけではないのか？

そのとおり。事実は未来には存在しない。私たちにわかっているのは、昨日太陽が昇り、いま空で輝いているということだけで、明日も太陽が昇るかどうかは「予測」することしかできない。かの名曲『トゥモロー』を歌うとき、孤児のアニーは事実に基づいた議論をしているわけではない。賭けをしているのだ。「持ってるお金をぜんぶ賭けてみて／明日も／太陽が昇ってくることに！」

明日、太陽が昇るのは、まだ事実ではない、とアニーは認めているのだ。これを孤児アニーの法則と呼ぶことにしよう。つまり、太陽は明日も昇るかもしれないというだけだ。未来のことを話すときと同じで、**話をうまく運ぶためには、事実に固執していてはいけない。**

未来に関して私たちにできるのは、推量あるいは選択することだけであって、事実を扱うことではない。未来形を使う審議の議論は、目に見えない真理を見つける手がかりを与えてくれるわけではない。状況に応じて、ある選択肢に特に重きを置いて「慎重に審議する」ために用いられる。

選択を求める質問の例：

- 今年の夏は海に行くか山に行くか？
- あなたの会社は、新しいコンピューターを導入するべきか、それとも有能な技術スタッフを雇うべきか？
- 火星に行く意味はあるか？

「価値」について議論するときは、審議のレトリック（未来形）ではなく演示のレトリック（現在形）を用いる。普遍的な真理とは、次のような質問の答えである。

・神は存在するか？
・同性愛は道徳に反するか？
・資本主義は悪いものか？

ほとんどの場合、現在形（つまり演示のレトリック）で語られる。説教のような印象を与えがちなので、夫婦や恋人との会話では特に、相手を怒らせてしまうことがある。加えて、人の価値観を変えさせるのは、考えを変えさせるよりもはるかに難しい。

一方、現実的な問題については、未来形を使い審議の議論をする余地がある。なぜなら、審議とは「何を選択すべきか」を問うことであり、その答えは状況、時代、関係者、世論（何をもって「世論」とするかは人によりけり）によって変わってくるからだ。

たとえば、次のような質問の答えは、聴衆の意見がものを言う。

・州議会は、健全な学校運営の資金を確保するために、税率を上げるべきか？
・子どものお小遣いをアップすべきか？
・あなたの会社が新商品を発売するのは、いつがいいか？

もしあなたが、こうした議論に「それは間違っている！」と声をあげるなら、それは、価値を問うレトリックを使うことになる。「いや、逆に……」という答え方をするなら、議論は選択をする方向へ向かう。

父親：うんていなんかで遊んだら、子どもが首の骨を折ってしまうかもしれない。
母親：逆に、そうならないかもしれない。うんていで遊んで体の使い方を覚えれば、将来ケガをしなくなるかもしれないわ。

もちろん、そうはならないかもしれない。このように、選択には「たられば」の話がつきもので、審議の議論は可能性を扱うものなのだ。

審議のレトリックとは、文字どおり「何を選ぶかを審議する」ためで、決断をするときに使う。決断は状況に基づいて行われ、そのときどきで異なる。「普遍的な真理」や「冷厳な事実」に基づくわけではないのだ。もし人生が、想定外のことなどまったく起こらないものなら、いくつかのルールを石板《せきばん》に刻み、それに従って決断するだけで生きていけるだろう。だが、悲しいかな、現実はそうではない。ある状況において（たとえば、初めてスカイダイビングをするときなど）は、実際にやってみるまで、それがとても悪いアイディアに思えてしまうことがある。

また、人というのは、力不足だと言われるよりも、選択を迫られるほうが好きなものだ。ジョージが未来のことに焦点をあてて話をしたのに、それを私が無視して、話を現在に向けていたらどうなっただろうか？

いい息子なら、歯磨き粉を使いきったりはしないだろう。きっと、配慮ってものを知っているからね。

これではおそらく、私は歯磨き粉を取りに行ってもらえなかっただろう。「お前は悪い息子だ」と暗に責められたりしたら、ジョージはむしろ、その評価のとおりに振る舞ってやろうとしたに違いない。

議論が口論になったときに試してみよう

「この問題にどう対処すべきか？」「これが二度と起きないようにするにはどうすればいいか？」を考えてみるといい。指摘するのが目的なら過去形や現在形を使うのもいいが、決断を要する議論では、将来のことに話を向けなければならない。

ここに伝える技術！

説得のうまい人は、聴衆の反論を見越して話をする。理想的なのは、聴衆が実際に反論するより前に、自分からその話を持ち出すことだ。この技術を使えば、相手を説得できる可能性がますます高まる。聴衆は自分たちの懸念をあなたがすべてなんとかしてくれるだろうと思いはじめ、知らず知らずのうちに、説得されやすい状態になるのだ。

議論できないことは議論しない

もっと株を買うべきか、それとも債券を買うべきかをめぐって、夫婦が話をしている。

夫：成長株をもっと買おう。
妻：専門家が言うには、今年は市場が暴落するそうよ。慎重になったほうがいいと思うわ。

ふたりはなぜ議論しているのだろう？　それは、将来の経済情勢が予測できないからだ。いまの時点でできるのは、せいぜいよく考えることぐらいである。この議論に現在形を使ったとしたら、どうなるだろう？

夫：優良株を買うのがいいって、いつも父が言ってた。それが投資のあり方だよ。
妻：いいえ、それは違うわ。占いによれば、優良株は凶と出てるのよ。

同じ夫婦が、10歳の息子に歯列矯正をやらせるかどうか、話し合っている。

妻：歯並びがいいと、自信がもてるようになるはずよ。
夫：たしかに。でもそのお金を大学への進学資金に充てれば、あの子は奨学金を借りずに卒業できるじゃないか。
妻：出っ歯の大卒生ってわけね。

正しい選択など存在するのだろうか？　あるのかもしれない。だが、この夫婦はどうするのが正しいのかわからないまま、とにかく決断しなければならない。このような問いは、事実や価値ではなく、可能性を論じるものだ。

あなたにランディーという名の叔父さんがいたとしよう。その叔父が30回目の結婚記念日に叔母と離婚して、旅先で出会ったサーフィンのインストラクターの若い女性と再婚することを決めたとする。ここで俎上《そじょう》にのる論点はふたつ。ひとつは道徳的な問題、もうひとつは現実的な問題だ。

私たちの定義では、**道徳的な問題は議論することができない**。叔父は間違っているかもしれないし、正しいかもしれない。叔父に、「あなたは叔母という素敵な女性の心を傷つけている」と言うことはできるかもしれないが、それでは、議論ではなく説教になってしまう。感謝祭《サンクスギビング》の日のディナーには招待しないぞ、と脅すこともできるかもしれないが、それは威圧であって議論ではない。

この叔父のケースで議論可能なのは、若い女性のために叔母を捨てることが、どのような結果を招きそうかということである。

あなた：1年もしないうちに、彼女に見捨てられるのがオチよ。そうなったら、残りの人生、寂しくみじめなものになると思うわ。

叔父：彼女は僕を見捨てたりしないさ。それに若い女性といると、こちらまで若返ったような気持ちになるんだ。つまり長生きできるってわけさ。

どちらの予想が当たるだろうか？　それは誰にもわからない。ランディー叔父さんには、再婚するにあたって、あなたを説得できるだけの現実的な理由があるかもしれない。叔父さんが「自分は道徳的に正しい」とあなたを納得させることはあるだろうか？　ないだろう。審議の議論において、価値観は議論不可能なのだ。

ここで、議論のルール第1条。**議論できないものについては、議論しないこと**。それより、あなたの目的に焦点を絞ろう。次の章で、どうしたらそれができるかを説明しよう。

会議で試してみよう

もし議論が過去形や現在形で行われていたら、未来形に変えてやるといい。たとえば、「みなさん、とてもいい点を指摘をされていますね。ですが、どのように……しましょうか」といったふうに。気をつけてほしいのは、あなたにとって有利に働くように、質問の論点を明らかにすることだ。

3章のポイント

私たちは、何かを求めて議論する。問題を解決したい、全員が同意して終わるようにしたいと思っているはずだ。「誰が正しくて誰が間違っているのか」「何が良くて何が悪いのか」という観点から脱却できなければ、それを達成するのは難しい。

なぜ多くの議論が、非難の応酬や個人の糾弾に終始してしまうのだろう？　それは、たいてい間違った時制が使われているからだ。馬鹿げて聞こえるかもしれないが、「**目的に合った時制を使う**」というのは、**非常に大切**だ。**聴衆に何かを選択させたいのなら、未来に焦点をあてなければならない**。アリストテレスも、レトリックを時制ごとに分類している。このあとの章でも、時制についてはさらに詳しく述べるつもりだ。何を選択するかという議論で勝つために、価値観という論点をどのように使えばよいのかがわかるようになるだろう。さしあたって、ここでは次の点を覚えておいてほしい。

- **論点をコントロールする：非難**したいのか？　自分たちの共通の**価値観**に合う人、あるいは合わない人は誰なのかを明らかにしたいのか？　それとも聴衆に何かを**選択**させたいのか？　最も生産的な議論をするには、論点を「選択」に絞ること。知らず知らずのうちに、論点が「価値観」や「罪悪感」へと逸れないように気をつけよう。聴衆の（そしてあなた自身の）利益につながる問題解決法を選択することに、焦点を絞ろう。

- **時制をコントロールする：**最も適した時制を使って議論を進めること。選択をめぐる議論は、未来を向いたものにしよう。

4章

聞き手の心をほぐす

反対側の意見を聞け。

——聖アウグスティヌス（古代キリスト教の教父）

息子のジョージが7歳のとき、真冬にどうしても半ズボンをはいて学校へ行くと言ってきかないことがあった。私たち家族が住んでいたのは寒さの厳しいニューハンプシャー州で、この時期は校庭一面がふわふわの雪で覆われる。妻は「あなたが言ってきかせて」と私に言った。

そこで、私が息子に話をした。せっかくレトリックを学んでいるのだから、**アリストテレスが提唱した、3つの最強の説得術**を使うことにした。

- **語り手の人柄による説得**
- **話の論理による説得**
- **聞き手の感情による説得**

この章では、これらの技法がどのように機能するのかを紹介する。読者のみなさんも、説得の達人への道を切り拓《ひら》いてくれる技術を身につけることができるだろう。

ジョージに対して私が最初に使ったのは、語り手の人柄による説得だ。厳格な父親という役割を演じてみた。

私：つべこべ言わずに、長ズボンをはいていきなさい。
ジョージ：どうして？
私：父さんがそうと言ったら、そうなんだ。

だが、息子は涙を浮かべた目で私を見つめるだけだった。次に、話の論理性による説得で、言いきかせようとした。

私：長ズボンをはいていけば、足が寒さでひび割れることもないだろう。そのほうがずっと気持ちがいいと思うよ。
ジョージ：でも、僕は半ズボンがいいんだ。

そこで、息子の感情に訴える手に出ることにした。「レトリックのなかで、特に説得につながりやすいのはユーモアである」と言ったキケロにならい、私はズボンの裾をまくり上げて踊り回った。

私：ラッタッタ、ほら見てごらん、父さんは半ズボンで仕事に行くぞ……まぬけに見えないかい？

ジョージ：見えるよ（半ズボンははいたまま）。

私：だったら、なぜお前は、どうしても半ズボンがいいなんて言うんだい？

ジョージ：僕はまぬけに見えないからだよ。それにこれは僕の足だもん。ひい、ひ割れたって平気だよ。

私：ひい、ひ割れ、だよ。

私のほうが語彙《ごい》力その他で勝っているのに、私の負けのようだ。それに、ジョージが泣かずに議論しようとしたのは、これが初めてだ。だから今回はジョージに勝たせてやることにした。

私：よし、わかった。母さんと父さんが学校の先生に言って何も問題がなければ、半ズボンをはいていっていいことにしよう。だけど、外で遊ぶときは雪用のズボンをはくんだぞ、わかったか？

ジョージ：わかった。

息子は嬉しそうに雪用のズボンを持ってきて、一方の私は学校に電話をかけた。数週間後、校長先生がジョージの誕生日を「半ズボンの日」にする、と宣言した。なんと校長先生自身も、キュロットをはいて学校に来てくれたのだ。2月半ばのことである。はたして、これはいい考えと言えるだろうか？　話し合ったうえで同意がなされたという観点からすると、私はいい考えだったと思う。

聞き手の脳、直感、心に訴えかける

私は人柄、論理、感情を使った最強の議論をした。それなのになぜ、ジョージは私を言い負かすことができたのだろう？　それは、彼も同じ技法を使ったからだ。私はそれを意識的に使い、ジョージは本能的に使った。

アリストテレスはこれを、「ロゴス」「エートス」「パトス」と呼んだので、ここからはこの言葉を使うことにする。ギリシャ語のほうが、英語よりもずっと広い意味を包含《ほうがん》しているからだ。この3つが、基本的な技法となる。

「ロゴス」とは、論理の力を使った技法である。ロゴスは単に論理のルールに従えばいいわけではない。聞き手が考えていることを利用する、一連の技術を指す。

「エートス」は、語り手の人柄を使った技法である。説得者の人格、評判、信頼に値しそうに見えることなどを使う。レトリックでは、単に善いことよりも、評判がいいことのほうが大切である。そのほうが説得力があるからだ。私は子どもたちに、嘘をつくのは悪いこと、なにより嘘には説得力がない、と教えてきた。聞き手は、信頼に値する説得者の話ほど信じやすく、その人の話を受け入れがちなのだ。**「言葉よりもその人の生きざまのほうが、よほど説得力がある」**とアリストテレスと同時代の人が言ったが、今日でもこれは真である。

そして最後に**「パトス」、感情に訴える技法**だ。論理学者や言語学者はパトスを嫌っているが、論理学の父であるアリストテレスも、パトスの有用性を認識していた。**誰かを論理的に説得することはできても、実際に椅子から立ち上がって行動を起こさせるには、もっと感情に訴えるものがなければならない。**

ロゴス、エートス、パトスは、聞き手の脳、直感、そして心に訴えかける。脳は事実を見極め、直感は相手が信頼できるかどうかを探り、心は行動を促す。効果的な説得には、この3つが欠かせない。ジョージは私に対抗するために、この3つを本能的に使っていた。彼のエートス（人柄）が私のエートスを追いつめた。

私：長ズボンをはきなさい、父さんがそう言うんだから。
ジョージ：これは僕の足だよ。

言葉はおかしかったとはいえ、彼のロゴス（論理）は私のロゴスを帳消しにしてしまった。

私：長ズボンをはいたほうが、足も気持ちがいいだろう。
ジョージ：ひひ割れしたって平気だよ。

最後に、彼のパトス（感情）は私にとってどうにも抗いがたいものだということがわかった。幼いころのジョージは、泣くのを我慢しているときにはよく下唇をグッと突き出していたものだ。キケロはこの技術——下唇の話ではなく、自制しようと必死な様子のこと——が気に入っていた。**語り手が自制しようとしている姿は、その場にいる聞き手の気分を盛り上げる。**キケロはまた、**純粋な感情は、偽りの感情よりも説得につながりやすい**と述べた。ジョージの涙は、もちろん純粋なものだった。しかも泣くのを我慢しているせいで、彼の目はより多くのことを語っていた。

私のパトスも同じくらい効果的だったと言えればいいのだが、私がズボンの裾をまくりあげても、ジョージは面白いとは思ってくれなかった。彼が同意したのは、私がまぬけに見えるという点だけだ。

妻：よく言いきかせてくれた？
私：ああ、うまくいったよ。

ちょうどそのとき、ジョージが半ズボンをはいたまま部屋に入ってきた。

妻：じゃあ、なぜまだジョージが半ズボンをはいているのかしら？
私：取り引きをしたんだよ！
妻：取り引き。それで、なぜか学校に半ズボンで行ってもいいってことになったわけなのね。

私：言ったろ？　うまくいったって。

これでもし、学校から帰ってきた息子の足が赤くなっていたらどうする気だったのか、って？　たしかに息子の皮膚の状態についてもいくらかは気になっていたし、妻の期待にぜひ応えたいとも思っていたが、どちらも私の個人的な目標である「説得力のある子どもを育てる」ことには影響がない。もしジョージが全力で議論に挑んできたなら、私は喜んで譲る気だった。あのときは、両者とも勝ったのだと思いたい。

通常、ロゴス、パトス、エートスは三つ巴になって、議論に勝つために機能する。論敵の論理と聴衆の感情を利用すれば、はるかに簡単に聴衆を説得できる。

相手の言葉のなかに説得に使えるものが潜んでいる

まずは、ロゴスのなかでも特に効果的な技術である「譲歩」をマスターしよう。この技術は、ロゴスのもつ力の核心に近いところにある。

どんなに攻撃的な論法にも、論敵の考えや、聞き手のもつ先入観が入り込む余地がある。人を説得する——語り手が選んだものを聞き手に望ませ、語り手がしてほしいことを聞き手にさせる——ためには、その〝余地〟のなかにある役立ちそうなものはすべて利用しなければならない。**論敵が放つ言葉のなかにこそ、説得に使えるものが潜んでいるのだ。**

営業職の人は、あなたに物を買わせるためによく「譲歩」を使う。以前、営業畑出身の上司と仕事をしたことがある。昔の癖というのはなかなか抜けないものだということが、その上司を見ているとよくわかった。私の言うことに決して反対はしないのだが、私の提案とは逆のことばかりさせようとするのだ。

私：私たちが行った調査によれば、読者は活字の多すぎない、すっきりした表紙を好むようです。
上司：すっきりした表紙か。わかった。
私：活字の少ない表紙というのが〝売れる雑誌〟の常道に反することはわかってます。ですから、2種類の表紙をつくってみてはどうでしょう。半数は、通常どおり見出しを満載したもの、もう半数は写真を大きく大胆に載せ、活字のほとんどないものにするというのはどうでしょう。
上司：活字の少ない表紙か。いい案だね。予算はどれぐらいかかる?
私：かなりかかります。ですが、雑誌の売り上げの増加分でカバーできると思います。
上司：予算は確保していないっていうわけだな。
私：ええ、確保していません。ですが、必ずうまくいくと思います。
上司：もちろん、君はそう思っているだろう。たしかにいい案だ。予算編成のときに、この件をもう一度話し合おう。

私：でも、それは9カ月も先では……。
上司：ほかに議題はあるかね？

結局、私の提案がそれ以上検討されることはなかった。こういう性質のセールスマンがいなくなれば愉快なのだが。不本意ではあるものの、私はこの上司のことを決して嫌いにはならなかった。彼と議論していても、議論しているとは感じなかった。自分の主張がことごとく却下されても、私は気分よく彼の部屋を離れたものだ。彼が「譲歩して相手を認める」ということをやっていたからだ。譲歩を使えば、あなたの思いどおりの場所に、相手がみずから向かうのだ。

だが、譲歩のメリットはそれだけではない。**譲歩は、いわゆる「歩み寄り」には欠かせない技術である。相手に議論だとわからないような形で、その場から怒りの感情を取り去ることができるのだ。「口論」を「議論」に変えることもできる。**

歩み寄るためには、相手の頭のなかに入っていかなければならない。議論をつかさどる脳という場所は、相当混乱に満ちた所かもしれない。けれど、どの論者の考えにも、いいところはある。**譲歩や歩み寄りをするのに最も大切なのは、「相手に共感する」**ということだ。

会議で試してみよう

誰かがあなたの意見に異を唱えたときにはこう答えてみよう。「わかった、じゃあちょっと調整してみよう」。そして、まるで、あなたの意見自体はすでにグループの全員に認められているかのように、意見の微調整に議論の焦点を合わせる。これは「譲歩」という手のひとつ。相手の動きを利用して自分が優位に立つという、言葉による「柔術」である。

聞き手の気分を土台とする

共感とは、聞き手の「パトス（感情）」に寄り添うことである。聞き手の気分を否認したり、否定したりしてはいけない。**共感とは、関心を示すことにほかならない**。目の前に、不安げでイライラした人がいたら、「カフェイン抜いたら？」などと言ってはいけない。小さな女の子が悲しそうにしていたら、あなた自身も悲しそうな顔をするのが「共感」である。甲高い声で「元気を出して！」と言うのとは違う。

このように、**まずは聞き手の感情に共感することから始め**、**意見を主張する過程であなた自身の感情を徐々に変化させていく**といい。そして、変化の様子を聞き手に見せるのだ。「偉大なレトリシャンは、みずからが手本となって『どう感じるべきか』を聞き手に示すものだ」とキケロも言っている。

女の子：風船が飛んでいっちゃった！
あなた：あら大変、飛んでいっちゃったの？

（女の子が激しく泣き出す）
あなた：（悲しそうな表情をしたまま）手に持っているのは、なあに？
女の子：ママが買ってくれた恐竜のおもちゃ。
あなた：（元気づけるような明るい声で）まあ、恐竜！

妻はもともと人に共感しやすいタイプで、相手の気分を察するのがうまい。私の感情を強く引き戻す方法を心得ているので、自分が取り乱していたのが恥ずかしくなることもある。あるとき、私が担当していた雑誌が賞をとったのにもかかわらず、何も言ってくれない社長に腹を立てて帰宅したことがあった。

妻：何も？　おめでとうのメールもないの？
私：なかったんだよ。
妻：あなたがどれだけ会社に貢献しているかわかってないのよ。
私：えっと……。
妻：メールだけではとても足りないわ！　ボーナスをくれてもいいくらいよ。
私：……そこまで大きな賞ではなかったんだけどね。

妻があまりに熱く私に同意してくれたものだから、ひどい社長の味方をするはめになってしまった。あのとき妻は心から共感してくれたのだと思うが、単に技法として「共感」してくれていたのだとしても、同じ効果が得られただろう。とにかく、私の気分はよくなった……少し恥ずかしい気持ちにもなったけれど。

さて、エートス（人柄）によって譲歩を引き出すためには、ディコーラム（適切さ）が必要である。これは「柔術」のなかで最も重要な要素なので、次章で詳しく述べようと思う。

家庭で試してみよう

アリストテレスは、どんな論点にも別の見方がある、と言った。これこそ譲歩のコツだ。もし、あなたの配偶者が「一緒に出かけることも、ほとんどなくなったわね」と言ったら、最近出かけたのはいつだったかなどと話しはじめるのは、賢いやり方とは言えない。「実はちょうど、あそこに新しくできた韓国料理の店に行ってみないかと、誘うつもりだったんだ」と時制を変えてみよう。

職場で試してみよう

相手の気分に大げさに共感すると、相手のほうは、そんな気分でいることが馬鹿馬鹿しく思えてくるものだ。同僚が職場について文句を言ったときは、「直接、上層部にかけ合ってみよう」

と言ってみるといい。ぶつぶつ文句を言っていた同僚が、とたんにびくびくしだすはずだ。

4章のポイント

アイザック・ウォルトン〔16〜17世紀のイギリスの随筆家〕は著書『釣魚大全《ちょうぎょ》』のなかで、こう語っている。「カエルを扱うとき、釣り針は口から入れてエラから出す……そのときは、愛しいものを扱うようにすることが大切だ」これは、本章の内容を凝縮したような言葉と言える。話をするときも、**聞き手が誰であれ、愛しい者のように扱うことが大切**なのだ。**どんな技法を使うにしろ、論敵を理解し、聞き手に共感することが必要**である。

- **ロゴス：**話の論理性を使う。本章で紹介した論法は「譲歩」。相手の議論を語り手に有利に働くように利用する方法である。
- **パトス：**聞き手の感情を使う。感情を利用した技術のなかで最も重要なのは「共感」。これは、聞き手の感情に関心を示し、語り手の主張に合うように聞き手の気分を変えること。
- **エートス：**語り手の人柄を使う。アリストテレスは、これが3つの要素のなかで一番（ロゴスよりも！）大切だと語った。

論理、感情、そして人柄は、相手を説得するための主要な技術である。それぞれをどのように使いこなせばいいのか、この先でまた紹介する。ぜひ続けてお読みいただきたい。

5章

聞き手に好感をもたせる

自分に満足しているがゆえに、社会とのかかわりのなかで生きていけない者、社会で生きていく必要がない者は、野獣か、さもなければ神である。

――アリストテレス

聴衆が同意したくなるエートス（人柄）とは、「リーダーにはこうあってほしい」と誰もが期待するとおりの口調、見かけ、振る舞いをしてくれる者である。古代ローマ人は、その人の人柄ゆえに同意してしまう現象を説明するために、「ディコーラム（適切さ）」という言葉を編み出した。「ディコーラム」とは、「相手に合わせる」技術を指す。礼儀正しい相手に囲まれているときだけではない。**職場であれ近所のバーであれ、どんな場所でもその場にふさわしい言動をすることである。**

「ディコーラム」というラテン語には、「適合する」「ふさわしい」という意味がある。生物の進化と同じで、議論の世界も〝適者生存〟だ。大きな社会であれ小さな社会であれ、それこそ運動場であれ会議室であれ、その場で成功を収めているのは、最もうまくその場に適合した者なのである。

ディコーラムを使うと、聴衆に向かって「私の言うとおり、やるとおりに行動してください」というメッセージを伝えることができる。聴衆の声をうまく代弁することも可能だ。とはいえ、必ずしも聴衆と同じように振る舞う必要はない。

たとえば、聴衆の平均よりも少しだけいい服を着たほうがいいだろう。大人は、子どもに対してディコーラムを間違って使うことがある。3歳の子どもに向かって赤ちゃん言葉で話しかけるのは、大人から見ると当然馬鹿みたいに見えるが、当の3歳児から見てもやはり馬鹿みたいに見えるだろう。その場に合ったディコーラムを示すには、**聴衆と同じではなく、聴衆の「期待に沿った」振る舞いをしなければならない。**

私たちの目には、ディコーラムとは小難しくて実用性のない技術であるように映るが、先人が書き残したディコーラムのマニュアルを見ると、現代のベストセラーである『成功する人の着こなし術（How to Dress for Success・未邦訳）』や『1分間マネジャー』などで語られているテーマ――声のトーン、身振り、服装、間の取り方、礼儀作法など――と同じことが推奨されている。どの時代にも、その時代のルールが存在する。人間は常に、社会環境の変化に合わせてルールを変える。昔はジャケットとネクタイを着用して映画を観に行ったものだし、映画館でたばこを吸うのも普通だった。

映画と言えば、私の母が14歳のとき『風と共に去りぬ』がペンシルベニア州、ウェイン郡の映画館にもやってきた。レット・バトラーの荒っぽい言葉に、当時の観客はゾクゾクしたという。私の母も、映画のなかで俳優が悪態をつくところを見るのを楽しみにしていた。レットが「正直に言って、俺の知ったこっちゃない」と言った場面では、観客が息をのむ音やささやき声が、いっせいに聞こえたらしい。「それほど衝撃的なセリフだったのよ」と、後年、母は語った。

聴衆の期待に沿った振る舞いで、説得力を増す

私たちの態度は、時代を経て、どのように変化してきただろう。現代のいわゆる「政治的正しさ」という概念をうっとうしいと思っているタイプの人たちは、必要に応じて「適切さ」が変わることを嘆いているかもしれない。そう、風習にこだわる人はいるものだ。左派の堅物は、人種をネタにしたジョークを聞くと顔をしかめるだろうし、キリスト教右派の堅物は、誰かがキリスト教的に「メリー・クリスマス」と言うのを避けて「ハッピー・ホリデイ」と言うのを聞くと、卒倒しそうになるだろう。だが、ここで問題にしているのは風習ではない。いま私たちは、レトリックという伝える技術の話をしているのだ。

もちろん、その場の作法に合わせなければならないという法律があるわけではない。ありのままを語ればいい。だが、「適切でないこと」と「説得力があること」は両立しない。このふたつは、相容れないのだ。

審議の議論で扱うのは「何を選択するか」であり、**説得するための「適切さ」は、そのときの聴衆によって変わってくる**。「ローマにいるときはローマ人と同じように振る舞え〔郷に入っては郷に従え〕」と言うが、ローマにいないときにローマ人と同じような振る舞いをすれば、面倒なことになるかもしれない。聴衆を説得できるか、聴衆にそっぽを向かれるかは、ディコーラムにかかっている。

アメリカの白人ラッパー、エミネムの半自伝的映画『エイト・マイル』のクライマックスシーンでは、相手に合わせる技術であるディコーラムの力が強調されている。デトロイトのダウンタウンにあるクラブで開催されるラップバトルに、エミネムも参加する。ラップバトルでは、ヒップホップのアーティストが代わる代わる相手を揶揄《やゆ》し、聴衆の拍手が多かったほうが勝者となる。

決勝戦では、エミネムが不機嫌そうな黒人の男性と対決することになった。エミネムはその場にふさわしい服装をしていた。スカルキャップに、サイズの大きいダボダボの服、そしてキラキラ光るアクセサリーをありったけつけていた。もしエミネムがケーリー・グラント〔20世紀のイギリスの俳優〕のような恰好をして現れたら、あなたや私の目には素敵に見えるだろうが、クラブの聴衆の目には、ひどく場違いに映ったことだろう。

だがこの場面では、服装はたいした問題ではなかった。エミネムは白人だが、ダンスクラブにいたほかの人たちは全員が黒人だったのである。だが、エミネムは相手のちょっとした秘密を暴露することで、なんとかこの相手を打ち負かした。「ギャングを気取っていやがるが、こいつは大学進学予備校に通ってたんだぜ！」この一言で、相手のヒップホップ・アーティストらしい振る舞いはすべて、そらぞらしいものとなってしまった。その振る舞いがじつは偽物だと観客にわかってしまったからだ。口の悪いディコーラムの達人エミネムは、ライバルの黒人よりもずっと、ダンスクラブの人たちに馴染んでいたというわけだ。

人が変わると、同じ技法でもうまくいくとは限らない

キケロも言ったように、たとえ相手が同じ人であっても、ある説得者にとってうまくいったディコーラム（適切さ）が、ほかの説得者の場合もうまくいくとはかぎらない。まず「**聴衆は何を期待しているのか？**」と、**本気で自問してみるといい。聴衆の意見をひるがえさせるには、まず、聴衆の好感を得なければ始まらない。**

これは、言うは易し、行うは難しだ。以前、ノースカロライナ州のグリーンズボロで働いていたとき、「消え失せろ」と黒い文字で大きく書かれたコーヒーカップを職場に持っていったことがある。ニューヨークの人にはウケていたのだが、グリーンズボロではそうはいかなかった。誰も何も言わないので、ある日私はクライアントとの打ち合わせにそのカップを持ち込んでみた。幸い、その場の人たちは面白いと思ってくれたようだが、上司にはカップを替えるように言われた。

その場の状況に合わせるのは、たとえ本人に合わせる意志があったとしても、簡単とはかぎらない。私がまだ独身でワシントンD．C．に住んでいたころ、弟が私の家に来たことがあった。ある晩、弟とふたりでワシントンの歓楽街、ジョージタウンを訪れ、バーを回っていると、ひとりのハーレークリシュナ教徒〔米国の新興宗教。古代インドの聖典に基づく〕が、不揃いなバラの花束を売りに近づいてきた。弟のジョンはそれを一束買うと、そばを通りかかった美しい女性にその花束を差し出してこう言った。「どうぞ、かわいいお嬢さん」

「どうぞ、かわいいお嬢さん」だって？　ディーン・マーティン〔20世紀の米国の俳優〕にでもなったつもりか？　けれどその女性は、弟の頬をひっぱたくこともなく「あら、ありがとう！」と言ったのだ。弟にキスでもせんばかりの様子だったが、彼女の友達はさっさと彼女を道の向こう側へ引っ張っていってしまった。私は驚いて弟を見た。

弟：なに？
私：なんであんなことをしたんだ？
弟：なんのこと？　女の子に花をあげたこと？
私：あの子のことを「かわいいお嬢さん」って呼んだだろう。
弟：ああ、かわいかったからね。

もしかすると、これはいいやり方なのかもしれない。「ちょっと待っててくれ」私はそう言って、信号を無視して通りを横切り、さっきのクリシュナ教徒から花束を買った。そのとき、ちょうど信号が変わって、バーをはしごしている人たちの集団がこちらに向かって歩いてきた。何人か女性もいたので、美しいブロンドの女性に、さっき弟がやったのと同じように、バラの花束を差し出した。口調まで真似をして言ってみた。

私：どうぞ、かわいいお嬢さん。

女性：くたばれ。

彼女は淡々と、特に悪意もなさそうに、こう言った。どういうことなのかさっぱりわからない。弟と私はよく似ている。顔の造りも、髪の色も同じだ。いずれにしても、彼女は私のほうをまったく見なかったので、私の見た目が問題ではなかったのかもしれない。

私が近づいた女性は、私が恥ずかしがっていることを感じ取っていたのかもしれない。弟は皮肉を言うこともないまっすぐな男で、女性には人気がある。だが、私はそういうタイプではない。**真の自分とあまりにもかけ離れた「人柄」を装うことはできない**、とキケロも述べている。**ある人にとってうまくいったやり方も、ほかの人が使えば災難をもたらすことだってある。**

つまり、自分らしく話せばいいのだ。ここは大切なポイントだ。ディコーラムとは相手に合わせる技術だが、あなたの本当の性格に合わない「エートス（人柄）」は、たいてい見苦しい。聴衆も、それに気づいてしまう。

プレゼンで試してみよう

プレゼンをする相手が複数ある場合は、メモを2通り用意しておくといい。ひとつは内容について。もうひとつは、聴衆についてのメモだ。聴衆がどんなことを信じて、何を期待しているのかをリストにしておこう。それに合わせて、スピーチの内容を変えよう。

服装で説得力を増すことができる

ディコーラム（適切さ）は服装にも応用できる。**聴衆があなたにこうあってほしいと思っている外見であること。迷ったときには、彼らと同じような服装をすればいい。**聴衆の平均的な服装と同じような服装をしてみよう。職場では黒い服を着ている人が多いだろうか？　それなら黒い服を着ればいい。自分と同じ地位の人よりもちょっといい服装をするのもいいだろう（たとえばカジュアルフライデーに、ジャケットを着ていくとか）。ただし、あまりやりすぎないことが大切だ。

誰かを説得しなければならない場面なら、あなたの服装が聴衆に受け入れられるものならいいが、そうでないかぎり、服装で自己主張するのはよくない。ＰＥＴＡ（動物愛護団体）のオフィスに迷彩柄のネクタイをしていくのは、お洒落かもしれないが、ＰＥＴＡの人たちは眉をしかめるかもしれない。

正直に言えば、ファッションについてのアドバイスをするのに私は適任ではない。以前、幹部クラスのビジネスマンやエディター仲間の前で話さなくてはならない仕事があった。そのときまで、私はコーデュロイが男性のファッションで最もいいものだと思っていた。そこで私は、ニューハンプシャーで自分に手の届きそうな紳士服店の中で一番いい店に行き、ジョーという店員に応対を頼んだ。彼はこざっぱりとした服を着ていて、その後に私が会う予定のビジネスマンたちのようだった。私は、さしあたって2日間の出張に必要な最低限の服を調達したい、成功した人たちを観察して自分がどんな服を着ればいいかわかったら、また来店する、と彼に伝えた。

そのときジョーは、禅問答のようなアドバイスをくれた。「一番高そうな靴を履いている人をよく見るといい」というのだ。靴を真似するということではない。そもそも私には、そんなに高い靴は買えない。そんな人が着ているスーツだって、私の予算では買えないだろう。だがジョーが言うには、そういう人が着ているシャツやネクタイの色や柄を真似ればいいのだという。

わかりやすく言い換えてみたが、実際にはジョーはもっとわかりにくい言い回しで言った。

一番高い靴を履いている人を探してください。でも、その靴を買ってはいけませんよ、色を買うんです。

自分のファッションを担当してくれるジョーみたいな店員を、みんなもつべきだ。彼はその後何年も、私のファッション・アドバイザーとなってくれた。服装は人をつくるのではない。服装は「きっかけ」をつくるのだ。

新しい職場で試してみよう

妻が復職したとき、カジュアルフライデーに何を着たらいいか相談された。「君の上司はカジュアルな服装をしているの?」と私が聞くと、「してないわ」と妻が答えたので「それならカジュアルな服装は避けたほうがいいだろうね」と私は言った。「いまの地位よりも一歩上の装いをいつもすべきだよ」これはうまくいったようだ。妻は18カ月で、副社長にまで昇進した。

その場にふさわしい振る舞いで説得力を増す

服装に加えて、適切な言葉づかいも知らなければならない。ビジネスにおいては、これが特に重要だ。パワーポイントを使ったプレゼンテーションでは、洗練されたディコーラム（適切さ）が必要になる。語り手は、聞き手に応じて、幾通りかのプレゼンテーションをしなければならない。

まずは、部長へのプレゼンだろう。このときは、会議室のテーブルの端に腰かけてたんたんと話し、「これがうまくいかなければ、うちの会社はだめでしょう」とか「予算面でのサポートが必須です」などと言ってみるのがいいかもしれない。

次は副社長へのプレゼンだ。今回も、率直な、飾らない言葉で語るといい。だが、テーブルの端に腰かけるのはいけない。きちんとテーブルの席について副社長と目を合わせてから、スクリーンを見てリモコンのボタンを操作しよう。

CＯＯ（最高執行責任者）に向かって話すときは、一番いいスーツを着て、立って話すこと。COＯがブラックベリーのメッセージをチェックしていたり、プレゼン資料を遅れてめくっていたりしても、それに気づいていないかのように話すといい。

いずれの場面でも、その場にふさわしい振る舞い、つまりその部屋にいる人が語り手に期待して

いるような振る舞いをすることだ。これは必ずしも聞き手がしているのと同じ振る舞いをするという意味ではない。もし、プレゼンする人が先ほどのCOOのように無礼な態度をとったら、解雇通知を受け取ることになるかもしれない。

当然、政治の世界でも場に応じてルールを変える必要がある。いい政治家というのは、特定の聴衆の期待に沿うように言葉、振る舞い、服装まで変える。だが、政治の世界のディコーラムは、ビジネスにおけるディコーラムよりもはるかに巧妙だ。企業の幹部のプライベートライフは実際に個人的なものだが、政治家はプライベートでも政治家らしさを求められる。米国民は、大統領がホワイトハウス実習生と抱擁し合うことを期待してはいない。つい最近までは、離婚することさえ大統領としてはスキャンダラスとされた。

説得するときに重要なのは、語り手が語り手自身に誠実であるかどうかではない。聴衆の信念や期待こそが肝心なのだ。これまで述べてきたように、正しい理解に基づいてその場に馴染むことは、強みになる。決して弱みにはならない。ディコーラムは、集団としてのアイデンティティを人々にもたらす。**聴衆にあなたのことを仲間だと思わせれば、説得をめぐる戦いにおいてはすでに半分勝ったようなものだ。**

文章を書くときに使ってみよう

メールやメッセージを人に出すときは、つづりや文法だけでなくディコーラムも見直そう。相手の期待に沿ったものになっているだろうか？　期待を上回るものになっているだろうか？

5章のポイント

この章ではエートスとディコーラムの要点を説明した。

- **エートス**（人柄）：あなたを信頼に値するリーダーにするための道具である。次章では、聴衆の前で自分の個性を定義する方法を紹介する。だが、まずはその場に合わせることが大切だ。
- **ディコーラム**（適切さ）：人柄を使った技法は、聴衆に好感をもってもらうところから始まる。ディコーラムをおさえることによって、それを達成できる。

6章 聞き手に耳を傾けさせる

言葉による議論よりも、人生で示す議論のほうが重みがある。
――イソクラテス（古代ギリシャの弁論家）

キケロが指摘しているように、話をするときは誰でも、聴衆に聞く耳をもってほしい、自分の話に意識を向けてよく聞いてほしいし、好感をもってほしい、信頼してほしいと思うものだろう。これらを達成するためには、人柄による説得を使う必要がある。この章では、「エートス」の技術をより深く見てみることにしよう。

アリストテレスによれば、語り手が善人であると聴衆に信用させ、語り手の判断をも信用させることが肝要だという。いくら素晴らしい人だと思っても、この人についていくと最後には崖から転落することになりそうだと思ったら、聴衆は語り手にはついていかないだろう。語り手は、自分が正しいことをする人間で、身勝手な目的のために聴衆を利用しない人だ、と聴衆に思わせなければならない。

いま述べたことはすべて、アリストテレスが提唱した、エートス（人柄）を使って相手を説得するときに重要な3つの特質に集約される。

- **徳**（大義）：「語り手は自分たちと同じ価値観をもっている」と聴衆が信じていなければならない。
- **実践的知恵**（技能）：どのような場面においても、語り手は何が正しい行いであるかを知っているように見えなければならない。
- **公平無私**（思いやり）：語り手は、自分自身の利益ではなく聴衆の利益のことを思いやる人でなければいけない。

3つの特質について詳しく見てみよう。まずは、「徳」という、聞きなれないうえに極めて主観的な特質について考えてみよう。説得力をもつ徳とは、母親や父親がもつ徳、モーゼやエイブラハムがもつ徳と、根は同じである。

履歴書を書くときに試してみよう

履歴書を書くとき、まずは経歴を年代順に並べるのではなく、「エートス」別に記述してみよう。自分が働きたい会社のことを思い浮かべて、その会社が進む方向と自分が向いている方向が同じであることを説明し（徳）、会社で使える知識や経験を挙げ（実践的知恵）、チームのために懸命に働く人間であることをアピールしてみる（公平無私）。そのあとで、年代順に並べ直してみる。これであなたの履歴書は倫理的に説得力のあるものになるはずだ。

ドナルド・トランプの「徳」

レトリックでは、「徳がある」ことは何よりも大切だ。「徳」は、議論において常に大きな役割を担う。ただ私たちはこの言葉をほとんど使わない。代わりに使われるのは「価値観」という言葉だ。ある集団の価値観を代弁する人こそが、「徳がある」人なのだ。人を説得するのに有効な「徳」は、その人自身の心の清らかさや、絶対的な善良さなどとは、関係ない。自分の心が正しいと信じる行いをする必要もない。**「適切な」価値観――つまり聴衆のもっている価値観――を共有しているように見えることが必要**なのだ。

私は徳を「大義」と言い換えるのが気に入っている。徳のある人というのは、自分自身のことよりも、何かもっと大きなもののために戦う人だからだ。ポーリー・ピュアブレッド〔アニメ『アンダードッグ』に出てくるメス犬〕よりも、ネルソン・マンデラのほうがはるかに徳がある。つまり徳があるとは、ある集団や国家の価値観を体現している、もしくは、体現しているように見えることである。

これは昔からある技法だ。古代ギリシャ人は、徳があるように見せるためにさまざまな方法を試みた。審議（選択）の議論において、「価値観」は、エートス（人柄）をアピールする道具である。聴衆によって価値観はさまざまだ。ドナルド・トランプの支持者は、彼のあと先考えないしゃべりっぷりに「徳」を見出したのだろう。だが、聴衆の規模が大きくなるにつれて、彼の女性蔑視発言を快く思わない人たちが現れ、トランプは徳を失った。

ハイキングでの「徳」の違い

徳については、家族のなかでも意見が分かれることがある。数年前に家族でハイキングへ出かけたとき、娘のドロシー・ジュニアがこのことを証明してくれた。登山口へ向かう道が、少し前にあった嵐のせいで通れなくなっていた。すでに長い距離を歩いてきたにもかかわらず、ハイキングを続けるためには迂回して、3・2キロも余分に歩かなければならない。娘は、快適さに何よりも価値を見出す。一方ジョージと私は娘と違い、無駄に思えるような挑戦をしてみることに価値を見出すタイプだ（妻は娘と同じタイプだが、ハイキングが好きなのでいつも一緒に来てくれる）。

そこで、道がなくなっているところでハイキングを中止にして引き返すかどうか、多数決で決めることにした。その結果、娘の負けだった。娘は12歳の子にしては実にいさぎよく歩き通したが、車を停めてあるところから1・6キロ手前までたどり着いたとき、突然走り出して、曲がり角のところで見えなくなってしまった。

私：ひとりで先に行っちゃだめだって、わかってるはずじゃないのか。
妻：あとたったの1・6キロよ。あの子は家族で一番方向感覚がちゃんとしてるんだから、大丈夫よ。走っていったのがあなただったら、心配するけどね。

私：ふん、そりゃ面白いや。だけど、僕のリュックにドロシーのレインコートが入ってるんだ。霧雨《きりさめ》が降り始めたっていうのに。僕たちが着くまで、駐車場で震えてるんじゃないか。
妻：そうでもないわよ。
私：どうして？
妻：あの子が車の鍵を持ってるんだもの。

30分後に私たちが車のところに着いたとき、娘は鍵をかけた車のなかで、機嫌よくカーステレオを聴いていた。私は窓をノックした。

私：お楽しみの時間は終わりだよ。鍵を開けてくれ。
娘：（音楽で声は聞こえなかったが口の動きで）父さんが「ごめんなさい」って言ったらね。
私：父さんが「ごめんなさい」って言うのかい？　お前が……。

娘はドアの鍵を開けた。私の口が「ごめんなさい」と動くのが見えたからだ。それが一番うまく事をおさめる方法だったろう。謝らなければ、車に入れてくれなかったに違いない。こっちが怒って娘に言うことをきかせる羽目になっただろう。レトリックで言うところの「威力を使った議論」である。謝る以外に娘を説得する方法はなかった。謝ることで、私が「徳のある」父親に見えたからこそ、説得することができたのだ。娘からしてみれば、私のほうが悪いのだから（ちなみに謝ることで自分の「徳」を傷つける例もある。詳しくは23章で扱う）。

価値観が異なると、ほかの集団の行いが奇妙に見えてしまう。実習生と不適切な関係にあったうえ、そのことについて嘘をついたとして、下院がビル・クリントンを弾劾したとき、欧州諸国の人々は奇異に感じたことだろう。クリントンの弾劾裁判の審問が始まる少し前に、フランスでは、当時、大統領だったミッテランの妻と愛人が、前大統領の葬儀に参列していた。フランス人には、なぜアメリカ人が国のリーダーに貞節を求めるのか、理解できなかったことだろう。

だから、あなたにとっては倫理的なことが、ほかの人のエートスを傷つけることもある。私たちがいま、1962年の映画『アラバマ物語』のDVDを見ると、米国南部の弁護士アティカス・フィンチは、とても徳のある人間に見える。映画に出てくる町の住民たちも彼に一目置いていたのだが、彼が、白人女性への暴行容疑で訴えられた黒人の男の弁護を担当し、1930年代の米国南部における白人文化の価値観を逸脱したときから、人々の彼を見る目は変わる。私たちから見れば、無料で弁護を買って出るという無私の行為をするフィンチは徳の高い人間だが、映画のなかではフィンチが正しい行いをすればするほど、彼の「徳」は下がっていった。町の人たちが彼を尊敬していなければ、彼の説得力はなくなってしまう。フィンチは、「大義」のために立ち上がったが、人種差別の残る古い時代の南部の人間の目には、それは間違った大義だと映ったのである。

リンカーンは聴衆が信じていることに話を合わせて勝利した

フィンチにほかに道はあったのだろうか？　恐らくなかっただろう。だが、リンカーンが大統領選に勝利する前に非公式の場で語った言葉のなかに、ヒントを見出すことができる。彼の友人によれば、リンカーンは黒人のジョークが好きで、黒人の蔑称《べっしょう》を慣れた調子で使うのも見たことがあるという。

いまの時代ならひどい話だが、ここでは当時の事情に鑑みなければならない。当時、人種差別的なジョークに怒るのは、たいていが極端な自由主義者の白人だけで、リンカーンは、奴隷制度に反対する少数派の人間だった。奴隷制度の廃止を達成するためには、多数派である差別主義者に勝たなければならなかった。リンカーンはこれを、「徳」を使うことで達成した。つまり彼は、聴衆と同じ言語を話したのである。奴隷制度に反対する彼の政党の主張は気に入らないが、リンカーン自身のことは好きだ、という人が多かった。レトリック的に言えば、リンカーンが実際に差別主義者であるか否かは、たいした問題ではない。重要なのは、表面に表れている彼の態度が、「エートス（人柄）」を強化するうえで効果的な戦略となったという点だ。

さて、このあたりで再びディコーラム（適切さ）について考えてみよう。今回は、特別な種類のディコーラムについてだ。ここで扱うディコーラムは、服装や礼儀作法とは、一切関係がない。聴衆が信じていることに話を合わせる能力だ。

リンカーンは聴衆に、「この語り手の話すことに耳を傾けてみよう」と思わせることに成功した。奴隷解放の話は、自由主義の広がるマサチューセッツ州で暮らす鼻もちならない奴隷解放論者が訴えるよりも、人種差別主義者の口から出たほうが受け入れられやすい。もしリンカーンが、ほかの奴隷解放論者と同じように人種間の平等について説教をしていたら、大統領になることはなかっただろう。

もしあなたが、自分の「エートス」を説得力のある「徳」と結びつけたいと思うなら、**まずは聴衆の価値観を知り、その価値観を共有しているように見せることが必要**である――そう、たとえ聴衆が、ひとりのむっつりとした10代の子であっても。

あなたが、リビングで流れている音楽の音量を下げてもらいたいと仮定しよう。今回の相手は配偶者ではなく、16歳の子どもとする。この年ごろの子どもは、何よりも自分が自立した人間であることに価値を見出す。この子にただ命令をするのでは、あなたの「エートス」はあなたに何の利益ももたらさない。あなたは子どもに決断をさせない人間だ、と証明するだけになってしまう。こういうときは、子どもに選択を任せるといい。

音量を下げてもらってもいいかな？　それともヘッドフォンをするほうがいい？

違う価値観に意識を向けさせるのもいい。多くの子どもは対等に扱われることを望んでいる。

父さんの好きな音楽をかけさせてもらってもいいかな？　レーナード・スキナードは知ってるか？

会社で人を説得する方法

職場では、利益と成長に重きが置かれる。利益を第一に考えているところを見せれば、ビジネス上の「徳」を示すことができる。もし上司がルールどおりに動くことに価値を見出す、遵法《じゅんぽう》精神旺盛なタイプの人だとしたら、倫理的で厳格な方法で利益を求める姿勢を見せることで、「徳が高い」人になることができる。

会社で人を説得したいなら、まずはその会社の「徳」に合わせて話を始めなければならない。つまり、企業風土に合わない基準に照らすのではなく、実務的であるとか利益につながるといった、企業風土に合った側面から話を展開しなければならないということだ。誰でも、同僚から孤立したくはないだろう。

これは容易くできることではない。「徳」とは実に複雑なものなのだ。何年も前の話になるが、大学の同窓会の会報誌の仕事を担当した折、広告収入を増やして赤字を黒字に変えたことがある。だがこれは、間違いだった。

この状況をレトリックの側面から眺めてみるまで、まさか自分がしたことが間違いだとは思わなかった。民間会社で「徳」とされていることが、学界では意味を成さないことに気づかなかったのだ。私はビジネス的に問題を解決しようとしたが、学界が重きを置くのは学問だ。私が会報誌に載せたのは、授業の情報やキャンパスライフについての記事で、学術的なものではない。私が考えた会報誌の「徳」は、同窓生たちに「大学が日々変化しても、自分たちは仲間だ」という意識をもたせることだった。一方、大学側の「徳」は、知識の向上だった。学部長から、ある教授の記事をドイツ語で載せたいとの依頼を受けたときには、異なる価値観のぶつかり合いとなった。

私：なぜドイツ語で載せるんです？
学部長：メッセージを伝えるために決まってるじゃないか。
私：そのメッセージをほとんど誰も読めないとしたら、どうするんです？
学部長：君はまったくわかってないな。

いまなら、わかる。私は利益を出すことや読者へのサービスに重きを置いていたのだが、学部長が価値を置いていたのは、学問と、教授陣を引き立たせることだった。もし私がもっとレトリック的な観点からこの仕事に取り組み、ときおり研究論文なども載せていれば、大学側も私を「徳」のある人間だと思ってくれたかもしれない。会報誌は、より多くの人に読まれたに違いない。

ともかく、学部長は「徳」の重要な側面をよく理解していた。「徳」は、アイデンティティ――自分を自分たらしめる独自性、あるいはグループの一員であると感じること――において、大切な要素なのだ。一方、アイデンティティに基づいた振る舞いが、他人には徳があるようには見えないこともある。ただの馬鹿げた振る舞いにすら見えることもあるだろう。

ジョン・クラカワーのベストセラー『空へ――エヴェレストの悲劇はなぜ起きたか』が刊行されたとき、読者は予想外の受け取り方をした。この本はアマチュア登山家である著者が、エヴェレストで死にかけたときの経験について書いたもので、その趣旨は「経験の浅い者は決して無茶をしてはいけない」と警告することだった。

ところが、この本が出版されたあと、エヴェレストの登頂許可を求める人の数が増加したのだ。馬鹿げているだろうか？　たしかに分別がないと言えよう。だが、この現象をレトリックの視点から見てみると、説明がつく。どんな困難にも立ち向かうタイプの人間にとっては、危険に立ち向かうことは徳のあることになり得るのだ。

分別のない振る舞いをするように見える個人やグループも、懸命に自分たちの振る舞いを正当化しようとしながら、自分たちなりの徳を求めているのだ。

聴衆と同じ価値観をもっているように見せる

特定の聴衆に対して、あなたが「徳」をもっているように見せるのは、決して難しいことではない。これから方法をいくつか挙げてみるが、**重要なのは、聴衆の価値観をあなたが体現しているように見せること、つまり、彼らにとって「いい人」に見せることである。**

いかにもアメリカ人らしいのは、「これまでの功績を語る」という手法だ。誰か別の人にあなたの功績について話してもらうのもいい。聴衆の興味を引きそうな自分の欠点をさらけ出して、共感を誘うのもいいだろう（この手法についてはまたあとで述べる）。自分の意見が聴衆の意見と違っているとわかったら、意見を変えることだ。

アリストテレスは、**自分で自分の功績を話すよりも、他人の口から語られるほうが効果的である**と述べた。ジョン・マケインがバラク・オバマと大統領の座を争ったとき、マケイン自身がベトナム戦争で捕虜となったときの英雄的な行為について語ることはほとんどなかったが、ほかの大勢の人によって語られた。同じように、10代の子どもを一緒に育てている夫婦も、互いの「エートス（人柄）」を高めるといい。一方が、もう一方の徳について話すのだ。

父親：少し音量を下げてくれないか？
子ども：父さんはいつも僕の好きな音楽をかけさせてくれないじゃないか！
母親：あなたにそのステレオを買ってくれたのは、お父さんよ。

自分の欠点を戦略的に使う方法もある。聴衆と同じ価値観をもっていることを示すために、自分の欠点をいくつかさらけ出すのだ。ジョージ・ワシントンは、この戦略の名手だった。アメリカ独立戦争の終盤、彼らへの支払いが滞っていることに怒りを募らせた将校たちは、反乱を起こすぞ、と詰め寄った。するとワシントンは、会議の開催を要求し、即刻の支払いを保証する決議をとった。彼はポケットから書類を取り出し、不器用そうに眼鏡をかけると将校たちに向かってこう言った。

失礼して眼鏡をかけさせてもらう。国のために働いていたら、目が悪くなってしまったので。

男たちは涙を流し、この総司令官への忠誠を誓った。なんとも感傷的な時代である。ワシントン自身も、声をあげて泣いたという。たとえ建国の父でなかろうと、ミスを挽回するこのテクニックを、あなたも取り入れることができる。自分のミスを何か高尚なもののせいにすることで補うのだ。たとえば、職場の同僚に配った資料にある数値の小数点を打ち間違っていたとしよう。

私のミスです。昨夜遅くに作成したので、そんな時間にほかの方にチェックしてもらうのは悪いと思って。

この方法は同僚に嫌われるリスクもあるが、感受性の強い上司には効くかもしれない。

聴衆が信じているものを心から支持してみせることで、あなたの徳を高く見せることもできる。 たとえそれによって、あなたの意見を変えることになっても。このテクニックは少し複雑なので、使うときは慎重になったほうがいい。優柔不断に見えないようにするためには、「論敵から（または聴衆から）新しい情報や説得力のある説明を受けたのだから、偏見のない者なら意見が変わるのは当然だ」と示さなければならない。反論のしようがない理屈が目の前にあるのに、いつまでも前の意見にしがみついている人は、合理性に欠けている、と。

あるいは、初めから自分はその意見だったように装うのもいい。ジョージ・W・ブッシュはもともと国土安全保障省の設立に異を唱えていたが、設立が避けられないとなると立場をうまく転向した。彼は謝罪をすることも、過去を振り返ることもしなかったので、彼のことを優柔不断だと言う者はほとんどいなかった。

一方、ヒラリー・クリントンは、説得力に欠けた。彼女は国務長官としてTPP（環太平洋パートナーシップ）を推し進めてきたにもかかわらず、大統領選に立候補したときには、これに反対の立場をとった。この作戦は、使う人の腕次第ということだろう。

ここに伝える技術！

「自慢話」は、モハメド・アリのように得意げに誇張して話すことを聴衆が求めている場合にかぎる。

6章のポイント

ジュリアス・シーザーの「エートス（人柄）」はとても偉大だったので、どんなに普通のことも彼が口にすると攻撃的になる、とシェイクスピアは語った。この章で紹介したのは、ふつうの言葉を金言《きんげん》に変える方法だ。

- **徳**：「徳」とは、「徳があるように見える」ことである。本来、徳とは真に高潔な人からにじみ出るものだが、熟練したレトリシャンなら、徳があるように見せることができる。「徳」とは、道義的に正しくあることよりも、相手に合わせることを必要とする技術だ。語り手は、聴衆の価値観に合わせなければならない。
- **価値観**：レトリックにおける「価値観」という言葉は、一般的な意味とは別の意味をもつ。「価値観」とは、必ずしも「正しさ」や「真理」を表すものではない。単に「人が何に重きを置いているか」にすぎず、それは名誉であったり、信条であったり、お金だったりする。聴衆の価値観を支持すれば、その場の信頼を得ることができる。これが「徳」がある、ということだ。

「徳」があるように見せる方法として、次の4つがある。

- **自分の功績を語る**
- **ほかの人に自分の功績について話してもらう**
- **欠点をあえて見せる**
- **周りの動向によって意見を変える**

7章 聞き手の信頼を得る

最もうまく統治できる者を支配するべきだ。
――アリストテレス

本章では「エートス〔人柄〕」のふたつ目の要素である「実践的知恵〔技能〕」について考えてみよう。これは世の中で生き残っていくのに必要な知識だ。それをよく表しているものとして思いつくのは、映画『アニマル・ハウス』の一場面だ。ウォーマー学長に、オチこぼれの集まりであるフラタニティ〔男子学生グループ〕のメンバーが退学させられたあと、ジョン・ベルーシ演じるブルートが、仲間に向かって情熱的な演説をする場面である。

ドイツ人がパール・ハーバーを攻撃したところで戦いは終わったか？　そうじゃないだろう！　戦いはまだ終わっちゃいない。戦いが一筋縄ではいかないなら、俺たちも一筋縄ではいかない奴になってやろうじゃないか！　俺についてくるのは誰だ？　さあ、行くぜ！

そう言ってブルートは部屋から走り出て行ったが、あとに続く者は誰もいなかった。なぜだろう？

たしかに事実として間違っている箇所はあるが、演説自体はそう悪くない。古くから効果が実証されてきた、論理的で感情に訴える技術も使っている。さらに聴衆を奮起させるようなかけ声まであげているというのに、なぜうまくいかなかったのだろう？

「エートス」の３つの特質――「徳（大義）」「実践的知恵（技能）」「公平無私（思いやり）」――の観点から見てみれば、その理由がわかる。彼は誰からも好かれる人物だが、典型的なオチこぼれである。つまり「実践的知恵」がなく、何をどうすればよいのかわかっていないように見えるのだ。部屋を走り出て行ったあとにどうなるか、彼は一切述べていない。そんな彼に誰がついていくだろう？

だが、ブルートの「エートス」はそう悪いものではない。なぜなら、彼の関心事はグループ全体の関心事であり、特に「復讐したい」というグループの気持ちを、彼が代弁しているからだ。

こんなことは受け入れられねえ。ウォーマー学長、あいつを叩きのめしてやる！

ブルートが望んでいることとグループ全体が望んでいることは同じだ。だから、賢いキャラクターであるオッターがある計画を提案すると、彼らは一致団結して学園祭のパレードをボイコットすることにする。結局は、うまく同意が得られたのだ。ブルートは無私の善意をもっていた。ブルートに欠けている「実践的知恵」については、オッターがカバーしている。「徳」についてはどうだろうか。破天荒《はてんこう》な彼らのことだから、状況によって変わるにしても、ほとんど何でもありだろう。

誰かを説得するには、説得の材料が眠っている鉱山を掘り起こさなければならない。その鉱山とはつまり、聴衆だ。説得できるかどうかは聴衆を把握できるかどうかによるということは、もうおわかりだろう。**説得は、聴衆が何を信じているのかを理解することから始まり、聴衆の感情に共感し、聴衆が期待するような振る舞いをすることで可能になる。**つまり「ロゴス（論理）」「パトス（感情）」「エートス（人柄）」を活用するのだ。

価値観を共有するだけでは十分ではない

語り手が聴衆と同じ価値観を共有しているように見えるとき――同じ「徳」をもっているとき――聴衆は、「語り手が自分たちに勧める選択肢には、その価値観が反映されているに違いない」と信じる。だが、**価値観を共有するだけでは十分ではない。語り手はその時点でなすべきことがわかっている、と聴衆に思わせなければならない。聴衆の信頼を得たいときこそ、「実践的知恵」の出番だ。**聴衆に、語り手は思慮分別のある人で、目の前の難問を解決する方法を知っている、と思わせなければならない。

「実践的知恵」とは、物事を解決するための常識のようなものだ。「実践的知恵」をもっている説得者とは、アインシュタインではなくエジソンのような人のことだし、『スター・ウォーズ』で言えば、ヨーダではなくハン・ソロのような人のことだ。過去の大統領を見ても、アリストテレスの言うことがわかるだろう。ジョン・アダムズ、ハーバート・フーヴァー、ジミー・カーターらは、最も知的な大統領だった。だが同時に、最も実行力に乏しい大統領でもあった。ＩＱには恵まれたが、政治的な技能には恵まれなかったようだ。

実業家や医者は、多額のお金を稼ぎ、ビジネスをうまくやっていくための「実践的知恵」に長けている。選挙で有権者が、成功したビジネスマンや医者である候補者に票を入れるのも、こうした点を評価しているのだろう。有能であるということは、説得力があるということだ。むろん、ある職業で成功したからといって、ほかの職業でもうまくいくとはかぎらない。選挙の候補者の「実践的知恵」を攻撃する最もよい方法は、「彼のこれまでの経験は、政府を運営していく仕事とは一切関係がない」と示すことだ。俳優のトム・ハンクスが、２０１６年の大統領選挙でドナルド・トランプへの投票に反対するのに、この議論を展開した。

ひどく痛む虫歯があって、根管治療をしなければならないとき、あなたならどこに行くだろう？「根管治療の方法なら、わかると思いますよ、さあ、横になって」という人のところへ行くだろうか？　それともこれまでに６０００件の根管治療をしたことがある人のところへ行くだろうか？

トム・ハンクスが医者を尊敬しているというのも伝わってくるが、もちろん、だからといって大統領選挙でベン・カーソン医師に投票するわけではない。壁にかけてある学位記も大切かもしれないが、実践的知恵とは、何を決断すればいいのかを本で調べることでもなければ、普遍的な真理のみを信じることでもない。「どんな場面においても正しい決断をする直感」のことである。

アポロ13号でのリーダーシップ

アポロ13号でトラブルが発生したとき、乗り込んでいた3人の宇宙飛行士は、応急処置を施した宇宙船で、無事に地球に帰還した。この3人は、宇宙へ行くために誰よりも高度な訓練を受けていたが、二酸化炭素除去装置を修理する訓練などはほとんど受けていなかった。それでも飛行士たちは、地上からの指示と、自分たちの修理のスキルを結集させた。そう、このような、**柔軟で賢いリーダーシップこそが、「実践的知恵」**なのである。優れたリーダーは例外なく、こうした技能をもっている。どんなときでもルールを曲げない人には、それが欠けている。

聴衆にあなたの決断を信用させるには、次の3つのテクニックを使うといい。

- **経験をアピールする**：たとえば戦争について討論するとき、あなたがかつて軍にいたことがあるなら、そのことを話そう。「私は戦争に行った経験がある。だから、戦争がどんなものかよく知っている」と言うのだ。**たいてい、本で得た知識よりも経験が勝る。**
- **必要に応じてルールを曲げる**：**ルールが適用できない場面では無理に適用しなくていい。**ただし、ルールを破ることが聴衆の価値観に合わないときは別だ。インディ・ジョーンズは、ソードマンが刀で襲いかかってきたときにも、自分の技能を生かして戦った。ソードマンはさまざまな剣術に長けていたが、ジョーンズは彼をピストルで撃ったのだ。ルールは適用されなかったというわけだ。

- **中庸であるように見せる**：古代ギリシャ人は、いまの私たちよりもはるかに、中庸であることを重んじた。だが、どの時代にあっても、**人というのは本能的に、両極端な選択肢の真ん中にあるものを選ぶ**。**議論に勝つためには、聴衆の目に、論敵の立ち位置が極端なものに見えるようにするといい**。教育委員会が教育予算を8パーセント増額したいと主張し、それに対して、税金はすでに高いので上げるわけにはいかない、と反対派が反論しているとしよう。そこであなたが3パーセントの増額を要求すれば、信用を得られることだろう。

大統領が自分を穏健派に見せる方法

大統領は、自分より極端な意見をもつ者を副大統領に指名して、自分を穏健派に見せる戦略を使っている。ニクソンはアグニューを、クリントンはゴアを、ブッシュはチェイニーを、そしてオバマはバイデンを副大統領に指名した（トランプは何においても例外である）。彼ら大統領は、たとえ平均的なアメリカ人の考えからはずれた意見をもっていても、副大統領のおかげで、自分を穏健派に見せることができたのである。

たとえば、テロの容疑者に対して強硬な態度を示すチェイニー副大統領がいたおかげで、ブッシュ大統領はイラク戦争の際も、動きやすかったことだろう。ブッシュは、ホワイトハウス内のさまざまな意見のバランスをとっているように見せることができた。どんな政策も——たとえ全面的な侵攻であろうと――急進的なチェイニーの強硬姿勢に比べれば、穏健に見えたのだ。
子どもがいる家庭では、夫婦が、柔軟な親と厳しい親の役割を分担するというテクニックを使うことができる。週末になると、子どもの寝る時間がどんどん遅くなってしまうので、もう30分早く寝かせたい、という場面を考えてみよう。

厳しい親：もう寝る時間だ。ほらほら。
子ども：まだ9時よ！　金曜日はいつも10時まで起きてるわ。
柔軟な親：「いつもそうだから」というのは、理由にならないわね。ほかにいい理由はないの？
子ども：土曜日はいつも遅くまで寝てるんだから、睡眠時間は変わらないと思う。
柔軟な親：なるほど、それもそうね。じゃあ、あと30分だけ起きていてもいいわよ。

子どもは不満かもしれないが、決定には従うだろう。

提案書で試してみよう

提案書には「利益」「実現可能性」「優越性」の3つを取り入れるべきだ（順番は問わない）。あなたの提案がどれほどの利益を生むかを説明し、実現するのは易しいと示し、ほかの選択肢より優れている点はどこかを説明するといい。ほかのいくつかの選択肢を示すまで、あなたがいいと思う選択肢を伝えないのもいい。

7章のポイント

この章では、説得する手立てとして「知恵をもっているように見せること」を紹介した。巧みなレトリシャンは、本で得た知識と実際の経験、つまり知識とノウハウをうまく組み合わせている。あなたの「実践的知恵」を高めるテクニックは次のとおり。

- 自分の経験をアピールする
- 必要に応じてルールを曲げる
- 中庸であるように見せる

8章 聞き手への思いやりを示す

雄弁でないほうが、かえって雄弁に感じる。

――クリストフ・マルティン・ヴィーラント（18〜19世紀のドイツの作家）

「エートス（人柄）」の3つ目の要素は、「私利私欲がないこと」と「好意的であること」を合わせたものだ。アリストテレスはこれを「無私の善意」と呼んだ。私はこれを「相手を思いやること」と解釈している。聴衆に好意を抱いている説得者は、あらゆるもの――富、努力、価値観、気分――を聴衆と共有する。聴衆の痛みを感じ、個人的な利害はないと聴衆に信じ込ませる。言い換えれば、自分には「私欲がない」ように見せるのである。

古い時代には、私欲のない人であるという評判の有無が、政治家として選ばれるかどうかのカギを握っていた。『ザ・フェデラリスト』〔アメリカ合衆国憲法の批准を推進するために書かれた85編の連作論文〕のなかで、アレクサンダー・ハミルトン、ジェームズ・マディソン、ジョン・ジェイは、新憲法に賛成する論文を匿名で書いただけでなく、自分たちの「利害関係」を隠すために、当初は憲法制定会議を欠席したりもした。彼らが、金持ちが優遇されているいまの時代を見たら驚くだろう。建国の立役者たちは、金持ちこそ最も「私欲がある人」だと考えていたからだ。

18世紀のリーダーたちも、自分に私欲がないことを見せようと必死になった。財産を投げ捨て、自ら破産する者もいたほどである。私欲がないように見せたがる傾向は19世紀初頭まで続いた。自分は丸太小屋で貧しい子ども時代を過ごしたと主張する政治家もいた。独力でのし上がったというストーリーは、誰にも頼らず自分で事を成し遂げる能力を示すものだった。

「無私である」とはどういうことか、いまの社会ではすっかり忘れられてしまっているが、これをうまく利用するといい。これからいくつかの方法を示すが、**大切なポイントは、聴衆に、語り手であるあなたは私欲をもっていない、と信じさせること**だ。「常に公平な人」に見せる方法もあるし、「自己犠牲を厭わない気高い人」に見せる方法もある。

キケロによると、**自分が公平であることを強調したいときには、本当に主張したいことを「やむなく言っている」ように見せるといい**という。否定できない証拠を突きつけられたので、このような結論に達した、と聞こえるように言うのである。これはまさに、ハミルトンとマディソンが『ザ・フェデラリスト』のなかで実践していたことだ。

たとえば、自分もかつては論敵と同じ意見をもっていた、と示すといい。

論敵：死刑には反対だ。政府が人の死にかかわるべきではない。

あなた：たしかに。僕もかつては死刑に反対だった。冤罪の可能性もあるからね。だけど、いまはDNA鑑定も広く行われているから、そういった問題は防げると思う。

かつては論敵と同じ意見だったのに、理にかなった意見に変わったというわけだ。**この方法は、論点が「価値観」から「実際的な問題」に移ったように思わせたいときにも役立つ。**先の例で言えば、政府主導の殺人じゃないか、という論点から、間違いはなくすことができる、という論点に移行させたのだ。

無私であること、聞き手を思いやっていることを示すテクニックをもうひとつ紹介しよう。**あなたが主張する選択肢が、あなた個人にとっては損なことであるように見せる**のだ。

会社はこの案を私の業績とは認めてくれないでしょうが、それでも私はこの案に全力を注ぎたいと思ってます。とてもいい案なので、捨てるには惜しいと思います。

カーターやニクソンにリーダーの資質はあったのか

今度は、実在したリーダーの特質を見てみよう。これまで述べてきた「エートス（人柄）」の要素があるかないか、わかるだろう。

- ジミー・カーター：〝国民の不安を煽る〟演説をしたことで、「徳」を失った（〝不安〟という言葉は実際には使わなかったが、〝私たちが生きる意味が脅かされつつある〟と述べた）。カーターの演説は国民の価値観とは合わないものだったし、消費者中心主義に真っ向から反対する議論でもあった。

• リチャード・ニクソン：彼も「徳」を示すことに失敗したひとりだ。ウォーターゲート事件は、アメリカ人のフェアプレー精神を汚した。

• ハーバート・フーヴァー：「実践的知恵」があることを示すのに失敗した人。世界恐慌の時代に、従来どおりの経済活動を続けながら、収支を合わせようとした。これに対してルーズヴェルト大統領は、古いルールを打ち破って赤字国債を発行するなどして「実践的知恵」があることを示し、ヒーローとなった。

• アレクサンダー・ハミルトン：恥ずかしい行いをしてしまったがために、「徳」があることを示すのに失敗した。汚職の疑いを晴らすために書いた文章の中で、彼は浮気相手の夫に脅されていたことを言い訳にした（これを題材にしたミュージカルを見たことがあれば、ストーリーはよくご存じだろう）。

• マリー・アントワネット：「公平無私」を示すのに失敗したことで有名だ。国民の利益について関心を抱いていると示さずに、「パンがなければケーキを食べればいいじゃない」という発言をしたという情報が伝わり、自分の「エートス」に傷をつけた。

「エートス」は何よりも大切だということがわかっただろう。**「エートス」こそが、聴衆を〝説得されやすい〟理想的な状態にさせる。**キケロは、聴衆が語り手に意識を向け、語り手を信頼し、説得されようとする状態にすることが大切だと語った。語り手が注目に値する人物だと思えば、聴衆は語り手にもっと関心をもつようになる。**語り手を信頼させるには、語り手の「徳（大義）」「実践**

的知恵（技能）」「公平無私（思いやり）」が必要だ。「説得されようとする」状態にするには、語り手を「手本となる人だ」と思わせなければならない。これは、リーダーに欠かせない資質だ。

ここに伝える技術！

マリー・アントワネットは本当に「ケーキを食べればいいじゃない」と言ったわけではない。彼女を敵視する者が、嘘の情報を流したのだ。だが、彼女の「エートス」が、それを皆に信じさせたのである。議論がどう展開するかは、聴衆が何を信じているかによる。何が真実かは問題にはならないのだ。

リンカーンのあけすけな話術

語り手は、自分がこうした素晴らしい特質を備えていると聴衆に思わせることが必要だ。実際に備えていなくても構わない。仮に、語り手が実際に「徳」も「実践的知恵」ももつ「公平無私」な人であったとしても、聴衆がそう思わなければ、その語り手は「人柄」に問題がある、ということになってしまう。だが一方で、**どんな人にも欠点はあるわけで、そこを補うのがレトリックである。**

最も優れた技法は、技法に見えない。

古代ローマ帝国時代の著名な修辞学者である、スペイン出身のクインティリアヌスはこう言った。

「演説をどこから始めればよいのかわからないようなふりをして、頼りなさそうに見せることも、ひとつの手である。そうすれば、聴衆は語り手のことをレトリックの達人とは思わず、ただの正直な人だろうと考える」

ローマ人はこれを「疑惑法」と呼んだ。エイブラハム・リンカーンは、大統領選挙でこの技法をうまく利用した。弁護士だったリンカーンは、州議員を2期務めたものの、その後の上院議員の選挙で敗れるなど、1860年には政治の世界ではまだ無名の存在だった。そんな彼が、大統領選挙に出馬し、選挙運動で東部を訪れた。彼は経歴面で劣っているうえに、見た目もよくなかった。ごつい手に、頬骨の張った顔、それに訛りもあった。クーパー・ユニオン大学でニューヨークのエリートたちを前に演説をすることになったとき、彼は、聴衆に期待を抱かせるようなことは一切口にしなかった。特徴的なかすれた甲高い声で、何か目新しいことを言うつもりはない、と聴衆に予告したのだ。実に素晴らしい。

何が素晴らしいかって？　まず、スピーチが素晴らしかった。国が抱えている問題をうまく整理し、その解決策を示した、合理的で弁護士らしいスピーチだった。スピーチの出だしは心もとないものだったが、聴衆に期待をもたせなかったことと、心から誠実に語ったことで、教養のある聴衆の心をつかんだ。スピーチは大成功だった。このときのスピーチがなかったら、リンカーンは「この年の11月に、大統領選挙の候補者には指名されなかっただろうし、ましてや大統領に選出されることもなかっただろう」と、リンカーンの研究者であるハロルド・ホルツァーは述べている。

心もとないスピーチの力

現在行われている説得に関する研究も、クインティリアヌスが提唱した「心もとないスピーチ」の理論を裏づけている。**聡明な聴衆は、不器用な演説者に共感する傾向があり、心のなかで演説者に成り代わって、演説者の説を論じるのだという。**心もとないように見せれば、聴衆の期待を低く抑え、論敵に自分を〝見くびらせる〟こともできる、とジョージ・W・ブッシュ（彼はこの技法の達人だ）も語っている。

リンカーンは、田舎出身の無骨者というイメージで、争点について明瞭に語ることができる政治評論家にはとても見えなかった。彼の「エートス（人柄）」は、「知性があるかどうかは疑わしいが、信頼できる人」というものだった。それが、演説によって知性も示したのである。

リンカーンならずとも、このテクニックを利用することができる。**集団に向かって話をするときには、ためらうような感じで始め、徐々に滑らかに話を展開していくといい。**スピーチをするとなると、話しはじめてすぐに聴衆を惹きつけなければならないと考える人が多いが、必ずしもそうではない。たいていの人は、注目を集めるのに5分はかかる。

1対1のときには、この技法をもっとさりげなく使うことができる。やり方はこうだ。相手が話し終わったら、目を伏せる。自分が最も言いたいことを言うまでは、優しく、ゆっくりと話していく。そして、本当に言いたいことを言うところまできたら、相手の目をじっと見つめる。この方法を正しく使えば、あなたの熱い気持ちを相手に伝えることができる。息子がその効果を証明してくれた。ある日、学校から帰ってきた息子が嬉しそうにこう言った。

息子：父さんが教えてくれたことを実践してみたよ。
私：何のことだい？
息子：ほら、なんていったかな。言いたいことを言うまでは目を伏せておいて、その後パッと彼女の目を見るってやつだよ。
私：彼女の目？　彼女に何を言ったんだ？
息子：父さんには関係ないだろ。

人前で話すときに試してみよう

緊張を無理に和らげようとするのではなく、むしろうまく利用するといい。話し下手な語り手に聴衆は共感するものだ、ということを思い出そう。話し下手というのは、最も〝使える〟欠点である。それから、ひとつだけテクニックを使うこと。話が進むにつれて、次第に声を大きくしていくのだ。「自分の話の内容が正しいと信じているため、徐々に自信を取り戻してきた」と思われるように話す。私自身もこの技術を使うが（本当にあがってしまって、そうなることもある）、実に効果がある。

〝本物〟に見えることが大切

マーケティングの仕事をしている人が最近よく使う〝本物〟という言葉は、心もとないスピーチの技法と密接な関係がある。いまや、モデルの写真を修正したり、歌手の歌声を補正したり、コンピューターグラフィックスを使って映画を制作したりする時代だが、**年々、聴衆は〝本物〟に見える内容にこそ価値を見出すようになってきている**。

私自身も、自分のウェブサイトに掲載するための動画を撮りはじめたときに、このことをまざまざと思い知らされた。私は、クリスティナ・フォックスという演技経験のある若い女性を雇い、私が書いた原稿を読んでもらうことにした。私自身で音楽をつくり、複雑なプログラムを駆使して、慎重に動画の編集もした。クリスティナもいい仕事をしてくれた。だが、その動画が多くの人の注目を集めることはなかった。

イライラした私は、スマートフォンを自分に向けて、原稿もないまま思いつきで話したあと、この動画を、初心者向けのプログラムを使って編集した。するとこの動画は、最初につくった凝った動画の5倍もの視聴者を獲得したのだ。〝ただ私がしゃべっているだけ〟の動画をもっと撮ったところ、視聴者は増えつづけた。いろいろな要因が考えられるものの、私はこの動画が〝本物〟だったことが、最も大きな違いを生んだのだと考えている。

「本物であること」は、**「人柄」の根幹をなす。**本物に見えるもののなかには、本物であるように装われたものもある。わざと不器用なふりをして策略などないように見せると、「エートス（人柄）」は抜群によく見える。

あなたの「エートス」を信頼に値するものにするには、裏でレトリックを駆使していることを、聴衆からは見えないようにしなければならない。これは単に〝あなたらしく〟あればいいということではない。むしろ、まるで反対だ。**自分の人柄や評判を頼りにするのではなく、自分で自分の人柄を演出し、評判をつくりあげることが必要**だ。「エートス」とは、初めから定められているものではない。どんな場面においても「徳」「実践的知恵」「公平無私」を示すことで、「エートス」は一からつくりなおすことができる。

倫理に反しているように聞こえるだろうか？　だが、聴衆の態度に目を向け、彼らの苦難や価値観を共有することで、あなたは聴衆の同意を得やすくなるはずだ。次の9章では「パトス（感情）」について述べるが、そこではより大きな、最高の思いやりとは何かを見ることにしよう。

8章のポイント

「公平無私（思いやり）」とは、聴衆の最大の利益は何かを考え、そのためには自分を犠牲にすることも厭わないという態度を示すことである。方法は次のとおり。

- **やむなくこの結論に達した、と示す**：否定しようがない真実が目の前にあるので、この結論に達したのだ、と示そう。

- **自己犠牲**：あなたが主張する選択肢は、語り手であるあなたよりも聴衆に資するものであると伝えよう。この結論に至ると、あなた自身は困ったことになるだろうと示すと、なおいい。
- **やや自信がないように見せる**：自分もじつは迷っているのだと示そう。飾らずに、率直に話すのがコツだ。この人なら信頼できる、と思わせよう。
- **本物であること**：あなたには嘘がない、と聴衆に思わせること。本来の、愛すべきあなたらしくいること。

9章 聞き手の感情を変える

雄弁な人は、自分の望むほうに聴衆を誘導できるし、どんな感情でも引き出せる。怒らせたり、喜ばせたり、笑わせたり、泣かせたり、嘆かせたりできるし、何かを愛させたり、嫌わせたり、憎悪させたりすることもできる。

――ヘンリー・ピーチャム（17世紀のイングランドの作家）

周りに幼い子どもがいる人なら、覚えがあるだろう。ずいぶん昔の話になるが、私が銀行でお金を下ろそうとしていたとき、当時3歳だった娘が癇癪を起こし、泣き叫びながら床をのたうち回りはじめた。周りにいる年配の女性たちの冷たい視線といったらなかった。娘が癇癪を起こした原因は忘れてしまったが、そのとき私は、がっかりした顔で娘を見てこう言った。「そんな主張の仕方じゃあうまくいかないよ。ちっともかわいそうに見えないもの」

すると娘は何度か目をパチパチさせたあと、床から起き上がった。「娘さんに何て言ったんです？」と、そこに居合わせた女性が驚き顔で言った。私は娘に言った言葉を繰り返し、自分は古代ギリシャから伝わるレトリックを学んでいるのだとその女性に説明した。

「**説得上手な人は単に自分の感情を表すだけでなく、聞き手の感情を操作するものだ**」ということを、娘は生まれたときからずっと学んできた。だから、聴衆の感情、つまり私の感情を操作しようとしたのだ。

説得するには聞き手の感情を動かすことが必要だ、と娘は知っていた。娘が私を説得しようとする場合、彼女自身の感情は問題にならない。焦点を絞るべきは、私の感情だ。**聞き手の感情を動かしたいのなら、「共感」を呼び起こさなければならない。**

では、「感情移入」と「共感」の違いは何だろう？　感情移入とは、正確に言えば、誰かの気持ち、あるいは感情を自分に取り入れることである。悲しんでいる子どもを見たら、自分も悲しくなる。楽しそうな子どもを見れば、自分も自然と微笑んでしまう。これに対して、共感とは、相手と同じ感情を抱きはしないが、その感情を完璧に理解することである。

活用するのは、「感情移入」ではなく「共感」だ。スター・トレックに出てくるエンパスは他人の気持ちを感じる。他人に共感する人は、どうやったら相手の感情を変えられるかを考える。もしくは、相手の感情を――たいていは相手のために――利用する。「感情移入」は、同じ感情を抱くこと。**「共感」は、感情を思いやること**である。

だが、モラルが優先されるべき場面でも、レトリックは巧妙に存在する。あなたが他人の感情を読んだなら、それを善いことに使わなくてはならない。「パトス」は、悪用されることもある。

感情が理性を超える

古代のソフィスト〔紀元前5世紀ごろ、古代ギリシャで金銭を受け取って弁論術などを教えていた教育家〕は、うまく使いさえすれば、「**パトス（感情）**」**は聴衆の判断を左右することができる**、と語った。最近の神経学分野における研究でも、「**感情的な脳が理性的な脳を圧倒する傾向がある**」という説が裏づけられた。

アリストテレスが述べたように、**同じ現実でも、感情が異なれば違って見える**。たとえば、事態が好転したとしても、落ち込んでいる人には事態は悪くなっていると見えるかもしれない。古代ギリシャの有名なソフィスト、プロタゴラスは、病人には苦く感じられる食べ物も、健康な人にとっては美味に感じられる、と述べた。「医者は薬で治すが、ソフィストは言葉で治す」とも述べている。

言葉には、薬のような効果がある。理性的な偉人、アリストテレスは、聴衆の信念を利用して、彼らの感情を変えるのを好んだ。アリストテレスによると、何に価値を見出すか、何を知っているか、何を期待するのか、といった信念から感情が生まれるという。彼は「パトス」を、レトリックの論理と完全に分けて考えることはしなかった。感情的なものと理性的なものを合わせるというのは奇妙に聞こえるかもしれないが、レトリックとは、まさにそういうものなのだ。

恐怖を例にとってみよう。この本を読んでいるあいだにあなたの心臓は止まる、と私があなたに信じ込ませたとする。あり得ない話ではない。感じやすい人なら、わずかな怖れから不整脈を起こすかもしれない。心臓は一定のリズムを刻まずに不規則に鼓動を打ちはじめ、体内の重要な組織が破壊され、やがて胸を押さえながらあなたは死ぬ。

どうだろう、怖くなかったのではないだろうか？　私が言ったことをあなたが信じなければ、怖れを抱くことはないはずだ。**感情は予測と経験――過去に起こった、あるいはこれから起こるであろうと聴衆が信じていること――があるからこそ生まれる。**したがって、**実際に経験したときの感覚をより生き生きと語れば、より強い感情を聴衆に起こさせることができる。**

だから、**誰かの気分を変えたいときには、ストーリーを話すといい。**悪口を言うのはいけない。暴言を吐くのもいけない。アリストテレスによると、**気分を変えるのに最も効果があるのは、細部まで詳しく状況を話すこと**だという。ストーリーを生き生きと語れば語るほど、聞き手も本当にそれを体験しているかのような気分になり、同じことが起きるかもしれない、と考えるようになる。聞き手を、実際に体験したかのような気持ちにさせ、自分の身の上にも起こるかもしれないと思わせることが大切だ。

マット・デイモンのくだらないジョーク

ストーリーを語れば、さまざまな感情を呼び起こせる。**ジョークも、まるであなたがその場にいたかのように話すと、より面白く聞こえる。**映画『グッド・ウィル・ハンティング／旅立ち』のマット・デイモンも、ロビン・ウィリアムズ演じるセラピストのショーンに向かって話をするときに、このテクニックを使っている。

ウィル：この飛行機は前に乗ったことがある。僕はそこに座ってた。そしたら機長が『当機はただいま3万5000フィートの上空を飛行中です』とかなんとか言ったあと、マイクを置いたんだ。マイクのスイッチを切るのを忘れたままね。そしたら機長は『いますぐに〈口に出せないような性的な行為〉とコーヒーが欲しいな』って言ったのさ。キャビンアテンダントが、マイクのスイッチが入ったままだって伝えるために、コックピットに慌てて駆けて行ったんだ。そしたら飛行機のうしろのほうに座ってた客が、『コーヒーを忘れずにな！』って声をかけたのさ。

ショーン：君は飛行機に乗ったことはなかったんじゃなかったかな。

ウィル：そうだよ。でもジョークを言うときは、その場にいたように話すほうが面白く聞こえるからね。

聴衆の前で試してみよう

聴衆というのは逸話を聞くのが好きなものだ。聴衆をどんな気分にさせたいかはっきりしている場合は、ただ単に語り手自身の話をするのではなく、その話がどんな感情をもたらすものか、聴衆自身に考えさせるといい。たとえば、あなたが新しい老人向け施設の建設を訴えようとしているとしよう。夫を亡くしてひとりになった高齢の親戚の女性が、あなたにもっと頻繁に訪ねてきてほしいと言うのだが、自分はフルタイムで仕事をしているし、家のこともやらなくてはならないので、そうそう行けない、という話をする。そしてこう言うのだ。「みなさんも、同じような経験がおありでしょう」コメディアンも、このテクニックをよく使っている。感情は、自分にも覚えがあるものによって喚起されるからだ。

感情に訴えたいときは、シンプルに話す

「パトス（感情）」をうまく使うためには、ストーリーをうまく話して聞かせることのほかに自制心も大切だ。説得するときは、銀行の床で泣き叫ぶよりも、必死に自分の感情を隠そうとしている様子を見せるほうが、よりよい結果を得られる。娘が起こした癇癪は、**感情を出しすぎるとうまくいかないといういい例だ。**

情緒的な議論をしたいときには控えめに話すこと、というキケロの教えを、その後、娘も学んだ。**感情に訴える議論をするときは、シンプルに話すこと。**激しい感情を抱いている人は、凝ったスピーチなどしないものだ。言葉は少ないほうがいい。**情緒的に言うなら、言葉が少ないほうが、より感情を揺さぶる。**

ダニエル・ウェブスターは〝おしゃべりな人〟という印象があるが、彼と同時代の人は、有数の説得上手として見ていたようだ。彼は、マサチューセッツ州で起きた有名な船長――たしかホワイ

ト船長という名前だった――の殺人事件を起訴した。いまで言うO・J・シンプソン事件のようなものだ。

容疑者は、前科のない若い農民だった。こんな好青年が、どうしてそんな凶悪犯罪を起こしたのか、誰もが信じられない気持ちだった。ウェブスターは陪審員の前に立ち、怒りの感情などもちあわせていないかのように、極めて普通の、日常会話でもするような口調でその殺人事件について語り、心のゆがんだ農民が、まるで野良仕事でもするかのようにこの犯罪を起こしたという印象を与えた。カポーティの小説『冷血』を100年も前に先取りするかのような話しぶりだ。陪審員が下した判決は、絞首刑だった。

感情を抑えるというのは、感情を利用するタイミングをはかるということでもある。**話の序盤では、「パトス（感情）」はうまく機能しない。なぜなら序盤では、聴衆にあなたが何を求めているかをわかってもらい、あなたの人柄を信じてもらわなければならない――つまり「ロゴス（論理）」と「エートス（人柄）」の出番だからだ。**感情は、徐々に高まっていくようにするのがいい。

最も激しく感情を出していいのは大勢の人の前で話すときで、1対1で話すときは「ロゴス」と「エートス」が最大の強みになる、とアリストテレスは述べている。政治的な事柄について長々と演説をするときは、感情を徐々に出していくとうまくいく。

ウェブスターはどうやって裁判長を泣かせたのか

小さな集団の前で話すとき――たとえば最高裁判所など――は、「パトス（感情）」が効果を発揮する。だが、さりげなく使うことが大切である。

ホワイト船長の事件の何年かあと、ウェブスターは母校であるダートマス・カレッジ（単科大学）の弁護人として、最高裁判所に立った。ニューハンプシャー州は、カレッジの運営を引き継ぎ、総合大学《ユニバーシティ》にしようとしていたのだ。2日間にわたって理性的な議論を尽くしたあと、ウェブスターが最終弁論に立った。「パトス」が活躍する場面である。

彼は涙をこらえながら、ジョン・マーシャル裁判長に向かって言った。「これまで申し上げてきたとおり、ダートマスはたしかに小さなカレッジです」涙で声が少しかすれている。「それでも、このカレッジを愛してやまない人たちがいるのです」法廷にいた人たちは、マーシャル裁判長の目も潤んでいたと証言している。実に感傷的な場面だ。結局、この裁判はウェブスター側が勝ち、ダートマス――工学部、経営学部、医学部を備えたアイビー・リーグのひとつ――は、ダートマス・カレッジのままとなった。

これを実生活で生かせないだろうか？　仮に、私の娘が銀行で癇癪を起こしたのは、急にアイスクリームを食べたくなったからだとしよう。彼女は、床に寝転がったりしないで、静かにこう言うこともできたはずだ。

娘：パパ、アイスクリームを食べたいんだけど？

私：アイスクリームを食べてもいい？　と言うべきじゃないか？

娘：アイスクリームを食べてもいい？

私：だめだ。

娘はまだ小さかったが、私がこう答えるとわかっていたはずだ。だから、もし念入りに策を練っていたなら、きっと熱弁を、しかも〝言葉を使わない〟熱弁をふるったことだろう。ただ私を見上げて、涙を流せばいいのだ。もしくは目を見開いてじっと私を見つめるだけでも効果的だろう。アリストテレスもキケロも、**説得効果の高い感情として「同情」を挙げている**。少なくとも、私のようなまぬけな父親には効果があるはずだ。

プレゼンで試してみよう

レトリックの世界では、スピーチをするときには静かに話しはじめ、徐々に声を大きくしていくといいとされているが、あるベテランの広告マンが、自分はそれと逆のことをしている、と私に教えてくれた。話が進むにつれて声を小さくしていくのだと言う。そうすると、聞き手は彼が何を言っているのか聞こうと、身体を乗り出してくるのだそうだ。反対に、感情は次第に高めていき、最後に最高潮に達するようにするという。柔らかな語り口で話すほうが、結論をより劇的に聞こえさせることができる、と彼は言った。

ユーモアの力

ユーモアは、最も強い説得力をもつ感情である。ユーモアを使うと、語り手の「エートス（人柄）」が高まる、というのが理由のひとつだ。**ユーモアは人の心を落ち着かせることもできるし、あなたを、つまらない口喧嘩などしない人にも見せてくれる。**ただし問題は、ユーモアで誰かを行動に駆り立てることはできないという点だ。笑っているときは、何かほかのことをしようとは思わない。ユーモアによって聴衆の感情や考えを変えることはできるかもしれないが、行動にはつながらない。

アリストテレスは、古代ギリシャ人にとって心理学者のような存在だったが、彼は、まるっきり行動する意欲を失わせてしまう感情もある、と述べた。たとえば、悲しみ、恥辱《ちじょく》、卑下などだ。こうした感情は、人を内省的にしてしまう。そんなとき、人はお風呂を沸かし、ビリー・ホリデイを聴き、自分自身を憐れんだりする。

ここまでの章で、聴衆に、語り手であるあなたは自分たちと同じだと思わせ、あなたを通して物を見させ、あなたが勧める行動をとらせることが必要だ、と語ってきた。アリストテレスもこうした理由から、**聴衆を椅子から立ち上がらせ、あなたの望むように行動させることができる類の感情として、怒り、忠誠心、模倣を挙げている。**

何かを強く望んでいる人は特に怒りを感じやすい。願望の達成を妨げれば、その人は怒りを感じる、とアリストテレスは言った（元気のいい子に、アイスクリームを我慢させてみるとわかるだろう）。願望をけなせば、実に簡単に相手の怒りを刺激することができる、とアリストテレスは述べている。彼が生きていたのは、現代で言うとストリート・ギャングの世界のような、猛々しく乱暴で、軽蔑されることを嫌がる人々の社会だったことを忘れてはいけない。

怒りは、相手に行動を起こさせる

相手を説得するのが目的なら、見下されることからくる〝怒り〟はとても役に立つ。個人が起こす訴訟は、自分が軽視されたという思いからなされるものが最も多い。こうした思いは、人を動かす原動力になる。エリート社会からはじき出されたと感じている人たちは、社会的な地位を取り戻すための努力を厭《いと》わないものだ。

この原稿を書いている数週間後に、私はニューハンプシャー州の州議会で、地方におけるブロードバンド・インターネット環境について証言することになっている。私が住んでいる地域のダイヤルアップ接続は遅すぎて、メールよりも普通郵便のほうが早く届く有様だと訴えたい（実際にそういうことが一度あった）。

この問題の原因は、地域の独占権をもっている電話会社にある。競争をもたらそうとしても、その会社のロビイストが反対する。そのうえ、この地域にブロードバンドを導入してくれないのだ。州全体にブロードバンドを導入することをその会社に義務づける法律を成立させるには、次のうちどちらの陳述をするのがいいだろうか？

この会社は、私のような地方に住む顧客を完全に軽視しています。この会社は、もう何年も州議会の決定を軽んじてきました。「わかりました。ブロードバンドを導入します。我々に任せてください」と言いながら、この議場を退出したとたんに、忘れているのです。

どちらもうまくいく可能性があるので、両方言ってみるかもしれない。だが、電話会社の代表者を怒らせたいなら、どちらを言えばいいだろう？　私は2番目のほうだと思う。州議会の議員たちも自分たちが軽視されたと感じるだろう。

一方、私自身も陳述のなかで、聴衆の「パトス」を軽視していると言ってもいいかもしれない。最も早く行動を起こさせることができるのが、怒りの感情だ。だから、政治広告には有権者の怒りを煽るようなものが多い。ただ、怒りを感じている人はすぐに引き金を引くが、その先のことまで考えない傾向にあるのが問題だ。したがって、これから先何をすべきかを決断する審議の議論をするときには、「怒り」が最も適した感情とは言えない。

採用で試してみよう

アリストテレスは、人の心を実によく理解していた。ライバル会社からやり手の社員を引き抜こうとするときのテクニックを見てみよう。「こんなに功績があるのに、これだけしか報酬をもらっていないのか?」「うちの会社で働いてくれていたら、駐車スペースはとっくの昔に確保できていたのに」などというのが常套手段である。いまの会社に軽視されていると思わせ、怒りを掻き立てているのだ。

「忠誠心」の力を使う

未来のことを考えるときには、集団への忠誠心を利用するほうが、はるかにうまくいく。レトリックの観点から言えば、この「集団への忠誠心」は、国以外のもの、たとえば高校、サッカーチーム、あるいは――最近ではあまりないだろうが――会社に対しても抱くものである。

アメリカン・フットボールのクォーターバックを務めるコリン・キャパニックは、国歌斉唱のときに起立するのを拒み、その後、感情に訴える議論を展開した。「黒人や有色人種への差別がまかり通る国の国旗に敬意を払うために起立することなどできない」と彼は述べた。彼の抵抗の効果については、意見が分かれるだろう。だが、「パトス」の観点からすると、効果はあまりなかったと言える。彼が怒りを表したことで、結果的に、聴衆の愛国心が煽られたからだ。

アメリカ独立戦争が始まったとき、建国の父たちが唱えたような民主主義の概念を支持する入植者はほとんどいなかった。これはレトリックの観点から見れば理解できる。イギリス本国が地方への締めつけを厳しくしたことで愛国心が高まり、人々は独立という大義のために立ち上がったのである。

何かを得るために、集団への忠誠心を利用することもできる。ライバルのグループがあなたたちのグループを出し抜こうとしている、と示せばいい。昔から、郊外でご近所同士が見栄を張り合うことはよくあったが、これも忠誠心からきている。

会社やチームで試してみよう

経営陣が「プライド」について触れたら、それは「忠誠心」と同義である。忠誠心は競争においては欠かせない。〝ギッパーのために一勝を〟（ギッパーは若くして亡くなった米フットボール選手の愛称）というような雰囲気にしたいなら、ライバルをひとつに絞って語ることだ。

テレビのコメディーは、感情をうまく使っている

忠誠心は、何か嫌なことが起こったとき、たとえば自分のグループが何かに脅かされているときなどに湧き上がるものだが、模倣は逆だ。現代を生きる私たちからすると、「模倣」は感情ではな

いように思える（古代ギリシャ人は、いまの私たちよりもずっと、誰かの真似をすることに抵抗がなかった）。だが、「模倣」を、〝模範となる人に対する感情的な反応〟と考えてみると、現代でもその意味がよくわかる。テレビでコメディーグループの〝三ばか大将〟を見た子どもが、弟の頭を拳《こぶし》でぐりぐりするのは「模倣」だ。**「模倣」は、何かに帰属したいという本能からくるものでもある。**

残念ながら、親と子は、それぞれ別の人を模範とすることが多い。**「模倣」の力を生かすためには、聴衆がすでに尊敬している人の話から始めるといい**のだが、これはそう簡単なことではない。母親は娘に、学業成績の優秀な子を真似てほしいと願っているが、娘のほうは、年上のいとこのように、革のジャケットを着てスズキのバイクを乗り回したいと思っている。世界を見てみたいと思っている19歳の若者が、ワールド・トレード・センターへのテロ攻撃に関するドキュメンタリーを見て、さらに高校のアメフト部のクォーターバックが軍隊に入るのを目にしたらどうなるか、想像してみてほしい。おそらく軍隊の勧誘から影響を受けやすい状態になるだろう。

ここまで見てきた、**説得する際に有効な感情――ユーモア、怒り、集団への忠誠心、模倣――は、組み合わせて使うことによって最大の効果を発揮する。**それを考えると、テレビのシチュエーション・コメディーは、ユーモアの技法を使い、素晴らしい発明をしたと言える。あらかじめ録音しておいた笑い声を使うという手法を使ったのだ。

一方、聞き手がひとりの場合には、「ロゴス（論理）」をよく検討したほうがいい。そして、語り手であるあなた自身の感情は、あまり大げさに出さないほうがいい。**感情を口に出して言ったり、あからさまに見せたりするのもよくない。それとなく聞き手に気づかせるのがいい。**聞き手があなたと同じ感情をもっていない場合は、特にそうだ。これと同じ理由で、いまのあなたの気分がどうであるかということも、口にしないほうがいい。ジョークを言ったことがある人なら、オチをあらかじめ言わないのが鉄則だと知っているだろう。

意見を公表するときに試してみよう

ニュースレターを発行したり、読者も投稿できるウェブサイトを運営したりするときは、思い切って編集すること。読者は、自分が見たものを真似する。私はこのことを、雑誌編集者時代に学んだ。編集部宛ての手紙欄で、短くてウィットの効いた手紙を掲載すると、ほかの読者も同じように短くてウィットの効いた手紙を送ってくるようになる。

「郷愁」を使って説得する

郷愁という感情は、厄介だ。2016年の大統領選挙やイギリスのEU離脱に関する国民投票でも、この感情がカギを握った。トランプの「アメリカを再び偉大な国にする」という発言は、彼が国を、あの輝かしい時代に戻してくれるかもしれないと思わせた。イギリスのEU離脱派が使った「コントロールを取り戻す」というスローガンは、〝何か〟――権力を漠然と指すもの――が失われたことを暗に示すものだった。

郷愁とは、失われた過去をなつかしく思うことだ。過ぎ去った日々をバラ色に照らし出し、過去に起こった悪いことはすべて優しく包み隠してしまう。すてきな思い出が悪いわけではない。郷愁がまったくの錯覚を抱かせてしまうことが問題なのだ。**「郷愁」がレトリックのなかで随一の魔術と言われるのも、そのせいだ。**

大学ほど郷愁を誘うものはないだろう。そこにいる学生たちが老いることはないし、芝生はいつも美しく刈られており、セント・パトリックス・デーに飲むビールは、いつまでもキラキラと輝いている。

私が初めてダートマス・カレッジを訪れたのは、企業の面接を受けるためだったのだが、ちょうどその日は大学のホームカミング・デーだった。学生たちが大きなかがり火を焚くなか、偉い人が次から次へとスピーチをしていた。ある同窓生は、寒さと高ぶる感情のせいで鼻を真っ赤にしていた。明らかに郷愁に駆られている様子の男性は、こう言った。「君たち若者に、ぜひとも知っておいてもらいたいことがある。このダートマス・カレッジで過ごす4年間は、君たちの人生において最も輝かしいものとなるはずだ」

私のすぐ隣に立っていた若い男の子は、周りに聞こえるほど大きなため息をついた。彼は、恋人のことや授業料のことで悩んでいるのかもしれないし、自分の人生がこれからどうなるのかと考えて眠れない夜を過ごしているのかもしれない。いつか、もっと年齢を重ねて、いいウィスキーでも飲みながらこのころのことを思い出せば、もめ事の記憶は消え、ダートマス・カレッジでの学生時代が黄金時代に見えることだろう。その記憶はもちろん正確ではない。だが郷愁は、彼にとっても、大学の資金調達担当者にも、プラスの効果をもたらす。

「郷愁」を未来のために使う唯一の方法

大学のキャンパスで行われる郷愁を誘うイベントが〝ホームカミング〟と呼ばれるのは偶然ではない。17世紀、一攫千金を狙って故郷から遠く離れたスイスへ来た人たちがかかる病を、スイスの医者が「郷愁」と名づけた。この言葉は、ギリシャ語の〝家へ帰る〟と〝痛み〟からきている。

現在の政治でも、同じようなことが起きている。自分たちの国の輝かしい過去——それがいつのことであれ——に心を動かされる市民は、大勢いる。「郷愁」は現実を歪めて見せるだけでなく、大学時代を古きよき時代に変えてしまう。**郷愁は間違った時制に焦点をあててしまう**のだ。

政治家の演説は、過去ではなく、未来に焦点をあてなければならない、とアリストテレスは言った。何を選択するかを決めるのが政治であり、その選択は、将来の私たちの生活に影響を及ぼす目の前の問題を解決するものでなくてはならない。トーマス・ウルフの小説のタイトルにもあるとおり、『汝再び故郷に帰れず』なのだ。

だが、ひとつだけ、郷愁を審議（選択）の議論に利用する方法がある。昔、思い描いていた未来の姿を呼び起こすのだ。

以前、ある航空宇宙会社から、宇宙開発プログラムを盛り上げるような議論を構築してほしいという依頼を受けたことがある。私が提案した議論のひとつは、未来がやってくるのが待ち遠しくて仕方なかった時代をアメリカ人に思い出させる、というものだ。空飛ぶ車、自動ドア、腕時計型のテレビ、そして月へ行くこと。いずれも、その何年かあと、あるいは何十年かあと、苦心の末に叶えられている。

子どもにとって、未来はなかなかやってこないものだった。宇宙飛行士が月を掘り返して、無重力の工場やホテルを建設するなど宇宙プログラムを一新すれば、かつてのような未来の姿を取り戻すことができるかもしれない。来るのが待ちきれなかった未来を。

「感情」はスプーン一杯の砂糖

感情に訴える方法は、相手に感情的な苦痛を与えることを楽しむためのものではない。感情は「誘惑」とも関係している。言ってみれば、感情とは、あなたの論理をちょっと〝甘く〟するための、スプーン一杯の砂糖のようなものだ。**感情という道具を使えば、最も難しい「行動を起こさせる」ことも可能になる。**

もうひとつ、説得に役立つものがある、「欲望」だ。ソフトウェアの展示会で、製品の横にビキニ姿の女性に立っていてもらえば、大勢の男性たちが興味を示すだろう。要は、聴衆に、こちらが願うとおりの行動をとらせるような感情を呼び起こさせなければいけないのである。この場合で言えば、製品を買うという行動だ。

欲望というのは何も性的なものだけではない。自分の理想にかなう濃紫色のバラを強烈に欲している庭師もいるだろう。私の妻は『ローズマリーとタイム』というＢＢＣ〔英国放送協会〕のミステリー番組がお気に入りなのだが、この番組はガーデニングと犯罪を扱ったものだ（正直に言うと、どういう番組か私はよく知らない。この番組を見ると、いつも5分で寝てしまう）。ドロシーによると、この番組は〝花のポルノ〟だという。本書の冒頭で「誘惑」について触れ、食べ物がいかにポルノ的になるかを書いた。花についても同じことが言えるのだろう。だが、私は個人的には何の刺激も感じない。

これが大切な点だ。**人によって欲望を抱く対象は異なり、欲望が異なれば行動も違ってくる。**もうちょっと花に関する話をしよう。数週間前のことだ。失効する前に使ってしまわなければならない飛行機のマイルがあった。雪もちらつきはじめ、昼の時間も気が滅入りそうなほど短くなっていたので、クリスマス休暇の前にちょっとした旅行に出かけるのも、いい考えに思えた。「ハワイに行こう」と私は妻に言った。ふたりとも、まだハワイには行ったことがない。

「家のことはどうするの？」

「子どもたちがやってくれるさ。もうできるだろう」そして私は、妻がよく口にする〝もったいない〟という方向に話をもっていった。「使わないと、貯まったマイルが無駄になってしまうんだよ」

妻は冬休みをとることに罪悪感を覚えていたようだが、これが彼女の心を揺さぶり、気持ちを変えた。けれど、妻はこう言った。「ちょっと考えてみるわね」。意訳すれば、「断るのにいい言い訳がないか、ちょっと考えてみるわね」ということだ。

誰でもできる、〝ギャップ〟を埋める方法

話し合いは袋小路に入った。私はこれを〝ギャップ〟――埋めることのできるギャップ――と呼びたい。**誰かの考えを変えることと、実際に行動に移させることのあいだに存在する〝ギャップ〟**である。考えることと行動することのあいだにある〝ギャップ〟を埋めるのに、最もいい方法とは何だろう？　それは、**〝欲望〟という人参《にんじん》をぶらさげて、聴衆が動き出すのを待つ**ことだ。

妻の場合で言えば、〝人参〟は明らかに、花への欲望だ――「冬の季節に花を愛でたい」という渇望として花開く、欲望である。ハワイと花……人参はすぐそこにある。その晩、カクテルを飲みながら、私はマウイ島のリゾートに咲いている花の写真をいくつか検索して、妻のｉＰａｄで見せてやった。「これはハイビスカス」どうだと言わんばかりに見せた。「そしてこれがアマリリス、極《ご》楽鳥花《くちょうか》、ブーゲンビリア」ウィキペディアで覚えた名前を並べた。アルファベット順であることに妻が気づかなければいいが。

「もう、やめてよ」と、妻は微笑みながら言った。

「フクシア」一息おいた。「クチナシ、ええっと、ハイビスカス……」ハイビスカスはもう言っただろうか？

「マウイ島ね」と妻が言った。説得できたとわかった。

「明日、予約するよ」

「誘惑」が成功した。人参をぶらさげ、ギャップを欲望で埋めたのだ（ともかく、その旅はとても楽しかった。花も咲き乱れていた）。

このテクニックは、どんな人が使ってもうまくいく。ビジネスにおいても有効だ。どうやって説得したらいいかという相談に乗るのが私の仕事だが、仕事のほとんどは、説得につながる〝ギャップ〟を見つけることと、そこをどうやって欲望で埋めるかを考えることである。誰もが欲望をもっている。欲望を見極め、人参をぶらさげれば、〝ギャップ〟を埋められるはずだ。

9章のポイント

その昔、キケロが話をすると「なんて立派な演説なんだ」と皆が口々に言った。だが、気性の激しいアテネの政治家で弁論家のデモステネスが話をすると、人々は「行進しようじゃないか！」と言ったという。感情を利用すれば、単に同意を得るだけでなく、行動を起こさせることもできる。聴衆を行動へと駆り立てるために「パトス（感情）」を利用しよう。

- **信念**：感情を揺さぶるために、聴衆がこれまでに経験したことやこれから起こるであろうと予測していることを使って話をしよう。

- **ストーリーを語る**：うまくストーリーを語って、聴衆に疑似体験させよう。特に、聴衆自身が過去に体験したことを思い出すような話をするといい。また、自分がその場にいたかのように話すこと。
- **声の大きさを調整する**：控えめに、そして、自分の感情を抑制しようとしながら話すほうが、感情をうまく表現できることが多い。ヒトラーのような口角泡《こうかくあわ》を飛ばして演説をする煽動政治家ですら、演説を静かに始め、徐々に声を大きくしていったのだ。
- **率直に話す**：感情が高ぶってきたときには、複雑な言葉は使わなくていい。凝った言葉づかいをする演説は「エートス（人柄）」と「ロゴス（論理）」の領域である。率直な話し方をするほうが、より情緒的に聞こえる。
- **怒り**：自分が見下されたと感じると、人は怒りを覚える。聴衆が抱えている問題について、ある人が無関心だ、と示せば、聴衆はその人に怒りを覚えるようになる。
- **忠誠心**：聴衆が属する集団のアイデンティティと結びつき、何かを選択したり何か行動を起こしたりさせる。成功したライバルと比べることで、自分の属する集団に対する聴衆の忠誠心を揺さぶることができる。
- **模倣**：手本となる人に対する感情的な反応。あなたの「エートス」が素晴らしければ、聴衆はあなたの真似をする。
- **感情を露わにしない**：感情をあからさまに出さないで、それとなく聴衆の気分に寄り添うようにする。初めからどんな感情を抱かせる話かを言ってはいけない。聴衆がその感情に対して身構えてしまうからだ。

- **郷愁**：過ぎ去った日——特に、未来が明るく感じられたころのこと——に対する郷愁を利用する。
- **欲望**：聴衆を「決断」の段階から「行動」へと駆り立てることができる。
- **説得へのギャップ**：まず、どこにギャップがあるかを見つける。それを欲望で埋める。

10章 聞き手の怒りを和らげる

たとえ私を説得することができても、納得させることはできないだろう。
——アリストパネス（古代ギリシャの喜劇詩人）

感情を利用すると聞くと、眉をひそめる人もいるかもしれない。世界が公式どおりに動き、科学的に説明できるような出来事しか起こらないのならいいのだが……実際は、科学者ですら聞き手の感情を利用して議論を繰り広げている。

たとえば、科学者が論文を書くときには、自分の意見を客観的なものに見せるため、千年も前に生まれたレトリックのひとつである受動態という技法を使う。実験に猿を使った研究者が、「実験は国内に生息するベンガルザルを使って行われました」などと記すのがいい例だ。

受動態を使うと、その行為をしたのが誰なのかわからなくなり、語り手はまったく関与していないかのように聞こえるので、聞き手の気持ちを落ち着かせることができる。もちろん、このテクニックは、政治家の言い訳にも使える。

受動態を使うと、聞き手を冷静にすることができる。聞き手を落ち着かせるという点で、「パトス（感情）」を利用した効果的な手と言えるだろう。受動態を使ったからと言って、実際に話し手の客観性が証明されるわけではない。とはいえ、少なくとも客観的であろうとしているという点については、科学者を褒めてもいいだろう。

そもそも科学とは事実を確かめるものなので、感情は邪魔になるだけだ。だが、これまで見てきたように、審議（選択）の議論では、事実であるかどうかはあまり問題にはならない。

オバマ大統領は、中東地域でドローンが誤って市民を攻撃したとき、一歩退いた視点で語る技法、受動態を頼った。「亡くなるべきではない市民たちが命を奪われたのは、疑いようもありません」ドナルド・トランプも、自らを被告人とする裁判を担当したメキシコ系アメリカ人の連邦地裁判事のやり方にケチをつけようとした際、「疑惑が持ち上がった」という言い方をした。

受動態を使うと責任の所在がうやむやになる面はあるものの、このテクニックを使うと、議論から感情を取り除ける。結局、怒りの矛先がなければ、怒りの感情をもつのは難しいものだ。だが、怒りを鎮めるには、もっと能動的でいい方法もある。

相手を落ち着かせたいときに試してみよう

受動態を使えば、聞き手を落ち着かせながらも、友人や同僚の失敗についてうまく説明できる。「マーシアが計算を間違えた」ではなく、「計算が違っていた」とする、という具合だ。ただし、ヘマをしたのが自分のときは、受動態を使ってはいけない。魂胆を見抜かれたときには、自分が責任を逃れようとしているのではなく、同僚をかばっているのだと見えるようにしよう。

怒っている人にはシンプルに話す

聞き手がすでに感情的になっていて、しかもその感情というのが、語り手であるあなたに対する激しい怒りだとしよう。その場合、受動態で語るだけでは十分ではない。

アリストテレスの時代から数千年後に目を向けて、現在の神経科学を応用した方法を使わなくてはならない。ここで重要になるのは「快適さ」という概念である。科学的に言うと「認知的安らぎ」、つまり、脳が「自動操縦モード」にある安らかな状態のことだ。「認知的安らぎ」状態にあるとき、人は非常に落ち着いていて、相手に言い返すこともほとんどなく、最も説得されやすい。

これまでの研究によって、脳は基本的に、システム1とシステム2というふたつのシステムを働かせていることがわかっている。システム1は自動操縦モードで、直感的に働く。もし私が「2足す2は……」と言ったら、あなたはたいして考えもせずに「4」と答えるだろう。これは、システム1が働いているからだ。

システム2は「意識的に考える脳」であり、熟慮するとき、難問に取り組むときに使われる。高校時代に数学の問題を解いていたときの感じを覚えているだろうか？　あれがまさにシステム2の働いている状態だ。システム2は、問いかけをして、その答えを見つけ出す。こちらのシステムは、非常に疑り深い。

幸いなことに、システム2はあまり表に出たがらず、やむを得ないときだけ顔を出す。これは、資源を節約するためだ。というのも、システム2は身体が蓄えているエネルギーのうち、相当量のグルコースを燃やしてしまう。試験を受けたあと、頭だけでなく全身が疲れてしまうのはこれが原因だ。人間は、エネルギーを節約するために、意識的に考える脳であるシステム2をなるべく使わないように進化してきた。だから、聞き手のシステム1のほうが、はるかに呼び出しやすいというわけだ。

怒りを感じている人には、すべてをシンプルに語るのが大切だ。混乱させるようなことを言うと、相手は眉間にしわを寄せ、腕を組んで考え込み、システム2が訴訟の準備を始めてしまう。だから語り手は、専門用語を使わず、なるべく簡単な言葉で話さなければならない。**一文は短く、簡潔かつ率直な言葉を使おう。**

また、**スピーチをするときは、聞き手が自分自身の力を感じられるような話し方をするといい。状況をコントロールしているのは彼ら自身だ、と思わせるのだ。**調査によれば、**無力感を抱くと、人は攻撃的になりやすい**という。聞き手に、自分は軽視されていないと思わせる方法については、またあとで述べようと思う。

ここでは、声のトーンを調節することについて考えてみたい。あなたのパートナーが、スーパーで列に割り込まれた、と怒りながら家に帰ってきたとしよう。自分に怒っているわけではないと安堵したことなどおくびにも出さずに、シンプルで、パートナーを力づけるような言葉をかけてみよう。

間違った声かけ：普段はまともな生活を送っている人が、平気で列に割り込んだりする、ある種の社会病質者みたいなものかもしれない。ピノ・グリージョでも飲みながら、一緒にこの難問に取り組んでみようじゃないか。この話題は君の手には負えない、というのでなければね。

正しい声かけ：まったくひどい奴だな。ワインでも飲むかい？　赤と白、どっちにする？

正しい声かけのほうは、選択を促していることに注目してほしい。聞き手自身に、何かを「自分でコントロールしている」感覚をもたせているのだ。

さて、シンプルで、聞き手に自分のもっている力を感じさせる声かけができるようになったら、次はシステム1に働きかける3つ目の要素、「笑顔」を試してみることにしよう。なんと、聞き手に笑顔を向けるだけで、聞き手のシステム1が働き始める。考えごとをするとき、人は眉間にしわを寄せる。そして、逆もまた真。聞き手を笑顔にしてやればいい。

フロイト殿、ご冗談でしょう

怒りの感情を鎮めるのには、ユーモアも有効だ。ただし、その場面に合ったものを使わなければならない。

精神医学者のフロイトは、相手を笑わせてやれば、その人の欲求がうまく解放されて「不安が軽減」すると語っている。稀代のレトリシャンたちは、ユーモアは教えようと思っても教えられるものではないとわかっていた。キケロは、ギリシャ時代につくられたユーモア・マニュアルが、〝本来の意図とは違った〟おかしみにあふれていると指摘している。

過去のレトリシャンは、「ユーモアを教えるのは難しい」と考えてはいたものの、ユーモアを体系的に分類することで、相手に合わせて使い分けようとした。

言葉遊びを用いる洗練されたユーモアは、教養のある聞き手向けだ。最近は、こういう類のユーモアは人気がなく、ダジャレもあまりうけない。しかし、言葉遊びをすたれさせるのはあまりにもったいない。むりやり使うとうけないが、チャンスがあったら使えるように準備はしておくことだ。

ウィットも、声を出して笑うのではなく、あとからじわじわと面白味を感じるタイプのユーモアだ。先に紹介した洗練されたユーモアよりもドライで、言葉遊びではなくシチュエーションで笑わせる。

笑いを誘うユーモアは、ただ相手を笑わせることだけを目的としたユーモアで、ほとんどのジョークがこれにあたる。レトリシャンは昔から、この手のジョークには眉をひそめてきた。もしもあなたの「エートス（人柄）」がカルビン・クーリッジ〔第30代大統領。寡黙な人物として知られた〕タイプなら、ジョークを言うことで、聴衆の共感を得ることができるだろう。ただし、2005年のホワイトハウス記者会主催晩餐会で会場をおおいに沸かせたローラ・ブッシュのように、みごとな原稿を書いてくれるプロフェッショナルなスピーチライターがいればの話だが。彼女のジョークに聴衆はどっと盛り上がり、大統領の支持率も上がった。

ジョークは、重苦しい雰囲気を一変し、気を紛らわせてくれる。もし十分に面白ければ、それまで何を話していたのかすら、みな忘れてしまうだろう。

揶揄とは、相手をうまい表現でからかったり、それに対して威勢のいい切り返しをしたりする、丁々発止のやりとりのことだ。審議（選択）のレトリックを使うなら、譲歩を使って相手を揶揄するといい。相手に対抗するために、まずは相手のポイントのひとつに同意を示すのだ。キケロは、公開討論会で生意気な若者が譲歩を使って年配者に反論したときのことを記している。

年配者：何をそんなにキャンキャン吠えているんだね、子犬くん？

若者：泥棒がいたんです。

若者は、まず年配者の言葉を受け入れた。たしかに「僕は犬かもしれない」と。そのうえで切り返しにかかったのである。**まずは相手の言ったことを額面どおり受け取り、その後、相手の論理に沿ってばかげた結論を導き出す、あるいは相手の言ったことをちょっとひねって返す、というテクニック**である。

審議のレトリックを使う場合、この「**揶揄**」**が最も威力を発揮するのは、守勢に立たされたとき**だ。イギリスの政治家、ウィンストン・チャーチルほど、このテクニックをうまく使った人はいない。

レディ・アスター〔英国初の女性国会議員〕：ウィンストン、もしあなたが私の夫だったら、私はあなたのコーヒーに毒を盛ったでしょうね。
チャーチル：マダム、もし私があなたの夫だったら、私はそれを喜んで飲んだでしょうね。

譲歩とウィットを組み合わせれば、揶揄する言葉ができあがる。相手に言い返すチャンスがあったら、迷わず言うこと。だが、当意即妙のやりとりに対応できる自信がないなら、やめておいたほうがいい。私の場合、切り返しに当たりはずれがあるので、ゆっくり考える時間のあるダジャレのほうを〔頼まれもしないのに〕家族相手に披露しているわけだ。

「揶揄」を使うのは、やりとりに時間をかけられるときだけ。たとえば、郵便でやりとりするときだけにかぎる、という手もある。手紙なら、どんな言葉を使おうかとゆっくり吟味できる。

そういえば、冷戦時代を揶揄したこんなジョークがある。ソ連が、アメリカ人を動揺させようと、16インチ〔約40センチ〕サイズのコンドームを2000万個アメリカに注文した。するとアメリカ人は注文に応じ、2000万個のコンドームの入った箱に「Sサイズ」と書いてソ連に発送した。これぞまさに、〝郵便を使った〟揶揄である。

子どもと試してみよう

揶揄しながら譲歩するというのは、たしかに容易ではない。だが、テレビを見ながら練習した私の子どもたちは、驚くほどうまくこれをやるようになった。子どもたちは、コマーシャルや番組の司会者をみごとに揶揄してみせる。

司会者：アメリカは、信心を重んじる文化です。

娘：そのとおり。あなたみたいな猿にだって文化があるって、アメリカ人は信じてるもの。

大げさに反応し、相手を落ち着かせる

リスクはあるが、もっとさりげなくて、はるかに愉快なテクニックもある。それが大げさに反応する「逆効果」だ。

出版社で働き始めたころに私は、校閲者もつかないような小さな雑誌を担当していた。セント・ヘレンズ山が初めて噴火したとき、無知だった私は、短いニュース記事のなかで、この火山がオレゴン州にあると書いてしまった。発行後に読者から指摘を受けて初めて間違いに気づいた私は、上司であるビルの部屋に行き、ドアを閉めた。

私：（打ちのめされた様子で）悪い知らせです、ビル。実に悪い知らせです。

ビル：何があった？
私：実にひどいことです。ボス、こんなことは二度と起こさないと誓います。
ビル：何がどうしたって？
私：セント・ヘレンズ山がある州を間違って記載してしまったんです。
ビル：たしかワシントン州だったな？
私：私はオレゴン州と書いてしまったんです。本当に恥ずかしいです。
ビル：そんなに自分を責めるなよ。間違いは誰にでもある。次号に訂正記事を載せよう。
私：（ボスに訂正記事を手渡しながら）わかりました。

私の妻は、この技法をよく使う。よく、私の気分に大げさに同調してくれるのだ。

私：（うんざりしながら）この薪は思ったより重いな。
妻：腰は大丈夫？
私：少し痛むよ。（素早く考えを巡らせて）君がマッサージしてくれると。
妻：わかった。まずは痛み止めを飲むといいわ。湿布も温めるわね。ベッドで横になってて。
私：泳ぎに行こうと思ってたんだけどな。
妻：腰が痛いときは出歩いちゃだめよ！
私：大丈夫だよ。

妻：腰が痛いって言ってたじゃない。
私：もう治ったよ。

大げさに反応するのは、引っ込みがつかなくなるリスクを冒してもいいときだけにしよう。

顧客に試してみよう

大げさに反応する技法は、親しい知人と1対1の議論をするときに、最も効果が高まる。相手が知らない人だと、あなたの大げさな表現を額面どおりに受け取ってしまうかもしれない。関係性のいい顧客がいるなら、ヘマをしたときにはそれを関係の強化に利用しよう。まず、このことを私がみずから真っ先に知らせたかったと述べる。そして問題を解決するために何をしたかを詳細に説明する。最後に、本来ならしないようなことをしてしまった自分自身にものすごく腹が立っている、と述べる。関係性のいい顧客なら、あなたに好感をもち、あなたをなだめてくれるだろう。

10章のポイント

この章では、相手の怒りを和らげる技法を紹介した。

- **受動態**：特定の人に聴衆の怒りの矛先が向くのを避けたい場合は、その事柄がひとりでに起きた、と思わせるような話し方をするといい。「パブロが椅子を壊した」と言うのではなく「椅子が壊れた」と言うのだ。
- **快適さ**：認知的安らぎとも言う。聞き手を、リラックスした状態、直感に従って素直に動くような状態にすること。そうすれば、より説得しやすくなる。相手が怒るのを防いだり、怒りだしたときにうまく対処したりするのにも役立つ。相手を「安らいだ」状態にするためには、シンプルで、相手に力を与えるような話し方、相手を笑顔にするような話し方をするよう心がけよう。
- **ユーモア**：心を落ち着かせるのに、ユーモアは素晴らしい働きをする。うまく使えば、語り手であるあなたの「エートス」を高めることもできる。**洗練されたユーモア**は、スピーチや言葉の一部を利用する。いわゆる言葉遊びがこれにあたる。**ウィット**は、シチュエーションに応じたユーモア。**笑いを誘うユーモア**とはジョークのことで、説得にはあまりつながらない。**揶揄**とは威勢のいい切り返しで、守勢に立ったときに最も使えるレトリックである。相手の議論をそのまま相手に投げ返すときには「譲歩」も使う。
- **感情を露わにしない**：いじめられたり、やじられたりしたときは、相手の望む感情を表に出してはいけない。冷静で何でもないように装うことで、周りの共感を得よう。

- **大げさに反応する**：まずあなたが大げさに反応することで、相手の感情を落ち着かせる。自分が何かヘマをやってしまって、上司から叱咤されるのを避けたいときに役立つ。

11章

有利な立場を築く

演説は、すべての考えや行動を導くものである
――イソクラテス（古代ギリシャの弁論家）

〈警告〉今から言うのは下品なジョークだ。具合が悪くなった男が病院へ行った。

医者：いいニュースと悪いニュースがあります。
患者：悪いニュースを先に聞かせてください。
医者：あなたは、非常に珍しい不治の病に冒されています。余命は24時間でしょう。
患者：なんてことだ！　それで、いいニュースとは何なんです？
医者：あなたの血圧を測った看護師がいたでしょう。ほら、あの大きい……。
患者：ええ、それが？
医者：僕は彼女と付き合ってるんですよ。

なんてひどい医者だろう。だがこれは、近ごろ社会に蔓延している「あなたのことはもういいから、私の話をしよう」という態度をよく表している。**人は、聞き手にとってではなく、自分にとって納得のいく話をしたがる。このミスは致命的だ。**

語り手にしか響かないメッセージは、たいていの場合、ブーメランのように語り手のところに返ってくるだけだ。感情に訴える議論において聞き手の共感を得ることがいかに大切か、これまでの章を読んできて、もうおわかりだろう。

審議（選択）の議論を展開するときには、語り手であるあなたが勧める選択肢が最も有利なものだ、と聞き手を納得させなければならない——もちろん、聞き手にとって有利なものであって、あなたにとって有利なものであってはいけない。このとき大切になるのは、やはり価値観である。聞き手が何を有利と判断するかは、その人の価値観によるからだ。

たとえば、2歳の子どもにオートミールを食べさせたいのなら、それを食べることが利益になるとその子を納得させればいい。もしその子が、日ごろからお兄ちゃんをぎゃふんと言わせたいと思っていたなら、こんなふうに言ってもいいかもしれない。

オートミールを半分食べられたら、残りはお兄ちゃんの頭の上にかけてもいいわよ。

これは道徳的に問題があるかもしれない——お兄ちゃんだって、異論があるだろう——が、少なくとも、議論にはなっている。ある事柄について最も適切な判断を下せるのは、その判断から最も強く影響を受ける人である、とアリストテレスは主張した。料理を評価するのは、料理人ではなく客であるべきだ、とも語っている。つまり、先に挙げた例では、あなたではなく2歳児が判断をすべきということになる。

何を選択するかは聞き手の判断によるが、その選択肢が有利だという根拠を示す責任は、語り手であるあなたにある。あなたの主張を立証するためには、**まず聞き手が信じるもの、聞き手が望んでいるものから話を始めなければならない。**

残念ながら、親というのは、自分が子どもに望んでいること——強い骨であったり健康な体であったり——についての話をすることがほとんどだ。これでは、2歳児には何の話かまったくわからない。あなたは子どもの骨を強くしたいかもしれないが、子ども自身はそんなことは望んでいない。

では子どもが望んでいるのは何だろう？　子どもにとっての利点とは？　ボウル一杯のオートミールをなんとか飲み込むと、子どもにとっていいことがあるのだろうか？　これらに答えるのが「ロゴス（論理）」である。

私の友人のアニーは、先の大統領選挙戦で、「ロゴス」の問題に悩まされたという。彼女はオハイオ州出身だが、現在は東海岸に住んでいる。熱心な民主党員で、オハイオ州にいる知人はみんな共和党を支持して、州をダメにしようとしている、と語っていた。大学時代の彼女のルームメイトも、格別手強い相手だった。天気や家族の話をしたあと、アニーが政治の話を持ち出した。

アニー：ねえ、キャシー、11月の選挙では誰に入れるつもり？

キャシー：共和党に投票すると思うわ。

アニー：その選択が間違いだって理由を、教えてあげる。

政治の話をするときに試してみよう

そう言ってアニーは、共和党の問題点を挙げていった。論理的で、よくまとまった説明だった。

キャシー：増税には反対なの。

アニー：でも、減税をしたら国の赤字が膨らむだけなのよ！

キャシー：税金が高くなったら困るのよ。

アニー：高くなるわけじゃないわ。民主党が主張しているのは、富裕層に有利な減税をやめよう、ということだけ。現実を見て。あなたは大金持ちの弁護士と結婚したから……。

キャシー：（話をさえぎるように）とにかく、民主党が勝ったら、私の税金が上がるの。それは困るのよ。

説得になかなか応じない聞き手というのは、同じ理由を何度も繰り返し言うものである。キャシーの言い分はもっともだろうか？　それはもはやどうでもいい。とにかく彼女は心を決めてしまっているのだから。説得するのは無理だろう。それとも何か方法があるだろうか？

議論には、何が道徳的かをめぐる議論と、何が有利かをめぐる議論のふたつがある。政治の世界では、有利なもののほうが最終的には勝つ（国政運営とは利己的なものだ）。たとえば、暴力的な独裁者を退けるために軍事行動をとるべきだ、とあなたが信じているとしたら、あなたの意見の道徳的な面を論じるのももちろんいい。だが、その軍事行動をとることで、あなたの国にどんなメリットがあるのかについては、もっと時間を割いて話すこと。

ここに伝える技術！

議論する人は、何度も同じ主張を繰り返す傾向がある、とアリストテレスは言った。ここから、聴衆の意見の根底に何があるのかがわかる。

相手の考えを話のスタートにする

話を始める前に、まずは聴衆が何を考えているのかを見極めることが大切だ。何を信じ、何に価値を置いているのか、共通してもっている考えは何かを知らなくてはいけない。**聴衆が共通してもっている考えを、話のスタート地点にするのだ。**

彼らの視点を変えるには、まず、彼らが（あなたではなく！）いまいる地点から話を始めなければならない。レトリックでは、この地点のことを「共通認識」――聴衆が共通してもっている視点

いる。

――と呼ぶ。

「共通認識」とは、「常識」と「世論」を合わせたような意味である。政治的思想（「すべての人は平等に創造された」）から実用的な事柄（「まとめて買うほうが安上がりだ」）まで、実に幅広い事柄を含んでいる。

「共通認識」は、信念や経験則を表すものであって、事実を表すわけではない。語り手と聞き手が互いに「創造」や「平等」という言葉を同じように理解している場合にかぎって「すべての人は平等に創造された」と言えるのだし、まとめ買いがいつもお得とはかぎらない。

「共通認識」とは、人の頭にふいに浮かび上がってくるものではない。たとえば「お腹がすいた」というのは共通認識ではない。「お腹がすいたら、何か食べる」というのが共通認識だ。違う集団（たとえば、よく食べる人たちと、ダイエットしている人たち）には、違う共通認識が存在する。そして、その集団の共通認識を通して、人はその集団への帰属意識をもつ。それぞれの考え、信念、価値観が、アイデンティティ――その人の人となり――を決める。アイデンティティについてはのちの章で触れるので、ここでは、論理の出発点としての「共通認識」について考えてみることにしよう。

共通認識は、人間の脳の情報処理機能をうまく利用している。たとえば、あなたが友人（仮にボブとする）を見かけるたび、あなたの神経系はいつも同じシナプス回路を燃え上がらせる。やがて神経のショートカットができあがると、わざわざ脳がボブの髪、目、鼻、口を認識しなくても、ボブを見分けられるようになる。ボブの顔がシグナルになって、その顔に関連した情報をもった神経がパッと燃え上がり、「ボブだ！」と認識するのである。

共通認識も同じような仕組みだ。「早起きは三文の得」と私が言うのを聞けば、あなたはすぐに、ほかの人よりも早く起きる習慣のことを言っているのだな、とわかる。これは言ってみれば、社会通念で認められていること――「人より早く起きる人は、人生において成功する」など――は、議論するまでもないので飛ばす、という議論のショートカットである。

もしかするとあなたは、「『早起きは三文の得』のような常套句は、子どもをうんざりさせるだけなので言わないようにしている」というタイプかもしれない。それはそれで結構。共通認識には常套句など必要ない。早起きする人は遅く起きる人よりも、道徳面でも実務面でも優位に立てる、という考え方自体が共通認識だからだ。ほとんどの社長は、遅くまで仕事をしていることよりも、朝早く起きることを自慢するだろう。「早起きはいいことだ」というのがアメリカの世論であり、共通認識である。

映画でも家庭でも使われる「共通認識」

映画の制作者も共通認識を利用する。不要な会話や説明をしなくても、登場人物の人柄を表すことができるからだ。2日間は剃っていなそうなヒゲ面とウィスキーで、その人物はアルコール依存症だとほのめかすことができる。敵からどんな攻撃を受けてもひるまないヒーローが、女性にこっぴどく振られるとひどく落ち込んでしまう……そんなシーンで、屈強な男にも繊細な一面があることを簡単に描写できる。

こうした演出はときに陳腐だとか手抜きだと揶揄されることもあるが、人や物に対して誰もが共通してもっている前提を利用すれば、演出家は観客の集中力をそぐことなく、映画の登場人物の人柄やテーマを描けるのである。

会話における共通認識にも同じ効果がある。共通認識があればすぐに本題に入ることができるし、仲間としての親しさも増す。たとえば、私の家族のあいだでは、ときには乱暴な言葉を使うのもよし、としている。ただし、うまく言う場合にかぎる。

私は、子どもに向かって「いいよ」「わかった」と言う代わりに「なんだって好きなようにしやがれ！」と調子よく言ったりする。子どもたちもこのフレーズをすぐに覚えた。これがわが家の共通認識で――言葉づかいに厳しい家庭にしてみたら、我が家はおかしく見えるかもしれない――誰かが乱暴な言葉を使ったときには、みんなで笑う。

もちろん、こうしたことに反対する家庭もあるだろう。そのひとりが、娘が通っていた保育園の先生だ。「おもちゃを貸して」と友達に言われた娘が、「なんだって好きなようにしやがれ」と言ったと、その先生は私に知らせてくれた。これは我が家の共通認識であって、保育園の共通認識ではない。

共通認識は、こんなに平和なものばかりではない。共通認識のよくないパターンが〝偏見〟である。「3人の黒人の男が、昨日の夜、私のほうに向かって歩いてきた」というのと「3人のフランス人の女性が、昨日の夜、私のほうに向かって歩いてきた」というのでは、アメリカ人が抱く印象はまったく異なる。

ビジネスや政治でも「共通認識」は使われる

また、**企業や社会運動などは共通認識を利用しようとするものだ**というのも意識しておいたほうがいい。古代のレトリシャンならきっと、共和党が政策や法律で用いる言葉や標語を称賛するだろう。（〝相続税〟ではなく）〝死亡税〟、〝結婚の保護〟、〝イラクの自由〟作戦、〝生命の尊厳〟などは、誰もが認識を共有している言葉をうまく利用している。〝自由〟や〝生命〟を否定する人はいないだろう。「私たちの社会にとって利益があるもの」という共通認識があるからだ。いずれも、私たちの独自の文化と、21世紀を生きる見識ある市民としてのアイデンティティを定義する言葉なのである。

同じ言い回しでも、状況が異なれば別の解釈をされることもある。フランス人なら、なぜ結婚を保護しなければならないのかと疑問に思うかもしれないし、大英帝国が栄華を極めていたころのイギリス人であれば、〝イラクの自由〟という標語を喜ばなかったかもしれない。これらはすべて、アメリカの共通認識、アメリカ人をアメリカ人たらしめるものだからである。これらの認識を共有しない政治家は、アメリカ人らしくは見えないだろう。

これまでの何十年かは――少なくとも、ドナルド・トランプが独特のレトリックを使いはじめるまでは――「共通認識」を利用するテクニックには、左派より右派のほうが長けていた。たとえば、〝プロ・ライフ〟（妊娠中絶反対）と〝プロ・チョイス〟（中絶合法化支持）なら、〝プロ・ライフ〟という言葉のほうが説得力がある。保守派の人々は本能的に、〝ライフ（生命）〟のほうが〝チョイス（選択）〟よりも感情に訴える力が強いとわかっていたようだ。

だが、**共通認識はあくまでも意見であって、真実ではない。どんな共通認識にも、それに対抗する表現がある。**リベラル派は保守派のつくり出した標語に対抗する、新たな標語をつくればよかったのだ。

たとえば、〝生命の尊厳〟に対して〝自由の尊厳〟。〝結婚の保護〟に対して〝家族の保護〟（同性愛者も家族をもつため）。〝愛国者法〟に対して〝勇者法〟（「守るのではなく勇気を出すべき」という主張）。実際のところ、リベラル派は〝安全法〟（愛国心よりも安全のほうが大切だという主張）の設立を主張したが、これは失敗に終わった。

共通認識は強力な武器である。自分で自分の足下を脅かすことにならないよう、気をつけよう。

説得への出発点を見つける

聴衆を説得するためには、聴衆がすでにもっている共通認識を知っておくと役に立つ。たとえば、あなたが住んでいる地域に低価格住宅を建設することを、保守派の人たちに支持してもらいたいなら、「結婚は保護されるべきだ」という共通認識から話を始めるといいかもしれない。家族が一緒に住めるようにしたい、家を所有するという文化を育てていきたい、というのもいいだろう（これも共通認識だ！）。

聞き手の共通認識は、簡単に見つけることができる。何度も耳にしているはずだからだ。また人は、誰かの説得に反論するとき、共通認識を拠り所にすることが多い。

先ほどのキャシーの例を考えてみよう。彼女の共通認識は見逃しようがない。「民主党は増税する」というものだ。税金、税金、税金のことばかりだ。共和党が減税すると公約したから、彼女は共和党を支持している。たしかに、民主党が共和党より増税に積極的なのは、政界における共通認識だ。あなたが民主党員なら山ほど反証があるに違いないが、それはここでは関係ない。聞き手であるキャシーが、共和党は減税してくれるが、民主党は増税すると信じているからだ。キャシーはキャシーなりの根拠に基づいて発言していて、その根拠が彼女の共通認識なのだ。キャシーに反論したのは、アニーのミスだった。

　共和党は国の赤字を膨らませるだけよ！　民主党は増税するわけじゃないわ。

反論しないでキャシーに同意していたら、どうなっただろうか？

　そうね。あなたの言うこともわかる。私が払っている税金も、信じられないくらい高いもの。

こう言えば、アニーはキャシーの共通認識から逃げるのではなく、そこに飛び込める。次に〝政治家はみんな同じ〟という説をつけ加えれば、アニーは議論の幅を広げることができる。

でも知ってる？　税金は高いけど、市長も議員も共和党員よ。政治家なんてみんな同じ。そう思わない、キャシー？

反証を示したので、ここからアニーは少し攻勢に出る。

じつは、どっちの政党も増税はしないって公約してるのよ。そこで、あなたにお願いがあるの。赤字が増えると税金がどうなるかってことを書いたウェブサイトへのリンクをメールで送るわ。それを見てくれない？

はたしてこれはうまくいくだろうか？　いくかもしれない。個人的なお願いとして言えば、なおのことうまくいきそうだ。突然電話をかけて政治について議論するのがいい考えとは思えないが、これなら、「そうだ」「そうではない」というただの口論ではなく、少なくとも議論にはなるだろう。ちょっとした技法をうまく使いさえすれば、電話を切ったあともふたりは友達でいられるだろう。

ここに伝える技術！

聴衆が共通認識に異を唱えることもある。否定されたら、新しい地点からまた始めればいい。

世間の価値観は変化する

共通認識は、「誰もが知っている」類のものだ。その類のフレーズをあまりに頻繁に耳にしすぎて、もううんざりという向きもあるかもしれないが、それでも、共通認識の変化をたどることには大きな意味がある。近ごろあまり聞かなくなったな、と思うものがあったら、世間の共通認識が変わりはじめたということだ。

政治の世界のスローガンがどう変化しているかを見たい場合は、世論調査の動向に注目するといい。9・11直後には、政治の世界で「安全」や「安心」という言葉が使われるのをよく耳にしただろう。選挙のときも慎重なスローガンが使われた。「途中で馬を換えるな（現状を維持せよ）」

しかし、その後4年間はアメリカ本国で大きなテロ事件が起こらなかったので、次第に、「安全」の範囲に制限を設けようというスローガンが聞かれるようになっていった。「家のなかにいるときはプライバシーをもつ権利がある」など。

世の中に広まっているスローガンにすべての人が賛成しているわけではない。アメリカ人の半数近くは1期4年で大統領を代えてもいいと思っていたし、イスラム教徒の入国禁止令を支持する人は「アメリカは移民の国である」という共通認識をもっているとはかぎらない。

それでも、スローガンを見れば、世間一般の価値観の変化を知ることができる。たとえば厳格主義なのか自由主義なのか。世論の振り子は、この両極端の主義のあいだをゆらゆらと揺れつづけてきた。共通認識がぶつかり合ったところに、議論が生まれる。

先人たちの知恵

ルネッサンス期から、学生たちは、議論をするときに使えそうな「実践的知恵」をノートにまとめていた。自分なりの、あるいは、他人の知恵をまとめておく方法として、非常に参考になる。トマス・ジェファーソンは、生涯にわたってそういったノートを作成していた。それを見れば、当時の世論がどのようなものだったかよくわかる。

11章のポイント

聴衆を納得させるには、彼らが信じ、価値を置き、望んでいることから話を始めなければならない。つまり、彼らの共通認識を出発点にしなければならないのである。

- **聴衆にとって利益になること**：選択と未来のことを扱う審議の議論において大切なもの。そこに説得のきっかけがある。語り手は、自分の示す選択肢が最も有利なものだ、と聴衆に信じさせなければいけない。
- **共通認識**：決まり文句、信念、価値観は、聴衆の意見を要約したものである。それこそ、聴衆がいま現在立っている場所であり、議論の出発点なのだ。あなたの意見は、彼らの共通認識からほんの一歩踏み出したところにあるだけだ、と聴衆に思わせるのは「ロゴス（論理）」である。

- **繰り返し言うことが共通認識**：聞き手が同じことを何度も繰り返したら、それが共通認識。
- **共通認識を使う**：共通認識を、アイディア、提案、あるいは法案に取り入れよう。これに反対すると、周りからアウトサイダーと見られるリスクがある。
- **意見の却下は共通認識を知るきっかけ**：聴衆に意見を却下されたら、彼らの言葉をよく聞いて、共通認識が何かを突き止めよう。議論を再開できたら、今度はそれを取り入れよう。

12章

論点をうまく定義する

バーンズ社長「なに、メルトダウンか。厄介な言葉だ。〝不要な分裂過剰〟と言い換えることにしよう」
――『ザ・シンプソンズ』より

姉妹というのは難しいものだ。妹が学校から帰ってきてピーナッツバター・サンドイッチをつくっていると、姉がキッチンにバタバタと入ってきて、瓶を覗いてこう言った。「全部使っちゃったの？この食いしん坊！」そして、姉は妹に向かって、あんたはいつも自分のことしか考えていないとか、もっと大人にならないと誰もあんたのことなんか好きになってくれるわけがないとか、まくしたてた。結局、妹はサンドイッチを食べられないままキッチンから出て行くはめになった。

「私、なんて言えばよかったのかな？」と、あとで妹のほうに訊かれた。私がレトリックに夢中だと知っていて、次に姉に何か言われたときのための作戦を教えてもらおうと思ったらしい。

そうだなあ、と私は応じた。お姉さんを思う存分怒らせてやりながら、妹が落ち着いてサンドイッチを食べられる作戦がある。ウィン・ウィンの解決法。「枠組みづくり」という方法だ。**「枠組みづくり」をすると、意見の食い違いをなくしつつ、話題を――そしてあなたの相手を――あなたにとっ**

て都合のいいところに置くことができる。

大統領選挙戦でも、市場開拓の際も、弁護士の陳述においても、この「枠組みづくり」という戦略が使われている。この章では、「枠組みづくり」をすることで、相手の論理の枠にとらわれることなく、議論をコントロールする方法を学ぶことにしよう。

さて、「枠組み」とはいったいなんだろう？　議論が入っている箱のようなものだと考えてほしい。その箱が、議論の境界（範囲）を定める。箱が議論そのものだと言ってもいい。

ピーナッツバターのケースでの最初の枠組みは何か。それは、妹が食いしん坊だということだ。姉がやってきて、妹が瓶の中身をすべて使ってしまったことを非難した。

だが議論の核心は、妹が自己中心的だ、ということだ。姉は「食いしん坊！」と言うことで、この論点に枠組みを与えたのだ。あなたは貪欲な人だ、私の分のピーナッツバターまで使ってしまった食いしん坊だ、という非難に対抗するのは難しい。自分は食いしん坊ではない、と否定することはできても、それが何か役に立つだろうか？　戸棚にもうひとつあればそれを持ってくることはできるかもしれないが、〝食いしん坊〟にされたままだ。

「そういうときは、**論点の枠組みをつくり直せばいいんだよ**」と、私はその妹に教えてあげた。先ほども指摘したように、**枠組みとは論点そのもの**である。**枠組みをつくり直すいい方法は、元の枠組みに異議を唱えること**だ。守勢にも立たず、サンドイッチを食べそこなうこともないようにするには、心から心配そうな顔をして姉の目を悲しそうに見ればいい。

本当にピーナッツバターのことが問題なの？　何かあったんだったら、話を聞くよ。

これで、枠組みは〝食いしん坊の妹〟から〝精神的な苦痛を抱える姉〟に変わった。とはいえ、姉が泣き崩れて、ボーイフレンドにひどいことを言われたと認め、もう彼のことは愛していない、あなたはこの世界で私の気持ちを理解してくれるたったひとりの人なのに、ピーナッツバターなんかのことで怒って悪かった、と言い出す――などという展開を期待してはいけない。守勢に回った姉が「何もないわよ、嫌なことを言うのはやめて」と言って、大きな足音をたてながらキッチンを出て行くだけのことだろう。だがその結果、妹は落ち着いてサンドイッチを食べられる。

論点の枠組みをつくり直すことで、妹は、話を自分に有利な土俵にもっていった。「本当に私のこと？」という簡単な質問を投げかけただけで、論点が妹から姉に移行した。その結果、妹は攻撃から逃れられたのだ。

枠組みをつくり直すというのは、相手が定義する論点を受け入れず、自分で新たに定義し直すことにほかならない。あなたが自分自身の言葉で、論点を定義するのだ。

枠組みづくりとは、論点を定義すること。そして**定義とは言葉を置き換えること**である。

自分に有利な言葉を選ぶ

枠組みづくりの戦略を使うには、あなたを有利に、そして相手を不利にする言葉を選ぶ必要がある。ということは、**聴衆に対して大きな影響力をもつ言葉を使えばいい**ということになる。こういった言葉を共通認識のある言葉――共通認識をつくるキーワード――と呼ぶことにしよう。

この章の冒頭の引用を見てみよう。バーンズは原子力発電所を運営する会社の社長だが、その発電所が事故を起こした。彼は〝メルトダウン〟を〝不要な分裂過剰〟という言葉に置き換えて問題を定義しようとした。メルトダウンは共通認識のある言葉で、聞き手の強い感情を引き起こす。だから彼は、共通認識のない、難しい言葉に置き換えたのだ。こちらの言葉なら感情に訴えるものがない。置き換えられた言葉のほうにも異議がある人はいるかもしれないが、彼がメルトダウンという言葉を嫌ったのも理解できる。この言葉は、あまりにも重いものを含んでいる。

説得者であるあなたの仕事は、共通認識のある言葉のなかから、聞き手に最も強く訴えるものを――相手を攻撃するなら、相手にとって最も不快な言葉を――探し当てることだ。政治家は、フォーカスグループを集めて、アメリカの有権者にとって（今のところは）大きな意味をもつ、〝改革〟や〝保護〟といった言葉について調査する。

ちなみに、聴衆の数が少なければ、フォーカスグループなど必要ない。ただ、聴衆が使っている表現をよく聞き、説得に使えそうな言葉を見つければいい。

もっと〝積極的に〟ならなければいけない。

〝周到な〟作戦を考えよう。

〝チーム〟へようこそ。

〝パラダイム〞を変えなければいけない。

彼は前の仕事で〝精神的な痛手を負った〞。

これらの言葉は、物事に対する態度を反映したもので、さまざまな感情を含んでいる――最後のひとつを除けば、すべて肯定的な感情だ。〝周到な〞という言葉を何度も耳にするのなら、新しい計画を〝革新的〞と言うのはやめたほうがいい。〝周到〞という言葉を使おう。その計画は〝チーム力を結集〞したもので〝パラダイムを変える〞ものだ、と言おう。もちろん、あらかじめ言葉をプログラムされたヒューマノイドのようにしゃべる必要はない。極端な例を示しただけだ。とにかく、**論点を定義するときにはキーワードを見つけて使う**ことが大切だ。

レンタカーに傷をつけたときの「枠組みづくり」

議論を要約するために使う言葉には、論点を定義する言葉が含まれている。「それは価値観の問題だ」「うまくことを運ぶにはどうすればよいか、という問題だ」「土曜日の夜にどうしても出かけたいという話をしてるんだ」など。物事にはふたつの側面がある、というレトリックの教えを、論点にも当てはめることができる。**すべての論点は、ふたつの観点から説明することができる。**

レンタカーの両方の側面に大きな傷をつけてしまったとしよう（フランスのニースでの私の経験談だ）。ここでの論点は何だろう？　レンタカー会社は間違いなく〝運転手のミス〞と言うだろう。しかし、運転手（私）はこれを、〝装備の間違い〟に定義し直すことができる。「リビエラ海岸地方の狭い石畳の道に適さない、こんなに大きな車を貸すなんて、レンタカー会社はいったいどういうつもりだ？」こんな論点なら、私のほうが有利になるだろう（実際には言わなかった。返却場所にいた従業員は、車に一瞥をくれると、フランス人がよくやるように肩をすくめただけで、私を帰してくれたのだ）。

では、次の論点を、ふたつの観点から説明してみよう。

中絶：「赤ん坊の生きる権利」あるいは「女性の、自分の身体に対する権利」
銃規制：「ぞっとするほど暴力的な社会」あるいは「自分の身を守る市民の権利」

ほぼすべての議員候補者には枠組みづくりのコンサルタントがついているし、大学にも枠組みづくりについての講義がある。だが、枠組みづくりの原則は、基本的に、これまで紹介してきたレトリックの原則と同じだ。

まず、説得できそうな聴衆——何かを決めかねて、中庸にいる人たち——の最も一般的な共通認識を見つけ出す。いつだって**最も説得しやすいのは、両極端の意見のあいだにいる人たち**である。

中絶について討論することになったとしたら、一番説得しやすいのは、「すべての中絶を禁止することには反対だが、制限なしに認めることにも反対」という人だ。中絶の合法化を支持する人のスローガンは「卵は鶏ではない」とか「中絶を安全なものに、そして中絶を行わなくてもいい社会に」といったものになるだろう（後者はヒラリー・クリントンと夫のビル・クリントンのお気に入りだ）。「卵は鶏ではない」というスローガンは一般的とは言えないが、〝鶏からオムレツはつくれない〟という共通の概念に訴えるという点で、アリストテレスの言う共通認識と考えることができる。またこのスローガンは、胎芽《たいが》を卵にたとえることで、動いたり反応したりするものではない、というイメージも伝えることができる。

クリントン夫妻の戦略

共通認識を見つけ出したら、より幅広い状況に当てはめられるものを論点にする。できるだけ幅広いイデオロギーや背景をもつ人に訴えかけるためだ。

ここでも中絶の例で考えてみることにしよう。中絶に反対する人たちが〝生命の尊厳〟という論点を持ち出したのはみごとな作戦だった。この論点は、生きているすべての人を、中絶反対派の大きなイデオロギーの傘の下に迎え入れるものである（むろん、この共通認識は、死刑を支持する中絶反対派に、政治上の矛盾をもたらす可能性もある）。

一方、中絶の合法化を支持する人たちは、論点を「政府の介入」とすることを好んだ。こちらも、幅広い人に訴えかける論点ではある。政府の介入を懸念するアメリカ人は大勢いるからだ。

しかし、〝生命の尊厳〟という論点ほど幅広くはない。加えて、中絶反対運動が肯定的な言葉を使ったのに対し、中絶する権利を支持する側は、否定することに終始してしまった（政府の介入反対という論点）。政治の世界では、何かに賛成する側のほうが反対する側に勝つのが常である。それでは、中絶合法化支持派は、いったいどうすればいいのだろうか？

賢明な人なら、〝中絶〟の問題と〝権利〟の問題を分けて主張するだろう。〝権利〟は肯定的なものだし、事実、有権者の大多数は中絶する〝権利〟には賛成の立場なのだ。けれど、〝中絶〟は否定的なものであり、同じ世論調査でも、ほとんどの有権者が不快感を示した。だから、中絶を合法なものにするためには、矛盾するようだが、中絶に反対するのが最も効果的な方法なのである。

クリントン夫妻のスローガンで使われているのが、まさにこの手法だ。「中絶を安全で合法的なものに。そして中絶をしなくてすむ社会に」（個人的には〝合法的〟という語はないほうがいいと思う。〝安全〟という言葉で含意されているから。まあ、これは屁理屈というものだろう）。これで論点は、〝政府の介入〟から、〝中絶をしなくてもすむようにすること〟へと移った。「語り手が主張しているのは、中絶が不要になる社会にすることだ」と聴衆が思ってくれれば、問題は解決だ。

トランプは「枠組み」を小さくしすぎた

では、主張を中庸なものにすれば、多くの人に訴えかけることができるだろうか？　そうではない。**聞き手が語り手の主張を中庸だと思ってくれれば、より多くの人に訴えかけることができる。**

１９９０年代の後半、中絶反対派のなかに、中絶を全面的に不法にしようと主張するのをやめ、妊娠後期になってからの中絶に反対し、未成年の場合は保護者の許可を必要とするように訴える人が出てきた。中絶は悪いことだという共通認識に訴えかけながら、権利をないがしろにしていると思われるのを避けたのである。

一方、一部の突出した合法化支持派は、中絶をひとつの避妊法だと主張した。実際には、どちらも「中庸」になったわけではないが、中絶合法化支持派の主張は極端に見え、反対派はどちらかといえば中庸に見えた。1995年から2005年の10年間に、中絶の権利が徐々に失われていった理由がわかるだろう。国のあちらこちらでクリニックも閉鎖された。

だがそこに現れたのが、ドナルド・トランプだ。彼はヒラリー・クリントンとの討論会で、中絶について非常に乱暴な言葉で語った。「ヒラリーの言うとおりにするなら、妊娠9カ月で、産まれる前の赤ん坊を、母親の子宮を切り裂いて取り出してもいいということになる」これほど強烈な言葉を使って中絶は不法な嬰児《えいじ》殺しだと語るのは、トランプ支持派にはうけるのかもしれないが、どちらに投票するか決めかねている有権者の心をとらえることができるのかどうか、私は疑問に思っている。彼は枠組みを小さくしすぎた。

職場で試してみよう

政治の世界では、より広い文脈で使える表現で訴えるほうが、狭い文脈で訴えるよりもいい。職場でも同様だ。会社側が、あなたの部署を、いけ好かない男が率いている部署と統合しようとしていると仮定しよう。このとき、何を論点にしたらいいだろうか？　公平さ？　部長の能力？　最も幅広い論点は、〝生産性〟だ。これなら、より多くの役員に訴えかけることができる。

家庭で試してみよう

家族全員が共有している価値観に訴えることで、論点の枠組みを広げることができる。たとえば、あなたが子どもから、いつも遅くまで働いていることを非難されたとしよう。その場合「家族がご飯を食べられるようにするためだよ」とは言わないこと。また、これを「飢え」という言葉を使って言い換えたとしても、飢えたことがない子どもたちはピンとこないだろう。代わりに「家族でディズニーワールドに行くために、遅くまで働いているんだよ」と言うといい。

相手の言葉を利用する

論点の枠組みを変えるためには、言葉を換えなくてはならない。相手の言葉を利用するのもひとつの方法だ。

配偶者：私たちの子なんだから、頭はいいはずよ。怠けてるだけなのよ。
あなた：たしかに、怠け者だ。どうやってやる気を出させてやったらいいかな？

言葉を換えて言うこともできる。

あなた：怠けてるんじゃないよ。あの子は退屈してるんだ。

あるいは、定義し直すのもいい。

あなた：〝怠ける〟っていうのが、コンピューターでエイリアンを攻撃して、目と手の大切な協調運動能力を高めることなら、あの子は怠けてると言えるだろうね。

自分に有利になるように言葉を定義する一番いい方法は、相手の言葉を「違う言葉で定義し直す」ことだ。**相手の定義をそのまま受け入れてはいけない。**自分の言葉で定義するのだ。そうすれば、相手に同意するように見せかけながら、相手の論理の基盤を崩すことができる。ほとんどの弁護士は、「定義し直す」ということを自然にやっている。映画『ウェインズ・ワールド』（1992年）のウェインはもっとうまくやっている。

ガース、万引きの罰として結婚させられる国もあるらしいぜ。

言葉を定義し直すといっても、オックスフォード英語辞典の「結婚」の項目に並ぶ8つの定義のうちから別のものを選び直せ、と言っているのではない。辞書には言葉の文字どおりの意味、つまり表面的な意味が書かれているだけだ。
ウェインがしたことは違う。言葉の暗示的な意味――その言葉が人に無意識に想起させる考え――を定義し直したのだ。これは、ガースから「ガールフレンドと結婚するつもりか」と訊かれたウェインのせりふだ。ガースにとって〝結婚〟とは、大人がするもので、何かドロドロしたものというイメージだった。ウェインはガースの結婚に対するイメージを刑法に置き換えたわけだ。
定義し直すというのは政治の世界でも便利に使えるテクニックで、候補者同士が相手の政治的立場にレッテルを貼るときにも使われる。

保守派：相手は増税を推進するリベラル派だ。
リベラル派：〝リベラル〟は増税するという意味ではない。ずいぶんとひどいレッテルを貼ってくれたものだ。〝リベラル〟とは、労働者の家族を守るという意味だ。相手は〝保守派〟だ。これは労働者から富を奪って富裕層に与えるという意味だ。

定義し直すという戦略は、家庭や職場でも効果があり、貼られたレッテルをはがすこともできる（「レッテル貼り」とは、人や考え方に非難の意を含む名称をつける手法である）。この戦略を使えば、即座に効果的な切り返しをすることができる。

姉：インテリぶった話し方ね。

あなた：そうよ、インテリの話し方よ。だって私はインテリなんだもの。

あなたがしたい主張に相手の定義が合わないのなら、言葉を換えればいい。

あなた：インテリぶった話し方というのが、自分の話していることをよくわかってる、という意味なら、私はインテリみたいな話し方をしてるってことになるわね。

定義づけをうまくできれば、相手があなたにレッテルを貼ろうとするたび、それを倍にして貼り返すことができる。

相手が反撃に出やすいレッテルを貼るのは避けたほうがいい。最初から、あなたに有利な定義をすることを忘れないように。たとえば、あなたのほうが、姉のインテリぶった話し方を非難する側だとしよう。その場合、相手につけ入るすきを与えないような定義をすることが大切だ。

あなた：インテリみたいな話し方ね。自分の教養の高さを見せつけるように、恰好つけた専門用語なんか使ったりして。

姉：そうよ、私には教養があるのよ。自分の知識のなさが不安なら、私を非難するのはやめてよね。

おやおや、何がいけなかったのだろう？　あなたは〝インテリ〟をうまく定義した――恰好つけた専門用語を使ったりして――だが、〝教養〟という言葉を使っておきながら、そちらを定義し忘れてしまったようだ。むしろこう言ったほうがよかったかもしれない。

あなた：インテリみたいな話し方ね。恰好つけた専門用語をこれみよがしに使ったりして。
姉：これみよがしに使ったりなんかしてないわ！　教養のある人なら誰でも知ってる言葉を使っただけじゃないの。

さあ、相手を守勢に立たせた。あなたの優位だ。

あなた：みんなが知らない言葉を使ったって、教養があることにはならないのよ。

ここで、議論を未来形に変えてやれば、勝利を得ることもできる。

あなた：母さんの保険料をどうやって払っていくか、簡単な言葉を使って話し合いましょう。

自分の言葉を使うか、相手の言葉を使うか

さあ、今度は論点そのものを定義する方法を考えてみよう。これまで説明してきた定義づけの戦略と基本は同じだが、こちらのほうがスケールが大きい。**論点を定義するとは、論点に言葉を結びつけること**である。

聴衆の頭に論点が浮かぶとき、その言葉が一緒に浮かんでくるようにするのだ。政治家は「繰り返し述べる」という手法を使って、論点に言葉を結びつける。1980年代、保守派の政治家は、子どもがいないのにいると偽って生活保護費を受け取る人を〝生活保護の不正受給者〟と呼び始めた。その後、右派の政治家がこの表現を演説や広報活動のなかで繰り返し使ったので、生活保護費とは「不正に受給されるもの」と多くのアメリカ人は思うようになってしまった。

1990年代になると、ジョージ・W・ブッシュの父親であるジョージ・H・W・ブッシュが不法行為法の改革を推し進めるために、〝馬鹿げた訴訟〟という言葉を繰り返し述べた。不法行為法改革の反対派――特に民主党――は、これを再定義するのに苦心し、結局〝市民が訴訟を起こす権利〟という言葉を使った。〝馬鹿げた〟という言葉に比べて、このレッテルは鮮烈さに欠ける。民主党は、〝やぶ医者と企業犯罪者を訴える権利〟とでも言ったほうがよかったかもしれない。個人的な定義のほうが、そうでないものより印象的な場合もある。

そこに、バラク・オバマの登場だ。彼は、即座にいいレッテルかどうかを見分ける能力をもって

いる。2012年の選挙活動では、実にうまい言葉を使ってこう言った。

道義心のある人なら、富裕層への減税と、健康保険費や教育費の補助のどちらを選ぶべきか、迷うべくもないでしょう。私にはこの問題に真っ向から取り組む用意があります。

ふたつの事柄を公平に並べて誠実さを示したうえで、みごとにレッテルを貼ってのけている。

どのようにしてライバル会社に勝ったのか

自分の立場にレッテルを貼るときは、相手との対比になるような言葉を使うことが大切だ。私個人の例を挙げてみよう。現在私は、大手航空会社の機内誌の仕事に応札中の、ある出版社のコンサルタントをしている。この仕事には、私の顧客のほかにも数社が応札している。そのうちの一社は、売店でよく売られている高名な一般誌を出版している会社だ。その会社の編集者はビジネス界きっての切れ者で、教養も高いうえに発想力も抜群、雑誌のことを知り抜いている人物だ。

一方、私の顧客でこのプロジェクトを担当しているのは、私のほかには編集者ひとりだけ。もし私の顧客が機内誌の仕事を落札したら、もうひとりスタッフを雇うよう提案しようと考えている。

きりりと身なりを整えたライバル会社のチームが非の打ちどころのないプレゼンをしたあとに、私たちの会社が会議室に入っていくところが思い浮かぶ。これは困った。いったいどんな技法を使ったら勝てるだろうか？

ライバルが使った前向きな言葉が、否定的な言葉に聞こえるようにすればいいのだ。もちろん、航空会社の役員の前で、「鼻につくインテリ野郎だ」とライバルをこきおろしてみせるわけではない。ライバルの仕事ぶりや編集能力がひどいものだ、と主張しようというのでもない。

私たちは、自分たちの雑誌を、たった一言のシンプルな言葉で表現するつもりだ。〝楽しい〟と。その航空会社はいろいろな資料のなかで、この言葉を頻繁に使っていた。自分たちの航空機は〝誰もが気軽に利用できる〟ということを伝えたいからだ。

そこで、私と顧客は、〝楽しい機内誌〟――ユーモアや楽しい驚きが満載の雑誌――というのを打ち出すことにしたわけだ。その航空会社の機内では映画が見られないため、雑誌の右隅に〝機内映画〟と銘打った小さなパラパラ漫画もつけるつもりだ。

私の戦略をわかってもらえただろうか？　コンペでは、とかく〝いい雑誌〟を〝プロの仕事〟と定義しがちだ。だが、これではライバル会社に有利になってしまう。そこで私は航空会社の共通認識を利用して、私たちが勝つチャンスのある場所へと議論を移し、論点を〝楽しいかどうか〟に変えることにしたのだ。そうすれば、〝プロらしさ〟はむしろ、ライバル会社に不利に働くことになる。

このテクニックを使って、私たちは落札することができるだろうか？　実を言うと、ほかにもさまざまな手を駆使してある（最新情報。私たちは契約を勝ち取ることができた。だが、パラパラ漫画をつけるという私のアイディアは、失笑を買った。どうやら私はレッテル貼りは得意でも、セールスマンとしては今ひとつのようだ）。

会議で試してみよう

誰かの評価をそれとわからないように下げたいのなら、「個人攻撃をするために、今日ここに来たわけではありません。ただ……」と言って、相手の弱点とは反対のことを論点として挙げてみるといい。たとえば、いつも大げさな理論をふりかざす大学教授と討論するときは、「個人的な話をするつもりはありません。私が話し合いたいのは実用性についてです」と言ってみよう。

議論を自分に有利に導く4つのテクニック

昔はよくやったものだが、いまでは息子と腕相撲をすることもなくなってしまった。息子にとっては、私が弱すぎて対決のしがいがないようだし、私は私で、腕をおかしな方向にねじ曲げられて机に叩きつけられるのは、もうごめんだ。

だがつい最近まで、私たちはいい勝負をしていた。実際はずいぶん前に息子のほうが強くなっていたのだが、私のほうがいいグリップを知っていたおかげで対抗できていたのだ。もじもじと手を動かして有利な握り方をしていたのだが、そのことに息子が気づかないくらい微妙な違いだ。息子の手をがっちりと握り込んで、私の腕全体の筋肉を存分に使えるようにしていたのである。息子が同じテクニックを知ってからというもの、私が勝つ見込みはなくなった。

これはまさに、枠組みづくりと同じだ。つまり、枠組みづくりとは、議論において有利なグリップを握るための技法なのだ。ここでは、優秀な弁護士や政治戦略家も使っているテクニック――議論を自分に有利なところに導くために、言葉や論点を定義する能力――を身につけよう。

古代ギリシャ人は、何か自分に不利な事実が出てきたときや、事実がよくわからなくなったときに使える方法として、定義することを挙げていた。もし必要なら、事実をまったく用いなくても、定義を利用して議論に勝つことができる。事実を利用することも、定義することも、〝スタンス〟を使ったテクニックである。「スタンスをとる」のは、もともとは防御のための戦略だが、攻撃をするときにも使える。議論を始める前、あるいは誰かに攻撃されているときには、次のようなスタンスをとるといい。

1. **事実があなたに有利であれば、それを利用する。**もし有利でなければ（または、有利か不利かわからなければ）……
2. **言葉を定義し直す。**それがうまくいかない場合は、相手の示した事実や言葉を受け入れる。ただし……
3. **相手の主張は見た目ほど重要ではないという議論を展開する。**それでもあなたが有利にならなければ……
4. **その議論は不適切だ、と主張する。**

このように、事実、定義、質、妥当性の順に使おう。〝事実〟が最も効果がある。そしてうまくいく方法にたどり着くまで、定義、質、妥当性の議論を使っていくのだ。

たとえば、夕飯の前に、娘がチョコバーを部屋にこっそり持っていったところを、父親が見つけたとしよう。どうやったら父親の叱責からまぬがれられるのか知りたくて、その子が私に相談してきたとしたら、私は何とアドバイスするだろうか？

事実はこの場合役に立たない。手がチョコレートまみれになっているところを見つかったのだから。自分はチョコバーを盗み食いしようとしたのではない、弟が食べてしまわないように隠しただけだ、と言って、論点を定義し直すこともできる。だが、弟がいない場合には使えない。それにへたな言い訳は、親を怒らせてしまうリスクもある。だからこの手も使えない。

質を問題にした防御をするなら、まずはチョコバーを隠し持っていたことを認めてから、「でも父さんが思うほど重大なことではないのよ」という議論をすることになるだろう。お昼ご飯を食べる暇がなかったので、お腹がすいて気絶しそうだったと言うのがいいかもしれない。運がよければ、父親は栄養をきちんととることの大切さについて講釈したうえで、娘を無罪放免にしてくれるかもしれない。質を問題にした防御は、うまくいくかもしれないというわけだ。

もしそれでもうまくいかなければ、最後は妥当性の問題を持ち出すしかない。この女の子の場合なら、父親には彼女を批判する権利はない、と主張することになるだろう。父親が仕事から帰ってきたあと、クッキーを食べているところを見たことはないだろうか？　父親がいつも夕飯の前にウィスキーを飲むのは問題ないのだろうか？　という具合に。

なぜ、妥当性を問題にするのを最後にしなければならないか、おわかりだろう。大きなリスクを伴うからだ。だが、いつもここまで下がって防御しなければならないわけではない。たいていは、論点を定義することで勝てる。定義するのはとても効果的な戦略なので、もし事実があなたに有利なときも、あえてこの戦略を使ってもいいかもしれない。

論点を具体的にし、未来の話をする

どの共通認識を利用するかを決め、なるべく多くの聴衆に直接関係がある論点を定義したら、今度は時制を変えてみよう。このあとまた説明するが、共通認識は価値観に関係し、価値観は現在形で語られる。だが、**何かを決断をするときには、未来のことに話をもっていかなければならない。**これはさほど難しいことではない。**具体的な論点に焦点を絞ればいいのだ。**

たとえば、中絶を安全なものに、そして中絶をしなくてもいい社会にしたいとしよう。それならどうする？　あなたがもし政治家なら、妊娠後期3カ月間の中絶禁止を支持するかもしれないし、緊急避妊ピルを認可するかもしれない。これに対して、中絶反対の政治家は、禁欲を主唱するかもしれない。どちらの政治家も、論点の詳しい内容と、将来踏むべき具体的なステップについて語っている。

共通認識を探し出し、なるべく幅広い状況に当てはまるように論点を定義し、価値観ではなく未

来についての話に変えて、説得の成功率を上げよう。

政治家は、自らの主張を通すために、立場を中庸なものにする。そうすると、突如として、感情や価値観の絡む扱いづらいテーマ、たとえば中絶などが、政治の場で議論できるものに見えるようになる。中絶をしなくていい社会にすることは、国民にとっていいことだ、とアリストテレスなら言うだろう。

では、中絶をしなくていい社会にするための最も効果的な（そして政治的にうまく収まる）方法は何だろう？　その答えを出すには、両極端な立場にいる人に、多くを飲み込んでもらわなくてはならない。中絶合法化を支持する人には、中絶が避妊法としてはきわめて不快だということに同意してもらわなければならないし、中絶反対派の人には、場合によっては中絶を認めてもらわなければならない。

12章のポイント

議論で扱う「言葉」と「論点」を定義するときは、あなた自身が有利になるような言葉や意味を当てはめてやればいい。いわゆる、政治家が「レッテル貼り」と呼ぶテクニックだ。論点を定義するときには「枠組みづくり」をするといい。レッテル貼りのテクニックには、以下のものがある。

・**言葉を換える**：相手が使った言葉をそのまま受け入れるのではなく、自分の言葉で話そう。
・**定義し直す**：相手が使った言葉を、意味を変えたうえで、受け入れる。
・**柔術**：相手が使った言葉があなたに有利なものなら、それを使って攻勢に出る。
・**相手と対照的な言葉を使う**：相手の言葉と対照的な言葉を使う。相手の言葉がよくないものに見えるような文脈をつくり出す。

枠組みづくりのテクニックには、次のようなものがある。

1. まず、あなたに**有利になるような共通認識のある言葉**を、聴衆が使っている言葉のなかから探し出す。
2. 次に、**幅広い状況に当てはまるように論点を定義する**——ひとりでも多くの聴衆の価値観に訴えることができるような論点にする。
3. 最後に、**具体的な問題**（**または選択肢**）**を扱う**。**未来形を使って話す**ことを忘れずに。

定義づけというテクニックは、どんなスタンス——議論の初めにあなたがとる立場——をとるか、という戦略のひとつである。事実があなたにとって不利なら、論点を定義し直そう。それがうまくいきそうになければ、「いま話し合われていることは、何ら重要なものではない」と主張するといい。それでもうまくいかないなら、議論そのものが不適切であると主張しよう。つまり、次のようなスタンスをこの順番でとって、議論に臨むといい。

1. **事実**
2. **定義**
3. **質**
4. **妥当性**

13章 議論をコントロールする

愚者はしゃべりまくるが、賢者は話すだけだ。
——ベン・ジョンソン（16〜17世紀のイギリスの劇作家・詩人）

ここでは「ロゴス（論理）」を使って、目的を達成する方法について見ていきたい。出発点は、共通認識である。オーストラリア人の団体の前でスピーチをすることになった『ザ・シンプソンズ』のホーマー・シンプソンは、聴衆のあいだに存在するふたつの共通認識——安全な住環境の大切さと、弱い者やオタクに対する愛情——を利用した。

アメリカでは、体罰を行わないことにした結果、事態がかつてないほど好転しました。通りは安全になりました。お年寄りも、暗い裏通りを平気な顔をして闊歩しています。オタクは、コンピューターのプログラミングができるので、いまや尊敬される存在です。だから私たちのように、子どもには自由気ままにさせるのがいいのです。『子どもは自由気ままにさせろ』というこことわざがあるでしょう。

このせりふは共通認識を論理的に使っていることと、事実を意にも介さない大胆さのふたつの点で注目に値する。通りを安全にし、オタクを大事にしてもらうには、子どもを叩かないことだ、とホーマーは主張している（オーストラリア人が本当にオタクを大事にしてもらいたがっているのか、アメリカで通りが安全になったのは子どもを叩かなくなったからなのかどうかは、ここでは討論の対象ではない）。ホーマーは、理性的な説得者なら誰でもやるように、聴衆の目の前に賞品をぶら下げて、無知という暗い裏道を平気な顔をして大いばりで歩いているのだ。

誰にとっても、論点についてよくわからないというのは何よりもどかしいことだ。議論する際、「事実」はきわめて大切だが、いつも思いどおりになるとはかぎらない。ここで頼りになるのが「ロゴス」だ。「ロゴス」を使えば、やむを得ないときは事実に言及しなくても、論理や「定義づけ」、その他の巧みな戦略を頼って、議論を有利に進めることができる。

すべての議論で事実確認をしている時間はない。だから、**論理をうまく利用するといい**。宿題を終わらせたと言い張る子どもに、あなたなら何と言うだろうか？　議員候補者の軍歴を非難するテレビ・コマーシャルに対して、あなたはどんな反応をすべきなのだろうか？　ラジオの討論番組を聞いて、事実とフィクションを聞き分ける方法はあるだろうか？　不快極まりない政治広告、卑怯なセールストークなど、私たちが論理に無知であることを利用したものはたくさんある。

間違った論理は時間を無駄にし、私たちの健康を害し、予算を圧迫する。子どもたちは間違った論理を使って親を悩ませる（「友達はみんなやってる」）。そして親も間違った論理を使って応える（「友達が、湖に飛び込めって言ったら、あなたは……」）。立候補者は間違った論理に基づいて選挙戦を繰り広げる（マルコ・ルビオ議員「アメリカには、引き返すという選択肢はない」）。私たちは間違った論理に基づいて、戦争まで引き起こしてしまう（「いま撤退すれば、兵士たちは犬死にしたことになってしまう」）。恣意的な世論調査――誘導するような質問をする、まやかしの調査――も間違った論理である（「政府が金銭的な負担をする中絶と、女性の選択する権利を支持しますか？」）。どれも、論理上の些細な問題として見過ごすことはできない。

学校や『スター・トレック』で習ったこととは異なるかもしれないが、**誇張して話すことは間違った論理とは言わない**。必ずしも非論理的とは言えないのである。

大学に入るまで、論理について私が知っていたことと言えば『スター・トレック』に登場するバルカン人、ミスター・スポックが語っていたことくらいだったが、そのスポックに私は、感情や価値観の息がかかったものはすべて〝非論理的〟で、バルカン人は論理的になれるが地球人は論理的にはなれない、と思い込まされていた。

一方、レトリックでは、**感情に訴えるからといって間違った論理ということにはならない**とされている。スポックは結局、哲学者でも何でもなかった。学校で教えられる論理は『スター・トレック』から学ぶものより一歩進んだものだが、実生活では応用しづらい。この章では、論理を使った実践的な技法を見ていこう。

私がホーマー・シンプソンの例を頻繁に挙げるのは、『ザ・シンプソンズ』がアメリカ社会の論理上の誤りを風刺しているからだ。この番組は、論理のねじれを扱っているところにユーモアがある。プラトンの著作を読んでも、これほどいい例は見つからないだろう。

ソクラテスとスポーツカー

もうお気づきだと思うが、「ロゴス」とは、単なる〝論理〟よりもずっと多くのものを含意する。古代ギリシャ人は「ロゴス」を〝論理〟〝会話〟〝演説すること〟それから、議論で必要となるすべての言葉や戦略を含む言葉として用いていた。「ロゴス」を使えば、問題に対して、事実（もし事実があれば）、価値観、意見を当てはめることができるようになる。

ありがたいことに、レトリックで言う「論理」は、哲学の授業で習う「論理」とは違う。まず、レトリックのほうがずっと楽しいし、はるかに説得力がある。哲学は世論を軽視しがちだが、レトリックにおいては聴衆が信じていることは、少なくとも事実と同じくらい大切だ。説得するときには「聴衆が何を知っているか」と並び、「聴衆がどんな意見をもっているか」が大切だし、聴衆が真実だと思っているものが真実となる。

「論理」がどんな働きをするかを紹介する前に、哲学的な論理がどのようなものか、ごく簡単に説明したい。まずは、小難しい「三段論法」という論法から見てみよう。論理学の入門として広く教えられているが、日常会話ではまったくと言っていいほど役に立たない。アリストテレスも、この三段論法を退屈極まりないものだと思っていたようだ。彼は次のような例を使って、この論法を説明した。

すべての人間は死を免れない。
ソクラテスは人間である。
よって、ソクラテスは死を免れない。

三段論法は、誰もが「そりゃそうだろう」と思うものがほとんどだ。だが、スクリーンに映し出されると、妙に説得力がある。マーケティング担当者がベン図〔グループ同士の関係を、円形を用いた図にしたもの〕を使うときには必ず、一種の三段論法を使っている。

たとえば、フォード社のカー・デザイナーが、25歳から40歳までの、男らしさをアピールしたい男性をターゲットにした〝プリアピック〔男らしさを強調するの意〕〟というスポーツカーを新しくデザインしたとしよう。

潜在市場の規模はどのくらいだろうか？　次回の会議で、マーケティング担当者は、統計をベン図で示すだろう。1番大きな円は年間の自動車の購入者数、2番目の円は25歳から40歳までの男性の人数、3番目の円は、プリアピックを購入できるだけの収入がある世帯の数を表すものだ。ターゲットとなるのは、2番目の若者を表す円と3番目の裕福な世帯を表す円が重なるところである。この3つの円が、三段論法を形成している。マーケティング担当者は、結論を導き出すために、3

つのカテゴリーに分けたのだ。

アリストテレスが述べたソクラテスに関する三段論法も、同じようにベン図で表すことができる。一番大きな円を人間とし、そのなかに男性を表す円を配置する。さらにそのなかにソクラテスを表す点を書く。そうすると、人間の男性でソクラテスという名前の者のマーケットサイズはひとり、となる。論理学者は、このような論法のことをカテゴリー的な思考と呼ぶ。

政治におけるレッテル貼りも、ほとんどがこの種の論理を使っている。候補者たちはまるで相撲の力士のように、お互いを印象のよくないベン図の円のなかに押し込もうとしているのだ。「民主党員はすべて、増税路線のリベラル派だ。私の敵は民主党である。ゆえに私の敵は増税路線のリベラル派である」といった具合だ。

三段論法には、「もし……だったら」という思考を使ったものもある。

もし25歳から40歳までの男性のほとんどが、男性向けの雑誌を読んでいたら、
そしてもしその雑誌の広告に載っている車が売れているなら、
我々は男性誌にプリアピックの広告を載せるべきだろう。

これは、初めにひとつの真実を挙げ、そこにもうひとつの真実を加えれば、真実であるに違いない結論が導き出せる、というものだ。一方レトリックでは、「真実」ではなく「何を決断するか」が重要なので、少々異なった展開になる。聴衆が真実だと思っ`て`い`るものや聴衆の信念——共通認

識――が、ここで言う真実と同じ働きをするのだ。
たとえば、マーケティング担当者は、「女の子は最新のスポーツカーに乗っている男に惹かれる」という共通認識を利用して、こんなふうに主張することができる。

もし女の子がプリアピックを運転している人に惹かれるのなら、
そしてもしあなたが女の子にモテたいなら、
あなたはプリアピックを買うべきだ。

だが、このキャッチコピーは、うけないだろう。古代ギリシャ人ですら、三段論法は退屈なものだと思っていたようだ。原因は、2番目の文に、たいてい言わなくてもわかるようなものがくることにある。わざわざ言われなくても、プリアピックの販売ターゲットは女の子にモテたい奴だ、とみんなわかっている。
アリストテレスは、2番目の文章を捨て、さらに「もし」という部分を省いて、この三段論法を現代風に変えることで、レトリックの論理を生き生きとしたものにした。この短くまとまった、うまい議論は、「省略三段論法」と呼ばれる。省略三段論法では、聴衆の共通認識――信念、価値観、考え方――を取り入れ、それを聴衆を納得させるための第1段階として使う。
アリストテレスの省略三段論法をプリアピックで試してみよう。

女の子はプリアピックを持っている男に惹かれる。
だからあなたもプリアピックを買うべきだ。

この車の広告にセクシーな若い女性が映っていたとしたら、それはとりもなおさず、アリストテレスの省略三段論法を使っているということだ。この車の広告も、省略三段論法も、古くからある三段論法も、演繹法《えんえきほう》を使った論理展開をしている。

演繹法とは、まず前提——事実や共通認識——から話を始め、それをある特定のケースに当てはめて、結論を得る。「人間は死を免れない」というのは誰もがもっている認識だ。そして「ソクラテスは人間である」というのは特定のケースだ。すると結論は「ソクラテスは死を免れない」となる。

これに対して帰納法《きのうほう》を使ったものは、逆の論理展開となる。特定のケースを取り上げ、それを使って前提や結論を証明するのだ。

ソクラテス、アリストテレス、キケロをはじめとして、150年以上前に生まれた人はみな、もう死んでしまった。
だから、すべての人間は死を免れない。

シャーロック・ホームズの法則

シャーロック・ホームズが常識の法則――共通認識――を使ったことにより、「演繹法」は家庭でも使われるようになった。『ボヘミアの醜聞』という短編小説で、ホームズはあの気の毒な正直者のワトスンが、最近雨のなかを歩いたこと、それから彼の女中の仕事ぶりがよくないことを推測してみせた。

きわめて簡単なことだよ。君の左の靴の内側の、暖炉の火があたっている場所に、六本ほとんど並んで引っかき傷がある。これは、靴底のふちにこびりついた泥を、明らかに誰かが手荒に削り落としたときにつけた傷跡だ。ここから二つのことを推理できたのさ。一つは、君がひどい雨が降っているにもかかわらず、外出したこと。そしてもう一つは、君の家では、靴をだめにしてしまうような、ロンドンのきわめて質が悪い使用人の代表のような女を雇っているということさ。〔コナン・ドイル作「ボヘミアの醜聞」河出文庫『シャーロック・ホームズ全集3　シャーロック・ホームズの冒険』所収〕

このせりふがフェティシズム的なトーンであることはさておき、シャーロック・ホームズの使った演繹法は、アリストテレスの省略三段論法そのものだ。

もし引っかき傷のついた靴が、手荒に泥を削り落とした結果なのだとしたら、そしてもし手荒に泥を削り落としたのが、質の悪い使用人だったとしたら、手荒に泥を削り落とした靴を履いている紳士は、質の悪い使用人を雇っているということになる。

アリストテレスと同じで、ホームズは真ん中の文章——泥を手荒に落とすのは仕事の質が悪いということだ——を、省略している。なぜなら、ビクトリア朝時代の読者には、わかりきったことだからだ。

同じように、アニーが民主党に投票するようキャシーを説得するときも、省略三段論法の論理を使うことができただろう。

税金のことになると、どの政治家も一緒よ。唯一の違いは、共和党はそれを認めていないというところ。ふたりの政治家がいたとしたら、私は正直な政治家のほうに投票するわ。

三段論法に当てはめてみると、彼女の論理はこうなる。

もしどの政治家も税金に関しては同じ立場だとするなら、

そしてもし税金がよくないものだというなら、
政治家はみな等しく悪者だ、ということになる。

しかし……

もし共和党が増税について嘘をかたっているなら、
そしてもし嘘が悪いことなら、
共和党は民主党よりも悪いということになる。

おそらくキャシーは税金も嘘も嫌いだろうから、それぞれの三段論法の真ん中の文は省略してもいいだろう。演繹法は、難しくない。**聴衆が信じているもの――事実でも共通認識でもいい――を取り上げて前提とし、その前提を、選択肢にしろ結論にしろ、あなたが聴衆に受け入れてほしいものに当てはめればいい。**言わなくてもわかること（「税金は悪いものだ」「嘘をつくのは悪いことだ」）を省略すれば、ほら、省略三段論法のできあがりだ！

演繹法では一般的な前提を初めにもってきて、事実や共通認識（「政治家はみな同じだ」）をそのときの状況（選挙）に当てはめながら、特定のケースに向けて論理を展開していく。**前提が裏付けとなる。あなたが聴衆に選ばせたい選択肢が、結論である。**論理的な議論にはすべて、裏付けと結論がある。

審議（選択）の議論において、結論は「選択」——傘を持っていくか、降らないほうに賭けて持っていかないか——をすることである。この場合、説得者が立証する責任を負う。あなたに選ばせたい選択肢のほうがいいと証明するのは、説得者の義務である。証明の仕方には、2通りある。

・**例を示して証明する：**証拠によって、前提か結論のいずれかを裏付ける手法。これは「帰納法」である。1文目に「10人中9人の歯医者は〈ダズル〉という歯磨き粉を勧めている」とある場合、歯医者は例であり、この歯磨き粉を買ったほうがいいということの証明になる。彼らがその歯磨き粉をいいと言っているなら、あなたもいいと思うだろう、という論理展開だ。広告に「歯のない受刑者10人中9人が〈ダズル〉という歯磨き粉を勧めている」と書かれていても、おそらくあなたはこの歯磨き粉を買わないだろう。証明として成り立たない、というわけだ。

・**前提で証明する：**これは「演繹法」の一種だ。前提には聴衆が知っていることや信じていることを使う。

証明についてはこんなところだ。審議の議論における結論とは、選択すること——語り手が聴衆に選んでもらいたいものを選ばせることだ。だが、議論において何が裏付けで何が結論なのかは、見分けるのが難しいこともあるだろう。**議論の裏付けを見分けるには、ふたつの方法がある。**

もし、**あなたが主張の一部をすでに受け入れているなら、それがおそらく裏付け**である。たとえば「豆を食べなさい。体にいいから」という文を考えてみよう。「豆が体にいい」ということは、あなたもすでに知っているだろう。だから、それが裏付けである。選択するのは、豆を食べるか否かである。もし、すでに豆を食べるつもりであれば、そもそも議論など初めから必要ない。

裏付けを見分けるもうひとつの方法は、「なぜなら」という言葉を探すことだ。「なぜなら」という言葉のあとには、裏付けとなる理由が続く。豆を食べなさい。「なぜなら豆は体にいいから」。「なぜなら」という言葉が実際に文中になくても、たいていの議論では「なぜなら」という言葉が暗示されている。

もうひとつ、「共和党に投票して、税金が上がらないようにしよう」という例を見てみよう。どれが理由かを見つけにくいなら、この文の真ん中に「なぜなら」を入れて書き直してみることだ。真ん中に「なぜなら」と入れて意味がとおらなければ、誰かがあなたを騙そうとしているのかもしれない。この文の場合は、うまく意味がとおる。「共和党に投票しよう。なぜなら共和党は税金を上げないからだ」となる。

この「なぜなら」を使ったテクニックで、世論調査員を撃退してみよう。

調査員：あなたは民主党に投票して中産階級を守ろうとお考えですか？

昔からよくある、調査とは名ばかりの誘導的な質問だ。

私：民主党に投票すべきだと言っているのですか？　なぜなら民主党は中産階級を支援してく

れるから？

調査員：質問にはお答えできません。

私：私は質問にだけ答えます。あなたが言ったことは、質問になっていない。

調査員：いいえ、あの、質問したのですが……。

私：たしかに、あなたはふたつの質問をしましたね。私が民主党に投票するつもりかどうか、そして中産階級を支援したいと思っているかどうか。どちらの質問に答えればいいですか？

調査員：（舌打ちする音）

提案書やメモを書くときに試してみよう

あなたの議論の中核となるものを、省略三段論法を使って明確にしよう。共通認識か自明の理である事柄を選んで前提とし、それをあなたの結論と結び付ける。たとえば、「売り場をわかりやすくするために、ロゴをもっとシンプルなものにしよう」。

モーツァルトは地獄に誘う

演繹法は、「前提、ゆえに、結論」という流れで展開する。つまり、これを信じるなら、あれをするべきだ、となる。これは一種の省略三段論法だ。

先ほどの例のアニーは、政治家はすべて一緒だ、という省略三段論法を使ったが、これはうまくいかないと思う。共通認識に問題があるからだ。キャシーは、すべての政治家が同じだとは思っていないだろう。彼女は民主党員と共和党員は、まったく違う種類だと思っている。アニーは、キャシーの頭に疑念が湧かないうちに、何かいい裏付けを考えないといけない。

ここでまた、アリストテレスに助けてもらおう。今度は「演繹法」の双子の兄弟、「帰納法」の登場だ。帰納法では、共通認識ではなく例を示すことで証明する。聴衆の共通認識を使ってもうまくいかないときには、帰納法を使うとうまくいく。アニーの議論で帰納法を使うと、次のようになる。

私が住んでる州では共和党が第1党だけど、私の税金は上がりつづけてる。あなたのところの市長も共和党だから、市民税がどれだけ上がっているか調べてみたほうがいいわよ。それに、議会は借金をしつづけてる。この先、いったいどうやって赤字を減らすと思う？　どちらの党であれ、赤字をカバーするには税金を上げるしかない、ってことになるのよ。その点、民主党は正直だわ。どちらかを選ばなければならないなら、私は正直な政治家のほうを選ぶ。

これが、帰納法を使った論理だ。アニーは、「共和党が増税をしている」という例を挙げた。だから、「税金について嘘をつかない政党に投票するべきだ」という論理展開だ。もちろんアニーは、共和党が民主党と同じくらい増税をしていると証明したわけではない。だが、その点はキャシーが論じるべきことだ。

特に強く主張したいときには、演繹法と帰納法を組み合わせて使うこともできる。例示と前提のふたつを裏付けとして使うのだ。ここでまた例として、ホーマー・シンプソンが打ち上げた論理を見てみよう。

俺は、ろくでなしなんかじゃない！　真面目に働いているし、子どももかわいがってる。なのに、なぜ日曜日の朝から、教会に行って地獄へ堕ちる話なんか聞かされなきゃならないんだ？

帰納法の優れた例だ。ホーマーの例示――真面目に働いている、子どももかわいがっている――は、彼がそんなに悪い人ではないことを示している。ホーマーはいい人だ、という前提をつくり上げたうえで、彼はまっすぐに結論へ向かう。教会に行くのは時間の無駄だ、と。ホーマーが示した例が本当に証明になっているかどうかは、聴衆が判断することだ。だが、論理展開はうまくいっている。

ホーマーは、彼なりの事実を述べた。それも例示となる。ただ、彼が示した例は、事実というより比較に近い。比較も例示の一種である。ホーマーは、教会に通う平均的な人よりも真面目に働き、子どもをかわいがっている、ということだ。

ストーリーも例示だ。ジョーク、作り話、伝説、ポップ・カルチャーなどである。本書で私が挙げた例のほとんどは、ストーリーのカテゴリーに入る。
ここで、この章で学んできた論理をすべて使ってみよう。たとえば私が、モーツァルトのコンサートに行く予定だったあなたを、ポーカーゲームに行くよう説得したいとしよう。まずは、省略三段論法を使う。

リラックスしたいんだろう？　だったら迷うことはない。ポーカーをしにいこう。

これは演繹法を使った論理だ。あなたはリラックスしたい。だから、ポーカーをしよう。三段論法で使う2番目の文——ポーカーをするほうが、モーツァルトを聴くよりもリラックスできる——は飛ばした。これは、あなたも知っていることだと思ったからだ。だが、これまでも見てきたように、あなたはそう思っていないかもしれない。そうなると、私は帰納法——事実、比較、ストーリー——を使って、ポーカーはモーツァルトよりもリラックスできる、という前提を強化したほうがいいだろう。

- 事実
いいタバコとエースのスリーカードがあれば、何よりも癒やされると君も言ってたじゃないか。
- 比較

モーツァルトのコンサート中にビールが飲めるか？　飲めないだろう？

・ストーリー

モーツァルトが作曲したオペラ『ドン・ジョヴァンニ』を何年か前に観に行った男の話を聞いたことがある。ずっと苦痛に耐えていたけれども、最後の場面になったところで、彼は胸を押さえて死んでしまったんだ。彼が最後に見たのは、ドン・ジョヴァンニが地獄に引きずり落とされていく場面だったそうだよ。

次の外出の機会までに、さまざまな例を考えておくことをお勧めする。あなたのパートナーの共通認識を調べておくといい。デートを計画しているとき、相手は「リラックス」という言葉をよく使うだろうか、それとも「退屈」という言葉が繰り返し出てくるだろうか？

共通認識がわかったら、早速それを「〈共通認識〉だから、〈選択肢〉をするべきだ」という型にはめ込んでみよう。いくつかの例を盛り込むことも忘れずに。事実、比較、ストーリー、あるいは、その全部を入れてもいい。

プレゼンで試してみよう

論理の流れをつくってみよう。まず、聞き手が信じているものを使って、省略三段論法を組み立ててみる。これが、あなたの話の骨子となる。その他の部分を帰納法の論理でつくっていこう。事実を挙げ、あなたの議論と相手の議論を比較し、あなたのポイントをさりげなく伝える逸話を、ひとつ以上盛り込む。

13章のポイント

歴史学者のコリヤ・メリウェザーは、アメリカの建国者たちは「ロゴス」の達人だった、と述べている。「彼らは、議論の構築の仕方、論理の砦を築く方法を知っていた。彼らにとっては、若いころからそれが気晴らしでもあった。言葉を整理し、過去から学ぶ……彼らはずっと、そうやってきたのだ」ここまで本書を読んできたあなたも、自分の論理の砦を築く土台はできている。論理のマンションというほうが合っているかもしれない……説得上手な人というのは、自分が築いた論理を心地よく感じ、そこに他人を招き入れることをいとわないものだ。心配ない。論理を使ってもっとくつろげる方法を、このあともたくさん紹介する。

この章では、「ロゴス」の基礎を学んだ。

- **演繹法**：一般的な法則を特定の事柄に当てはめる論法。聴衆の信念や価値観というレンズを通して状況を解釈し、共通認識を使って結論を導き出す。

- **省略三段論法**：「私たちは〈選択肢〉をすべきだ、なぜなら、〈共通認識〉だからだ」。アリストテレスは、正式な三段論法をスリム化し、普遍的な真理ではなく共通認識を基にして、この論法を使うことを提唱した。
- **帰納法**：例示による論法。特定の事柄から一般的な事柄へと論理が展開される。演繹法は、聴衆の信念――共通認識――を通して状況を解釈するが、帰納法は、いまある状況を利用して、聴衆の信念を〝形成する〟。聴衆のなかに共通認識があるかどうかわからないときに、この方法が役に立つ。
- **事実、比較、ストーリー**：帰納法で使う、3種類の例示。

Part 2

DEFENSE

「守り」の伝える技術

相手の議論から身を守る

14章 論理の誤りを見抜く

真実が負けるとわかっていて、自由で開かれた場で戦わせる人などいるのだろうか？

——ジョン・ミルトン（17世紀のイギリスの詩人）

ホーマー：リサ、ドーナツを食べるかい？
リサ：いいえ、いらないわ。果物はない？
ホーマー：このドーナツは紫色だよ。紫色ってことは果物だ。

——『ザ・シンプソンズ』

「論理の誤り」は、見抜くのが難しいものばかりではない。たとえば、ホーマーの論理がおかしいことはすぐにわかる。果物のような色をしたものは果物だ、という点が間違っている。次の文も同じだ。

ゾウは動物だ。あなたも動物だ。ゆえに、あなたはゾウである。

実に馬鹿げた文なので、騙される人はまずいないだろう。だが、仕組まれた「論理の誤り」の場合、分解して考えてみないと誤りだとは気づかないこともある。誤った論理はそこら中に転がっている。そこで私は、日常生活のなかで見られる代表的なものを集めて、「論理の7つの大罪」に分類してみた。

審議（選択）の議論には、証明と選択が必要だ。13章で紹介した演繹法では、聴衆が知っていることや信じていること、つまり「共通認識」を論理の出発点として、それを特定の状況に当てはめて結論を証明する。これに対して帰納法では、特定のものから一般的なものへと理論が展開される。

論理上の誤りがあるかどうかを見分けるには、次の3つを考えてみればいい。

1. **証明が成り立つか？**
2. **選択肢がいくつか示されているか？**
3. **証明は結論を導くものになっているか？**

ただし、正式な論理学とレトリックで大きく異なるのは、ルールに対する態度だ。誤った論理を使うことは、論理学では禁止されている。

一方レトリックでは、ルールなど存在しないも同然だ。**相手に気づかれないかぎり、誤っていようと何だろうと好きなように使って構わない。**論理の誤りを見抜けるかどうかは、聴衆の責任だ。ただし、聴衆が誤りに気づいた場合、それは語り手の「エートス（人柄）」に跳ね返ってくる。聴衆は語り手のことを、ペテン師かただの愚か者だと思うだろう。だから、誤った論理を使ってしまう前に、何が誤った論理なのか、知っておいたほうがいい。

また、論理のトリックに引っかかってしまったときは、この章が身を守る方法として役に立つだろう。**論理の誤りを見抜ければ、自分の身を守ることができる。**相手が政治家であっても、セールスマンであっても、ダイエット本であっても、医者であっても、あなたの子どもであっても同じだ。

ここから先は、誤った論理を随所に入れながら話を進めてみようと思う。「7つの大罪」を見れば、人間がどうやって人を騙したり、嘘をついたりするのか、わかってもらえると思う。まずは、論理の誤りを突き詰めると、どれも「間違った証明」「選択肢の数が不適切」「証明と結論が合ってない」の3点に集約されるということを覚えておいてほしい。

ひとつ目の大罪：間違った比較

プラムもぶどうも紫色だ。でも、だからと言って紫色のものがすべて果物なわけではない。アリストテレスでなくても、それくらいはわかるだろう。だが、いったいどれだけの人が、同じような間違った論理に騙されているだろうか？

「天然素材を使っています」一見そうは見えないかもしれないが、このフレーズも「紫色のものは果物」と変わらない。ある素材が、体にいいほかのもの（天然のもの、紫色の果物）と同じ種類なら、その素材はあなたにとっていいものに違いない、という論理を使っているからだ。ボツリヌス菌だって天然のものだが、あなたにとってはまったくいいものではない（「天然素材を」というのが曲者なのだ。ぶどうの果肉と小麦胚芽にドーナツ用の化学調味料を混ぜれば、ほら、天然素材を使ったドーナツのできあがりだ！　正確に言えば、ふたつの天然素材を使ったドーナツだ）。

この文の論理上の誤りを見つけるには、文を分けて考えてみることだ。「このドーナツは紫色だ。そして紫色のものは果物だ。だからあなたはこのドーナツを食べるべきだ」。この主張では、紫色が果物らしい色だ、ということが〝理由〟になっている。だが、紫色であれば果物というわけではない。つまり、証明部分が正しくないので、議論が成り立たない。

もしも私が「このドーナツは、中にぶどうのゼリーが入っている。ぶどうは果物だ、だからこのドーナツは果物だ」と言ったら、この証明（ぶどうのゼリー、すなわちぶどう）は理にかなっているとは言える。それでも、この議論はまだ誤りを含んでいる。たとえ証明部分が正しくとも、それが結論に結びつくものでなければ議論は成り立たない。ドーナツの中に果物が入っているからと言って、ドーナツが果物であるとは言えない。これは「間違った比較」の例だ。

幼い子どもはよく「なんで？」と何度も訊くところからすると、どうやら証明が好きなようだ。

母親：リビングに入っちゃだめよ。
子ども：なんで？
母親：犬が病気になっちゃったからよ。
子ども：なんで？

母親：お父さんが犬に、自分の食べてたホットドッグをあげちゃったの。
子ども：なんで？
母親：お父さんに訊いてごらんなさい。

そして子どもは、間違った証明も同じくらい好きだ。

学校まで車で送ってよ。友達のお母さんはみんな車で子どもを学校まで送ってきてるわ。

友達のお母さんは子どもを学校まで車で送っている、だから私のお母さんも私を車で学校に送るべきだ。この女の子は自分の母親をほかの母親と比べている。どこに誤りがあるのだろうか？　ひとつには、すべての親が子どもの運転手を買って出るわけではない、という点だ。バスに乗って学校へ行かせる親もいる。次に、この子の母親は友達の母親とは違うということだ。ほかの母親がいいと思うことも、この子の母親はいいと思わないかもしれない。さて、母親はどう答えればいいだろう？

でも毎朝、バス停でウェン・ホウを見かけるわよ。それに、たとえそのほかのお母さんがみんな子どもの送り迎えをしていたとしても、あなたの言った証明は、お母さんがあなたを学校まで車で送るべきという結論には結びつかないわ。

子どもには、まだあなたが何を言っているのかわからないかもしれないが、そのうちわかるようになるだろう。そのときがきたら用心したほうがいい。もはや議論で子どもには勝てないだろう。だが差し当たっては、それが誤りであることを教えてやるといい。これは「**大衆性に訴えること**」、**つまり、ほかの人がそうしているからと主張することによって自分の選択を正当化しようとするという論理の誤り**だ。ここであなたが親の決まり文句で返したら、あなた自身も子どもと同じ過ちを犯していることになる。

ほかの子のお母さんがみんな、崖から飛び降りろと子どもに言ったらどうするの？　あなたも飛び降りる？

イギリスの哲学者（じつはレトリックの教授でもあった！）ジョン・ロックは、１７００年代初頭に数多くの「論理の誤り」を指摘したことで知られているが、彼ならこの親の言葉も誤りだと言うだろう。親が子どもに集団自殺を勧めるわけがない。これは「帰謬法《きびゅうほう》」といって、**馬鹿げた話に議論を帰着させるという論理の誤り**のひとつだ。ここでは、「学校まで車で送っていくこと」と「崖から飛び降りること」を比べている点が間違っている。そのせいで証明が崩れ、結論も崩壊してしまっているのだ。きちんとした論理を使えば子どもを学校まで車で送っていかなくてすむし、ほかにもいいことがある。

スピードを落とす必要はない。いままで事故を起こしたことはないんだから。

この文では例が挙げられていないので、文のなかで理由となるものを探してみよう。運転手の男は、スピードを出しても安全だと思っている。なぜなら、いままで失敗したことがないからだ。この証明はきちんと結論につながるだろうか？　この男のこれまでの運転が完璧なものだったら、同乗者であるあなたの安全が保証されるのか？　たしかに事故を起こさないでドライブできる可能性は高いかもしれないが、彼が飛ばし屋であることを考え合わせると、私なら、バスに乗って行きたい。

彼の主張も「間違った比較」をしている。**今回の件は過去の件と同じだ、という論理の誤り**。これは「前件の誤謬《ごびゅう》推理」という。ただ、時速１３０キロで走る車のなかで講釈する余裕はないだろうから、代わりに、譲歩を使って答えてみよう。

あなたは運転がうまいと思うわ。でもこんなにスピードを出すと、私は怖いのよ。私のことも少しは考えて。

運転手が腹を立てて、運転がさらに乱暴になるリスクを冒しても構わないなら、厳しく言い返してやるといい。

死んじゃったら終わりなのよ！

次の一文も、**間違った比較をする「誤った類推」**の例だ。

立候補者：私はビジネスの世界で成功しました。私を市長に選んでください。そうすれば、この市をうまく運営してみせます。

どうやら、この男性はビジネスでたっぷりお金を稼いだらしい。だが問題は、市役所は企業ではないということだ。政治の世界でも成功する起業家も多いが、成功していない起業家も同じくらいいる。政治に必要なのは、ビジネスのスキルではなく政治のスキルなのだ。起業家たちも、身をもって学んできたはずだ。

適切な返答：あなたが私に配当金を払ってくれるなら、そして私が市の株を売り払ってもいいということなら、あなたに投票しましょう。

間違った比較は、数字上の間違いの原因にもなる。

あなた：今会計年度は、利益が20％も上がったよ。
友人：年度当初の利益はどれくらいだったんだい？
あなた：税引き前で12％だ。
友人：すごいな、それじゃあ、32％も上がったってことじゃないか！

ここで証明として示されているのは、年度当初の利益が12％で、それが20％上がったということだ。どこが問題なのだろう？　12＋20＝32ではないのか？　問題は「**単位の間違い**」を犯している点にある。ビジネスにおいて、この間違いは頻繁に起こる。間違いを防ぐためには、パイ一切れの話なのか、パイ一枚の話なのかを、よく考えることだ。

私があなたに、8分の1の大きさのパイ一切れをあげるとしよう。小さい、とあなたは言うかもしれない。そこで私は、さっきあげた一切れのちょうど5分の1のサイズのパイを、あなたに追加であげるとする。この場合、私はあなたにパイ一枚の5分の1をあげたのではない。パーセンテージは言ってみれば、このパイのようなものだ。ある比率に対する比率（12％の利益率の20％）は、全体に対する比率ではない。わかりにくいようなら、このルールに従うといい――「比率を積み上げていくときは、必ず計算機で計算すること」。

適切な返答：その20％というのは、もとの利益を100％とした場合のことだ。だから私たちは120％の利益を達成したんだよ！

この「単位の誤り」のバリエーションのひとつが、消耗品の売り上げを水増しするのに使われることもある。ある洗濯用洗剤は、隣に陳列されている同じサイズの箱に入った別の洗剤よりも安い。だがおかしなことに、安い洗剤の箱のほうが軽い。そうすると単位あたりの値段——洗剤1オンスあたりに支払う値段——は、実際には〝安い〟洗剤のほうが高い、ということになる。

製造メーカーは、顧客が気づかないこと、店の棚の前に立つ顧客が単位あたりの値段に注意を払わないことを願っているのだ。私の妻は、自分はこんなトリックには引っかからないという自信をもっていた。ある日のこと、車のトランクから特大サイズの洗剤を運んできてほしい、と妻から頼まれた。小さな容器に詰め替えないと持ち上がらないくらいに大きな箱だ。

私：どうしてこれを買ったんだい？

妻：特大のお得サイズだから。これを買ったほうが安いのよ。

私：何より安いんだ？

妻：小さいサイズのものを買うより安いの。普段から買い物をしていればわかるはずよ。

これにはカチンときた。そこで私は、先月小さな箱の洗剤を買ったときのレシートを探し出してきた。そのあと地下に行って、それぞれの箱にはいったい何オンス入っているのか確認した。その次に計算機を持ってきて、大きな箱と小さな箱、どちらが本当はお得なのかを計算した。

私：今月、値段が跳ね上がったということでなければ、お得サイズのほうが通常サイズのものよりーオンスあたりの値段が7％高いぞ。
妻：あら。でもこれだけ大きな箱なんだから、安いはずよ。
私：いや、大きい箱を買っても安くはならない。小さい箱を買ったほうが経済的だよ。
妻：まあ。
私：だから、僕がこんなことも知らない、っていう君の発言はよくないな。
妻：そうね……本当にごめんなさい。私は買い物するときの計算があまり得意じゃないみたい。だからこれからはあなたが買い物に行ってね。

なんてこった。

ふたつ目の大罪：不適切な例

すべての証明が根拠や共通認識に基づいているわけではない。証明のために挙げられる例は、事実であったり、比較であったり、逸話であったりする。だが、なかには誤った推論に基づいた例や、結論を証明しない例もある。

親：こんなに多くの犯罪のニュースをテレビで見ていたら、子どもを家に閉じ込めておいて外出させたくない、と思ってしまうわ。

この文章で示されている例は、結論を導いてはいない。なぜなら、地方のテレビニュースは、犯罪発生率――どんな犯罪を計算に入れるかにもよる――を正しく伝えていないからだ。ほとんどの犯罪の発生率はもう何年も下がりつづけているにもかかわらず、犯罪は増えつづけていると思われている。つまりこの親は、事実を正しく表していない例を使って、誇大妄想的な結論に至っている、ということだ。これを事実の誤認という。

事実を誤認した結果起こるのが、「早まった一般化」だ。これは、ごくわずかなデータから大きな結論を導き出してしまうことだ。

同僚：あのイェール大学のインターンは優秀だ。イェールの学生をもっととろう。

この証明では結論を導けない。あるひとりのイェールの学生が優秀だからといって、次に来るイェールの学生も優秀なインターンであるとはかぎらない。イェール大学に通う学生は5300人もいるのだから、この企業が例として挙げたインターンは、全学生の0.019%でしかない。

適切な返答：法務部のあのいけ好かない奴もイェール大出身じゃなかったっけ？

3つ目の大罪：無知を証拠とする

元国防長官のドナルド・ラムズフェルドは、イラク戦争開戦の前に、実際には見つからなかったサダム・フセインの大量破壊兵器について、こんなふうに言及した。「証拠がないことは、ないことの証明にはならない」。少なくとも〝論理的には〟彼は正しい。

同じように、科学者や医者は、自分が示す例は起こりうるすべてのことを網羅すると思い込むことによる罪をよく犯す。この間違いは無知による誤りだ。**証明できないということは、存在していないということだ、という論理の誤り**である。

医者：あなたにはどこも悪いところはありません。診断結果もすべて陰性でした。

証明：診断結果はすべて陰性だった。だから……

結論：あなたにはどこも悪いところがない。

だが、陰性の診断結果と健康とのあいだには、論理の隔たりがある。この証明は結論を導き出してはいない。なにしろこの医師は、あなたに体をふたつに折り曲げるほどの痛みがあり、発疹も出ているのに、病気であることを示すデータがないので何も問題ない、と言っているのだ。この非論理的な議論に対抗するただひとつの方法はもっと例を示すことだ。

あなた：本当にすべてを検査したんですね。
医者：いや、すべてというわけではないが……。
あなた：脚気《かつけ》の検査はしましたか？
医者：君は脚気ではない。
あなた：どうしてわかるんです？
医者：アメリカでは脚気の患者はもうずっと出ていない。
あなた：でも検査はしていないんですよね。私がひとり目の罹患《りかん》者になるかもしれない。
医者：可能性は低いが、ほかの病気かもしれない。
あなた：では、どうすればいいんでしょう？
医者：もっと検査をしてみよう。

非科学的な人たちの発言のなかで、同じ誤りが反対の結論を導くのも聞いたことがあるだろう。

信じる人：超能力やUFOを信じるよ。だって科学者が反証を示すことができないんだから。
適切な返答：科学者は、月がしゃべれるかどうかについての反証も示してはいないよ。
信じる人：月がしゃべれると君は思うかい？

適切な返答：どうでもいいや。

4つ目の大罪：前提を何度も繰り返す

最も退屈な論理の誤りのひとつが、**前提を何度も繰り返す**「**同語反復**」である。

ダラス・カウボーイズのほうがいいチームだから、勝つだろう。

証明と結論は完璧に嚙み合っているが、実はそこに問題がある。証明と結論が嚙み合っているのは、ふたつが同じことを言っているからだ。同語反復は選挙活動でよく使われる。

選挙運動員：私たちの候補者は信頼できます。なぜなら彼は正直な人だからです。
適切な返答：私はあなたを信用していない、だからあなたが支持している候補者は余計に疑わしい。

人は、**論点を避けるために、前提を言わずに結論を主張したりする**。「次の選挙では、共和党がホワイト・ハウスを勝ち取ることだろう」というのは、誰が共和党の大統領候補に指名されるのか、という論点を避けている。「選挙で誰が勝とうとも、その人が大統領となる」、これも同語反復だ。

同語反復は、ただの間抜けな間違いなら害がないように見えるかもしれないが、実際は、相手を惑わすために故意に使われることがある。かつて私は、宅地の開発業者が〝ヴィスタ・ビュー〟と名づけた町に住んでいた。眺め《ヴィスタ》が見える《ビュー》土地。だが、実際に見える眺めは、砂利が敷かれた駐車場だけだった。開発業者が無知なのか、それとも眺めという言葉が人の頭に描き出す映像を熟知したうえでの策略なのか……。

5つ目の大罪：誤った選択肢

論理の誤りにはさまざまな形があるが、どのパターンでも証明と結論のあいだに隔たりがある。原因は、「証明そのものが有効でない」か、「結論に結びつかない」かのどちらかだ。世論調査のときにも、誤った論理が使われることがある。

調査員：あなたは政府が費用を負担する中絶と、女性の選ぶ権利を支持しますか？

この文では、ひとつの結論が、また別の結論を証明するために使われている。これは「いつ奥さんを殴るのをやめましたか？」という文に見られるような、**ふたつ以上の論点が、ひとつの文に一緒に詰め込まれてしまっている論理の誤り**の例だ。「多問の虚偽」という。

もし私が、あなたが奥さんを殴っていたとほかの人に思い込ませたい場合、「いつ」という言葉を使うことでそれをほのめかす。ひとつ目の質問を飛ばして、ふたつ目の質問から訊いたわけだ。同じように、先ほどの調査員がした中絶に関する質問は、ふたつの質問に対してひとつの答えを求めている。「政府が費用を負担する中絶」に反対すれば、おのずと中絶反対派になるように仕組まれているのだ。

適切な返答：私は、女性が、政府が費用を負担する中絶を選ぶ権利を支持します。

選択の間違いが、同じような論理の誤りにつながる例もある。たとえば、あなたの会社が、新しく猫用の下着を売り出す計画をしているとしよう。

マーケティング担当役員：猫好きの人にアピールすることもできるし、一般の消費者にアピールすることもできる。だが、ターゲットとなる市場を絞りたいので、キャットショー（猫の品評会）での販売のみに限定したほうがいいだろう。

証明：理由は何か？　「猫好きをターゲットにしたい」
結論：何を選択したか？　「キャットショーに的を絞る」

この場合、理由が結論を証明できていない。なぜなら、キャットショーが猫好きをターゲットにするのに最も適した場であるのかどうかを示していないからだ。これは**「誤ったジレンマ」による論理の誤り**である。

ほかにもたくさん選択肢があるはずなのに、このマーケティング担当役員はふたつの選択肢しか示していない。実際は、猫が好むハーブを染み込ませた小さくてかわいらしいネグリジェやガーターベルトをデパートの下着売り場で販売することもできるだろうし、ネットやホームパーティで売ったりすることもできるはずなのだ。

適切な返答：猫好きな人は、キャットショー以外の場所には行かないんでしょうか？

誤って限定されるのは選択肢の数だけではない。証明もだ。

弁護士：私のクライアントのヘルメットは不良品です。そのせいで彼は常にひどい頭痛に悩まされています。陪審員のみなさん、このヘルメットのメーカーには、ひどい過失があるのです。

証明はこうだ。ヘルメットは不良品だ、男性は頭痛がする。だが、本当にそのヘルメットが彼の頭痛を引き起こしているのだろうか？　それだけが原因なのだろうか？　ふたつ以上の原因があるのに、ひとつだけが非難される論理の誤りを「複合要因」という。

適切な返答：「時速160キロで走行しながらビールを飲み、携帯で通話してはいけません」という警告文をヘルメットに添付すべきだったのではないでしょうか？　なぜなら、それこそ原告がしていたことなのだから。

この議論の何がいけないのか？

ウォーターゲート事件のときに問われた「大統領は何を知っていて、それをいつ知ったのか？」という疑問文にも、「多問の虚偽」がある。「いつ知ったのか」という疑問は、初めからニクソンは何か知っていたという前提がないと成り立たず、ニクソンが有罪であることを暗示しているからだ。このひとつの疑問文には、「大統領は何か知っていたのか、もし知っていたのなら、何を知っていたのか」と「大統領が何か知っていたのなら、それをいつ知ったのか」というふたつの疑問が詰め込まれている。

6つ目の大罪：わざと関係のない話をする

いつのことだか定かではないが、その昔、悪人のグループが、自分たちの臭いをたどって追いかけて来る犬を撒《ま》くために、「燻製にしたニシン《レッド・ヘリング》」を使った。ここから、**語り手がわざと関係のない**

話題を持ち出すことを「レッド・ヘリング」と呼ぶようになった。
　だが最近は、レッド・ヘリングがどんなものかも知らない人が増えたので、より一般的な名前が使われるようになってきている。それが「チューバッカ弁論」だ。もとになったのは、アニメ『サウスパーク』のエピソードである。ひとりの登場人物が、自分の曲を盗用したレコード会社に、せめて自分の名前を作曲者としてクレジットしてほしいと求めた。するとレコード会社のほうは、その男性が嫌がらせ行為をしたとして提訴する。レコード会社が雇ったジョニー・コクランという弁護士は、「チューバッカ弁論」を繰り広げる。

　いったいどうしてウーキーが、身長8フィートもあるウーキーが、2フィートしかないイウォークがうじゃうじゃしているような惑星エンドアに住みたがるのでしょう？　これはまったくおかしな話です。ですが、もっと重要で、皆さんが問うべきは、『この話は事件と関係があるのだろうか？』という点です。何も関係はありません。みなさん、この話は事件には何ら関係がないのです！　ですから、思い出してください。これからみなさんが陪審員室で審議することにも……（陪審員に近づき、声を和らげて）何が意味があるのでしょうか？　ありません！　陪審員と思しき皆さん、これはまったくおかしな話です！　チューバッカが惑星エンドアに住んでいるならば、みなさんも無罪の評決を下すべきです！　これで弁護人の弁論を終わります。

　このエピソードは、実際のO・J・シンプソンの裁判で弁護側のコクラン（アニメ『サウスパーク』

のコクランは彼の名前から取っている）が「チューバッカ弁論」を使ったことを風刺している。コクランは、シンプソンが妻と愛人を殺したときにはめていたと検察側が主張する〝手袋〟について、こう言った。「その手袋のサイズが彼に合わなかった場合、陪審員は彼を無罪にすべきだ！」

コクランは、数々の複雑な証拠があるにもかかわらず、たったひとつの証拠をめぐって議論が紛糾するように仕向けたのだ（『サウスパーク』に出てくるコクランの弁護側弁論も実際のO・J・シンプソン事件でコクランが使った弁護側弁論も、先ほど出てきた「複合要因」の例でもある）。

7つ目の大罪：間違った結末

リベラル派：いまでもキャンパスにいるのは白人ばかりなので、アファーマティブ・アクション（マイノリティに対しての差別是正のための特別措置）が必要だ。

この文の「大学のキャンパスは、相変わらず白人ばかりだ」という証明には、問題がない。だが、この証明は選択の裏付けになっているだろうか？　いや、なっていない。真に議論すべきは、はたしてアファーマティブ・アクションが有効かどうか、である。前提となる部分が証明しているのは、問題が存在している、ということだけだ。

「間違った結末」という罪によって起こる論理の誤りは、「滑りやすい坂」と呼ばれる。何かひとつ許してしまったら、そのうち大変なことになってしまうだろう、という論理だ。

もしあなたに夕飯を食べなくていいと言ったら、ほかの兄弟にも、夕飯は食べなくてもいいと言わなくてはならなくなるわ。

おかしな論理だ。ひとりの子どもに夕飯は食べなくてもいい、と言うことが、ほかの子も食べなくていい、ということになると、この親は考えている。どんなルールでも、すべての子どもに同じように適用しないといけない、という子育ての法律でもあるというのだろうか？

理由と結論が混乱している議論のなかで最もよく見られるのは、原因と結果が混乱しているパターンだ。たとえば、あなたの町が教育予算を大幅に削ったところ、翌年の学生のテストの点数が急に下がったとしよう。

教育推進派：教育予算の削減が、私たちの子どもをダメにしている！

どれが理由で、どれが結論だろう？「だから」を挿入して考えてみよう。「町が予算を削減した。だから、私たちの子どもはダメになった」

これで理由はわかった。「町が予算を削った」ことだ。では、この理由は結論を証明しているだろうか？予算の削減が悪い点数の原因なのだろうか？それを証明するものはない。しかも、予算を削ったからといって、そんなにすぐテストの点数が落ちるのか、疑問である。
この論理の誤りは、正式には「前後即因果の誤謬」という。**これのあとにそれが起きたということは、これがそれの原因なのだ、という論理の誤り**である。私はこれを、自分が鳴いたら太陽が昇ってくると考えているフランスの寓話の雄鶏にちなんで「雄鶏の誤り」と呼ぶことにする。もうひとつ例を挙げてみよう。

大学の運営者：我々のニュースレターは大成功だった。ニュースレターを発行したら、卒業生からの寄付金が増えたのだ。

ニュースレターを発行したあとに、寄付金の額が上がった。ニュースレターが、寄付金の金額が上がる原因になったのだろうか？　そうとはかぎらない。だが、この論理はいまも各地の大学にはびこっている。

適切な返答：それはよかった！　でも寄付をする人の割合は減っていますね。それもニュースレターのおかげでしょうか？

政府も同じようなことをやっている。だが結果は惨憺《さんたん》たるものになるかもしれない。

政治家：（声に出して）国の借金を増やしたら経済が回復した！　もっと借金を増やしたら、経済がもっとよくなるだろう！

議論で試してみよう

「滑りやすい坂」には、「譲歩」で対応するといい。相手の言った前提を真剣に受け止めてから、粛々とそれに反論を述べる。

14章のポイント

この章では政治の世界や日常生活で横行しているものに絞り、それを7つの罪に分類した。私が分類した7つの論理上の罪は、突き詰めれば、次の3つに集約される。

- 間違った証明
- 間違った結論
- 証明と結論の分断

1. **間違った比較**：このふたつは似ているから同じに違いない、という誤り。「大衆性に訴える」のも、間違った比較の例である。ほかに、ある選択肢をほかの馬鹿げた選択肢と比べること、今回の件は過去の件と同じだという論理の誤り、「単位の誤り」がある。

2. **不適切な例**：議論を証明するために説得者が挙げた例が、誤りであったり、信用できないものであったり、不適切なものであったり、間違って解釈されたものだったりすることで起こる誤り。「早まった一般化」は、わずかな例を広く解釈してしまうこと。これと関連しているのが「事実の誤認」。例外的な事柄を取り上げて、それがルールだとしてしまうこと。

3. **無知を証拠とする**：議論において、例がないことは、それがないことの証明だ、と主張すること。迷信の類は、この誤りに該当する。

4. **同語反復**：同じ論理を何度も繰り返すこと。証明と結論で同じことを言う。

5. **間違った選択**：与えられた選択肢の数が、実際に存在する選択肢の数と一致していないこと。ふたつ以上の質問をひとつの質問に詰め込んでいる「多問の虚偽」や、本当はもっとたくさんの選択肢があるのに、ふたつしか選択肢を示さないことなど。

6. **わざと関係のない話をする**：論点が何だったか忘れさせるため、関係のない話をして、聴衆の気をそらす。

7. **間違った結末**：証明が結論に結びつかないこと。論理の誤りの多くは、この罪に該当する。最も一般的なのは「滑りやすい坂」で、ひとつの選択をすると、一連の事柄が引き起こされる、と予測すること。もうひとつは、ひとつの事柄がある事柄の次に起こったら、先に起こったことが次に起こったことを引き起こしたのだ、と考えてしまうこと。

15章

議論を台無しにする反則を見極める

レトリックは開いた手の平のようなものであり、弁証法は握りこぶしのようなものである。
——ゼノン（古代ギリシャの自然哲学者）

私が初めて討論というものをしたのは、中学生のころだった。討論のクラブがあったわけではなく、昼休みに友達同士で集まり、ウィットの効いた受け答えを早いテンポでやりあう、といった類のものだった。

私と友人はカフェテリアで、溶けかけたアイスクリームを舐めながら腕相撲をしていた。だが、それにも飽きてきたので、「もしもお前がそれをしたならゲーム」をしよう、ということになった。これは、相手にダメージを与えるような言葉をうまく入れてお互いを罵り合う、というゲームだ。言ってみれば、やじのようなもので、冗談で相手を侮辱するゲームだ。とはいえ本当に侮辱するわけではない。ただ、お互いをゲンナリさせるだけだ。

もしお前がそれをやったなら、目ん玉をくりぬいて串刺しにしてやる。

失礼。だが、読者のみなさんも私自身も思わず引いてしまうようなことを言わないと、このゲームの説明をすることはできない。古典的な、何の役にも立たない退屈しのぎのゲームだが、13歳の子どもなりにウィットを競い合っていたのだ。そして私たちは、知らず知らずのうちに、古代のソフィストを真似ていたことになる。

ソフィストは、相手をやりこめるための論理上のトリックや、同情を誘うようなトリックを使って、ただ勝つために議論していた。ここから詭弁という言葉が生まれ、レトリックはあまり芳しくない評判を得るようになった。ソフィストたちは他人を威圧しようとしていたのであって、審議しようとしていたのではない。だがレトリックの世界では、**議論を口論に変えてしまうのは、最もやってはならない反則**である。

実際のところ、口論をすることは、レトリックにおける唯一の反則と言っていい。スポーツの場合、審判が笛を吹かないかぎり反則にはならないが、これは議論においても同じだ。誰かが論理上の誤りを犯しても、それを見分けるだけではどうにもならない。議論の目的は誰かを説得することであって、〝正す〟ことではないからだ。

純粋な論理は、統率のとれた子どものサッカーのようなものだ。厳しいルールに従って行われ、怪我をする子はいない。だが議論では、タックルが認められている。自分のチームが手を使わないでプレイしているのに相手チームがタックルしてくるような試合に、誰も出たくはないだろう。

日々繰り広げられる議論において、論理上正しくあることだけにしがみついていると、あなたはルールを守ってプレイしているのに、相手がタックルしてくるような試合になってしまう。ただ論理の誤りを見抜くことだけで終わっていては、相手に打ち負かされてしまう。レトリックでは、誤った論理を用いることも認められている。ただし、討論の内容をそらさないもの、口論にならないものである場合にかぎる。

「論理の誤り」を使ってもいい

説得することを目的として話をしているかぎり、レトリックでは、正規の論理学で禁じられている誤りも使っていいことになっている。昔から家庭内でよく行われる会話を見てみよう。

親：出されたものは残さず食べなさい。〈貧しい国の名前〉では子どもたちがお腹をすかせているのよ。

この親は、「間違った結論」という論理上の罪を犯している。証明が選択につながっていない。残さず食べたからといって、第三諸国の飢餓問題が解決するわけではない。事実、こう言われた子どもは、親の発言とは反対のことが真実なのではないか、と指摘することもできるだろう。

賢い子どもの返答：じゃあ、この野菜をその子たちに送ってやろうよ。僕が送料を払うよ。

私の子どもはこんなふうに言い返すのが大好きだが、それは私のせいでもある。子どもたちが論理の誤りにうまく対応できることが私にとっては誇りでもあるので、こういう発言に対しては寛大に振る舞ってきた。だが、**論理の誤りを見抜くことだけで終わってはもったいない。議論をするときには、論理の誤りを使ってもいい**のだ。

たとえば、子どもたちがお腹をすかせているのだから、という先ほどの会話は、論理の上では無意味であったとしても、感情に訴えているという点では意味がある。先ほどの親は、飢餓問題を解決するためにあのように言ったのではなく、子どもに罪悪感を与えるために言ったのである。だから、決して論理的ではないものの、共感を誘ういい言い方なのだ——ただしそれは、子どもが論理の誤りに気づかない場合にかぎる。

よく使われる「権力を理由にする誤り」

前章で紹介した「7つの大罪」ではわざと挙げなかったのだが、ここでもうひとつ論理の誤りを紹介しよう。**権力を理由にする誤り**だ。これは、「担当者がそう言っているのだから、いいものに違いない」という論理の誤りだ。

同僚：上司がそうしてほしいって言ってるんだから、私たちはそうすべきだと思う。

上司の意向があれば、その選択肢はいいものということになるのだろうか？　何のために部下がいるのだろうか？　考えるまでもない。

適切な返答：**よく考えての決断ですか、それとも言われたとおりに言っているだけですか？**

だが、ちょっと待った。この返答は本当に公平だろうか？　上司が本当に頭の切れる人で、誰よりもビジネスのことをよく知っているとしたら？　上司の考えを信用するのはいけないことだろうか？

権力に頼るのは論理の誤りの原因にもなるが、「エートス（人柄）」を使った重要なツールにもなる。もし上司が本社をアンカレッジに移転させたほうがいいと考えているとして、その上司が優秀なビジネスウーマンだとあなたが知っていたとしたら、「アンカレッジへの移転はおそらくいい案なのだろう」とあなたは思うはずだ。

ここが、純粋な論理とレトリックの「ロゴス（論理）」との違いだ。**たいていの場合、議論は、どちらが正しくてどちらが間違っているのかを決めるものではない。どちらが「より正しそうか」というだけである。**

ここでまた私たちは、審議（選択）の議論という漠然とした領域に足を踏み入れることになる。白か黒かの世界も、ここでは可能性というさまざまな色で彩られる。上司の意向であることで決断がより合理的に見えるならば、あなたの同僚が先ほどのような意見をあなたに向かって言うのにも、きちんとした理由があるということになる。そもそも、同僚は上司を説得しようとしているのではなく、あなたに向かって話しているのだ。

議論のルールはほとんどない

論理を重視する親はたいてい、子どもが友達を権威とするような話し方をすると、その誤りを指摘する。

子ども：友達のエリックが、ラボンバ先生は意地悪だって言ってたわ。
親：エリックが先生のことを意地悪だと言ったからって、それが本当だとはかぎらないわよ。

だが、ここで大切なのは、本当かどうかということだろうか？　子どもは事実ではなく、意見を言ったのだ。アリストテレスもおそらくこの子の肩を持つだろう。審議の議論において最も優れた裁判官となるのは、その判断から最も強く影響を受ける人だからだ。もしこの子が、エリックは心理学に長けているのだと親を納得させることができれば、ラボンバ先生が意地悪である確率は上がるだろう。

子ども：そうかな？　あのことを覚えてない？　前にエリックが、ラーソン先生が何か隠しごとをしているようだと言ってたら、そのうち警察が来て、ほかの先生のお金を盗んだ容疑でラーソン先生を逮捕して、刑務所送りにしたことがあったでしょ？

エリックが俄然、優秀な法廷心理学者のように見えてきた。論理学と、レトリックにおける基本的な違いは、**論理学にはルールがいくつもあるが、議論のルールは数えるほどしかない**、という点だ。

枝分かれしたものはいくつかあるにしても、実質、**議論のルールはひとつだけ**。「**議論できないものを議論しない**」ということだ。「**議論の進行を妨げてはいけない**」と言い換えることもできる。満足のいく結論を得るのを妨げることは、反則である。

議論は、誰かが喧嘩ごしになったり、論点をそらしたりしないかぎり、結論に到達する。レトリックでは、喧嘩ごしになったり論点をそらしたりすることも反則だ。いずれも、議論できないことを議論することになってしまうからだ。

「論理の誤り」は議論で役立つこともある

次の文は、先に挙げた文と同じく、「間違った結論」を導いている。証明が選択肢につながらないのだ。

いま撤退すれば、兵士たちは犬死にしたことになってしまう。

この文（省略三段論法だ。覚えているだろうか？）では、結論と思われるもの――兵士が犬死にする――が、証明になってしまっている（省略三段論法の場合、〝なぜなら〟という言葉を挿入することで、証明を見つけ出せる。「我々はいま撤退すべきではない、なぜなら、兵士たちが犬死にしたことになってしまうからだ」）。ここで選択すべきは「撤退するかしないか」である。だが、示されている証明が、この選択肢につながっていない。この文は、原因と結果の関係に問題がある。戦争を続ければ、兵士たちが犠牲になったことに意味を持たせることができるのだろうか？　できるかもしれない。ただし、それは戦争に勝った場合にかぎられるし、この文では、勝つ見込みについては一切触れられていない。

企業が同じような誤りを犯して、損に損を重ねる例もある。潰れかけた会社を買収したあと、すでにつぎ込んだ資金が無駄になることを怖れて、次々とこのひどい合併にお金をつぎ込むといったケースだ。

こういったコストを経済学では埋没費用《サンクコスト》という。家庭でも、同じような誤りは起こりうる。ある男性が、高級壁掛けテレビを家に持って帰ってきたところ、家の壁には取り付けられないことがわかった。そこで彼はもう千ドルかけて、特注のテレビ台を注文した。だが、そのテレビが不良品だったので返品したところ、そのモデルのテレビはすでに生産中止となっており、代替品となるのはサイズの異なるテレビしかなかった。そこで彼はテレビ台を注文した店に戻り……。

相手が誤った論理を使ったとき、それに気づくのが大切だというのは、みなさんもよくわかるだろう。けれど、正規の論理では禁止されている「論理の誤り」も、議論では役立つこともある。

先ほどのお腹をすかせた子どもたちの話も、論理としては間違っていても、感情に訴えるのには役に立つ。市民が命を捧げた戦争を途中で放棄することを耐え難く感じる人は、大勢いるのだ。未来形を使い、戦争に勝つ見込みに焦点をあてて話をしているかぎり、レトリックのルールには、従っていることになる。

よくある誤り

損に損を重ねる：失敗したときのやり方を繰り返すことで、ミスを挽回しようとすること。論理的には誤りだが、人間は、感情的にこのミスを犯しがちだ。心理学用語でいう「損失回避」とも関連がある。私たちは、多くの利益を得るチャンスよりも、小さな損失を被るリスクを回避するために、より多くのお金をつぎこむ傾向があるのだ。

ニクソンが使った見事な技法

実は、反証しようとするときにも、感情に訴える方法を使うことができる。

レトリックを使った話し方：兵士が犬死にしたなどと言うな！　この戦争に勝てば、亡くなった兵士たちの死に報いることができる。

〝撤退〟という言葉の意味が、〝不名誉な敗北〟から〝勝つこと〟に変わった点に注目してほしい。なかなかうまいレトリックだ。

ニクソンはこの方法を、ベトナム戦争のときにうまく取り入れた。審議の議論は、論理と違って、真実を探求するためのものではない。どれが最もいい選択肢であるかを探求することが目的なのだ。言葉が意味するものを変えることによって、聴衆が戦争を支持すべきかどうか決断するのを後押しできるなら、あなたの使った「論理の誤り」は反則ではない。より論理的に正しい発言が、聴衆にどんな影響を与えるかを考えてみるといい。

論理的な話し方：それは論理の誤りだ！　戦争がうまくいかなかったら、もっと多くの兵士が犬死にすることになるんだぞ。

こんなふうに堅い返答をしたら、あなたは冷徹で心のない人間に見えてしまうだろう。現実の兵士の死は、論理上の死よりも痛みを伴う。それに、ここで論理の誤りを指摘して反則を宣告するのは、アイスホッケーで相手がぶつかってきたことに腹を立てるのと同じ。どちらも相手からの謝罪は期待できない。

合理的かつ熱意があるように見せる方法

論理の誤りが効果的に使える例を、ほかにも見てみよう。大衆性に訴える方法だ。

子ども：私がバスに乗って学校へ行くと、みんながからかうの。私が変だって言うのよ。

この子は「ロゴス（論理）」を使う代わりに、感情に訴える方法を使っている。子どもに甘い親には効くかもしれない。だが、レトリックを重視する親なら、冷静に返すだろう。

適切な返答：日ごろの行いが人格を作るの。からかう子は、そういう人間になる。バスに乗るのも同じよ。

こう答えたことで、高潔な「ロゴス」の領域から、もっと身近で飾らない「パトス（感情）」と「エートス（人柄）」の領域——感情を操作し、個人攻撃する領域——に移った。レトリックが得意とするところだ。

「ロゴス」だけでは、人の信を得ることはできない。論理的な議論でなら勝てる戦略も、政治的な議論には通用しないだろう。この原則を実際に示してくれたのが、1988年大統領選挙運動中のマイケル・デュカキスだ。このとき彼は悪意のある質問に対して、ひどい返答をした。テレビ討論で、司会のバーナード・ショーに、あなたの妻が性犯罪の被害者になったらどうするか、と訊かれたときのことだ。

ショー：デュカキス知事、もし奥様のキティ・デュカキスが強姦された挙句、殺害されてしまったら、あなたは殺人犯の死刑を支持しますか？
デュカキス：いいえ、支持しません。私がずっと死刑に反対していることはご存じですよね。

このときの冷静で筋の通った返答は、彼がいつでも「ロゴス」の人なのだ、と人々に再認識させただけだった。それまで、世論調査ではデュカキスが優勢だった。しかし、彼は論理に固執しすぎたことで、選挙で敗れるという代償を払うはめになったのだ。

では、なんと答えればよかったのだろう？　正しいことを言えば、自分が高潔だと感じることができるだろう。けれど、相手を説得したいなら、そのための話し方をしなければならない。たとえば、怒るという戦略を使えば、デュカキスの説得力は増しただろう。

レトリックを使った返答：ショーさん、それは攻撃的な質問ですね。そういう低俗な質問が、いまの政治をダメにしているのです。あなたは私の妻の話を持ち出すべきではないし、私に謝罪する義務があると思う。

こう言えば、ショーは謝罪したかもしれない。また道徳的に優位に立てたら、デュカキスは論点を自分に有利なものに変えることができたかもしれない。

レトリックを使った返答：個人的な話を絡めないで、死刑制度について話しましょう。死刑は、個人的な報復をするための制度ではありません。犯罪を減らすための制度のはずです。だが、ご存じのとおり、犯罪者の死刑を執行しても犯罪が減らないのが実状です。

こんなふうに言えば、彼は、頼りがいがあって熱意もある、合理的な人間に見えただろう。論理の誤りが、ほぼ禁じられていないことが、おわかりいただけたことと思う。だが、もちろんレトリックにも制限はある。「議論できない事柄を含む議論」は、反則だ。いくつか、その例を見てみよう。

反則1：間違った時制を使う

いい政治家：我々は、急増している高齢者医療費の問題の解決策を考え、若い世代がシニア世代を支えつづけられるようにしなければなりません。

悪い政治家：若者は高齢者を非難するが、それは間違いだ！

悪い政治家が、**話を未来のことに戻さないかぎり、ここから先に議論は進まない。**彼が未来形を使った話し方に変えれば、挽回できるかもしれない。

レトリックを使った話し方：高齢者問題だけを分離して議論するべきではありません。政府の支出については、国民が等しく負担すべきです。ですから、国の赤字について、もっと幅広い観点から話し合うことを提案します。

聴衆を味方につけるためには、審議（選択）の議論において、演示（価値）のレトリックを使うのもいいだろう。だがその場合、すぐに現在形から未来形を使った話し方に変えなければならない。未来のことについて選択するときに、現在形で話すのは難しいからだ。相手がいつまでも現在形や過去形を使って話している場合は、反則を宣告しよう。

レトリックを使った話し方：お互いを責めたり説教したりするのはやめましょう。国民は、我々がどのようにこの問題に対処するのかを知りたいはずです。

未来から目を背けていると、家庭生活もうまくいかなくなることがある。例を挙げてみよう。私の妻は、私がいかにだめな夫かを私に思い知らせたいとき、決まって「夜の講座事件」の話を持ち出す。何年も前のことになるが、妻が夕飯の時間に、自分の双子の姉のジェーンが社交ダンスを習っている、という話を何気なくしたことがあった。ジェーンの夫がダンス教室にふたり分の申し込みをしたらしい。これにヒントを得た私は、妻とふたりで夜に開講している講座に通えるように申し込みをした。コンピューター・プログラミングの講座だ。素晴らしい講座で、私たちはふたりとも「A」の成績をとったのだが、妻にとってはいい思い出にはならなかったようだ。

妻：あの件では、まだあなたを許してないわ。ずいぶんロマンチックだったわよね！
私：ロマンチックなことがしたいなんて、君は一言も言ってなかったじゃないか。僕は『夜の講座』って聞いて、それなら時間的に行けると思って申し込んだんだよ。
妻：コンピューター・プログラミングのね。
私：君の意向を取り違えてしまったみたいだ。あのときも謝ったけど、いまも悪かったと思ってるよ。それじゃあ、社交ダンスを習いに行くかい？
妻：わかってないわね。

たしかに、わかっていなかった。いまさらロマンチックなことをしようとしても、もう妻にはロマンチックには感じられないだろう。それに、私たちは議論できない領域に足を踏み入れてしまっている。私は、未来形を使った話し方に変えてみた（「社交ダンスを習いに行くかい」）のだが、妻は私の提案をひねりつぶして投げ返してきた（「わかってないわね」）。

私の妻が言った「わかってないわね」という言葉も、何の解決にもならない。いったい私はどう返すべきなのか？　反則を宣告することもできたかもしれない。

レトリックを使った話し方：(傷ついた様子で) 自分は鈍感で馬鹿な奴と結婚してしまった、と言いたいんだね。

ずいぶんと極端な話になってしまった。だが、わざとそうして、同情を誘ったのだ。

妻：あなたはそれほど鈍感じゃないわよ。あなたと結婚してよかったと思ってるわ。
私：じゃあ、馬鹿だとは思ってるのかい？　僕は〝鈍感で馬鹿だ〟って言ったんだ。
妻：あら。

今後も妻が嫌味を言うことはあるかもしれないが、とりあえずは私の勝利だ。まあ、責められても仕方ない。責めたところで、ダンスができるようにはならないけれど。

反則2：〝正しいやり方〟にこだわる

この反則の問題点は、未来のことを扱わないところだ。審議(選択)の議論の中心は、「何が有利か」という点だ。**正しいか間違っているかにこだわると、反則になる。**
妻は私がこの話をするのを嫌がるが、私たち夫婦がこれまでに最も長い時間をかけて議論したのは、「クリスマス・イブに桃の缶詰を食べることについて」だ。妻はずっと、桃の缶詰を、クリスマス・イブのディナーに出すことにこだわっていた。

私：家族の誰も、桃の缶詰が特に好きだってわけじゃない。君だって好きじゃないだろう。
妻：私の実家では、クリスマス・イブにいつも食べてたのよ。
私：それは君が子どものときの話だろう。僕の家ではフランクフルトと豆を食べてたよ。だけど、僕がクリスマス・イブにフランクフルトを食べたいって叫んだことはないだろう。
妻：伝統なのよ。ただそれだけ。
私：僕らで何か新しい伝統をつくればいいじゃないか。新鮮な洋ナシとか、シングルモルト・ウィスキーとか。
娘：（元気よく）M&M'sのチョコレートとか！
妻：新しいものは伝統とは言えないわ。
私：クリスマスっていうのはキリストの誕生を祝う日だろう！〝新しく〟赤ん坊が生まれたことを祝う日なんだから……。
妻：こんなことで議論してないで、クリスマスを正しい方法で楽しめないものかしら？

〝正しい方法〟という言葉は、**選択肢を排除してしまう。選択肢がなければ議論が成り立たなくなる**ので、これは反則だ。相手がこの反則をしたら、あなたのとるべき道はいくつかある。まずは反則を宣告する。

私：〝正しい方法〟は、家族みんなが喜ぶ料理にすることだよ。新しく僕たちの伝統をつくってみないか――。

あるいは、議論を突然終わらせるのもいいかもしれない。

私：解決策が得られるような議論ができないなら、君と話していても無駄だな。

あるいは、自分の言い分を通すことよりも夫婦関係のほうが大切だ、と決めることもできる。私がとった方法はこうだ。「黙って桃を食べる」。これが、意外にも説得力があった。妻はこの議論に勝ったことに気をよくして、次の年のクリスマス・イブには、ピーチ・パイを出してくれたのだ。というわけで、これが我が家の新しい伝統になった。

頑固な相手に試してみよう

誰かが「正しい方法と間違った方法がある」と言い、しかもあなたの方法が間違っていると言いはじめたら、その相手が過去にとった方法が間違っていたときのことを例に挙げて、こう言ってみるといい。「それが正しい方法だと言うなら、私はむしろ間違った方法を支持します」。

反則3：相手を侮辱したり、攻撃したりする

もうひとつの反則は、相手に恥をかかせることだけを目的とした議論だ。これも、現在形を使っていて、誰が味方で誰が敵かという思考に基づいている。相手に恥をかかせるための例を挙げてみよう。もちろん出典は、『ザ・シンプソンズ』だ。

ウィガム署長：ひとつ頼みがある。黙れ。

相手を侮辱するのは、議論せずにただ相手をからかうのと同じだ。侮辱とは、ただ優越感をもちたいがために——点数を稼ぐため、あるいは相手に恥をかかせるためだけに——するものだ。同じことを、13歳の少年たちがやっているのを耳にすることがあるだろう。言葉遊びのいい練習にはなるかもしれない。だが、相手を侮辱しても、何かを決断することにはつながらない。

笑いを誘うような皮肉で、相手を何気なく侮辱する方法もある。これに対して抗議すると、馬鹿に見えてしまう。

上司：君がネクタイをしているところを見られるなんて、嬉しいね。
私：私はいつもネクタイをしていますよ。

議論に勝つために相手の「エートス（人柄）」を攻撃するのは、いい戦略だ。だが、聴衆を説得するためでなく、ただ相手の品位を貶《おとし》めるためだけに相手を皮肉るのは、反則だ。

そういう皮肉は相手を侮辱しているのと同じ。実際、私の上司はさっきのような皮肉を言う人だった。私の恰好を見て嬉しいと言うことで、私がいつもそういう恰好をしていないと暗示したのだ。もちろん事実ではないが、否定もできない。議論できる事柄ではないからだ。

こちらも皮肉で返してやることもできただろう。だが、皮肉は言わなかった。上司の皮肉に乗ってやるほうがいい。

私：このネクタイがお目に留まったなら、これから毎日このネクタイをしてきますよ。
上司：それには及ばないよ。

レトリックで**反則となるのは、「間違った時制で話すこと」、「選択の話ではなく価値観をめぐっ**

て議論すること」、「**相手を攻撃するために議論すること**」、「**侮辱することで相手を議論から遠ざけてしまうこと**」。これらは突き詰めれば、「同族意識を煽るような話し方をして、審議（選択）の議論を妨げること」でもある。議論を妨げるものすべてが、皮肉のように巧妙なわけではない。たとえば〝脅し〟は、はっきりとした形で、極端な同族意識を煽る。

脅しは思考をまったく必要としない。古代ローマ人はこれを「威力による議論」と呼んだ。近ごろの親は、権威を振りかざすようなことはしないものの、相変わらず脅しのテクニックを使う。「ピアノのレッスンに行きなさい、きっと楽しいわよ」希望的観測なのか脅しなのかは、声のトーンによる。たいていの場合は後者だ。これは最もひどい反則だ。なにしろ、聴衆が選択するのを許さないのである。選択肢がなければ、議論することはできない。

ここで、同族意識を煽るのではない反則をひとつ挙げておかなければならないだろう。**極端に馬鹿げたことを言うという反則**だ。

「馬鹿とは議論するな。はた目にはどっちが馬鹿だかわからない」とは、マーク・トウェインの言葉だ。アリストテレスは、相手がよければ議論するのは容易い、と述べた。根拠のない侮辱を除けば、議論において最もありがちな愚行は、話している本人が自分の論理の破綻に気づかないことだ。イギリスのコメディグループ、モンティ・パイソンの寸劇を見てみよう。

M：ちょっと待った、これは議論じゃない。

A：いや、議論だ。

M：いや、議論じゃない。意見が食い違っているだけだ。
A：いや、食い違ってない。
M：食い違ってる。
A：食い違ってない。
M：ほら、いま君は僕と意見が食い違っている。
A：食い違ってない。
M：いや、食い違った。
A：食い違ってないったら、ない。
M：いま、食い違った。
A：ナンセンスだ！
M：これじゃあ、きりがない。
A：いや、きりがなくない。

弟や妹がいる人なら、幼いころにはよくこの反則に苦しめられたことだろう。**議論不能な領域に足を踏み入れてしまったと気づいたら、そこから抜け出さなくてはならない。**

２０１６年の大統領選の第３回テレビ討論会でのやりとりを見てみることにしよう。この討論会で、ドナルド・トランプは、ロシアのウラジーミル・プーチン大統領がヒラリー・クリントンに対してまったく尊敬の念を抱いていない、と発言した。これを聞いたクリントンはこう言い返した。

「プーチン大統領にとっては、操り人形が米国大統領になってくれたほうが都合がいいから」

トランプ：操り人形じゃない！　操り人形じゃない！

クリントン：あなたが自分で認めようとしないのは明らかに……

トランプ：操り人形は君だ。私じゃない、操り人形は君だ！

きちんとした討論を聞きたがっていた耳の肥えた人たちは、このやりとりを聞いて落胆したに違いない。一方私は、「操り人形は君だ」と書かれたTシャツを注文しに行った。

反則4：真実らしさ

この反則を紹介するのを、最後までとっておいた。これは反則中の反則だからだ。**人間というのは真実らしく思えることだけを信じる傾向がある。**これを説明するために、コメディアンのスティーブン・コルベアが考案したのが、「真実らしさ」という語だ。

気候の変動を例にとってみよう。地球の温度は1880年から2012年までのあいだに少なくとも1・5度上がっており、いまも上昇しつづけていることが、データ上ではこれ以上ないくらいはっきりと示されている。最も暑かった年を、暑かった順に並べると、2016年、2015年、2014年、2010年、2013年、となる。こうしたデータは、海水温度や陸地の温度を測定する何千という機械から得られたもので、さまざまな政府機関や民間の団体が、こうした機械の設置や運用を資金面で援助している。

NASAによれば、〝積極的に調査結果を発信する〟気候科学者の97%は、この100年間に進んだ温暖化の原因のほとんどは人間にある、と述べている。それでもなお、アメリカ人の半数以上が、温暖化は〝自然現象〟だと信じている。さらに3分の1のアメリカ人は地球が温暖化していることすら信じていない。

歴史を振り返ってみるとどうだろうか。かつて、そう遠くない過去――私が子どもだったころも含む――科学は〝信じる〟ものではなかった。科学はあくまで科学だった。

私たちは、ニュースや流行に対しても、〝真実らしい〟ものだけを信じるようになってしまった。**自分たちが信じているものを裏付ける出来事だけが、真実らしく見える。**細心の注意を払って集められた統計から導き出された長期的な展望も、自分の意見を裏付けるものでなければ、真実らしくは見えない。

数年前テキサス州のダラスで、何人かの女性とレストランの中庭で食事をとっていたときのことだ。マルガリータを飲み、ブリトーを食べながら話をしていると、ひとりの女性が、オクラホマ州で通学途中の女の子が誘拐された話をしはじめた。そこにいた女性たちは、ひどい話だ、と言うふうに首を振った。「その子の親にも責任があるわ」と、ある女性は言った。

現在の犯罪発生率は、私が子どもだった1960年代に比べると、実際にはとても低くなっていると話してみたのだが、私のことを信じる人は誰もいなかった。ケーブルテレビから流れてくるニュースのほうが、私が挙げた統計よりも信じられるというわけだ。

政治的な話題でも、〝真実らしい〟ことが真実をのみこんでしまい、左翼にも右翼にも影響を与えている。試しに、銃所持反対派の人に、銃による殺人件数は1990年代の半分になっていると言ってみるといい（この統計は全米ライフル協会によるものではなく、シンクタンクのピュー研究所が発表したものだ）。一方銃マニアには、あなたの銃が誰かを殺害する可能性があるとしたら、それはあなた自身である可能性が最も高いと言ってみるといい（ピュー研究所によれば、銃による自殺は増加傾向にある）。

気候変動や、犯罪や、銃の話題を持ち出したのには理由がある。少し前の章で、「ロゴス」は聴衆の信念や期待に沿って働くものだというアリストテレスの考えを紹介した。もし、すべての人が科学を理解し、科学的にわかっていることを信じているなら、大勢の聴衆がいたとしても、彼らは同じことを信じ、同じことを期待しているということになる。したがって、実際に存在する事実を示しさえすれば、聴衆を説得できる。

だが問題は、**「ロゴス（論理）」は「パトス（感情）」の上に成り立つものであり、「ロゴス」がうまく働くかどうかは、人が事実をどのように解釈するかによる**、という点だ。私たちは、まるで洋服を試着するかのように、真実が自分の政治的思想に合うかどうかを試している。

私たちにとってのいいニュースは、〝真実らしさ〟を技法に利用できる場合がある、ということだ。その人の「ロゴス」が十分な力をもっているときは、話しながら自分で事実を作りあげてしまうこともできる。

「エートス」のかたまりのようなドナルド・トランプは、気候変動は中国人が広めたデマだと語った。その後、彼はその発言を否定したが、いずれにしろ自分は気候変動が起きているとは信じていない、と語った。しかしその後、気候変動が起きていることを、いくらかは信じているという発言に変わった。トランプ支持者には、彼の発言であればどれも真実らしく聞こえた。

次は悪いニュースだ。かなりの数のアメリカ人がメディア（私の仕事部屋と私自身はその一部なのだが）や科学者、統計あるいは当局が出す意見を真実らしいと思えないならば、私たちが頼れるのはもはやレトリックという伝える技術だけ、ということだ。

だからこそ、次の16章で紹介するように、どこでどんなレトリックが使われているかを見抜くことがとても重要になってくる。

15章のポイント

この章では、論理における誤りと、議論を妨げるものについて見てきた。前章の7つの大罪＋1、である。だが、こうした反則は〝間違っている〟わけではない。なぜならレトリックにはきちんとしたルールなど存在しないからだ。だが、反則をすると、審議（選択）の議論が先へ進まなくなる。そういう意味で、反則なのだ。レトリックとしては、論理の誤りを用いるのもときにはよし、と認めている。だが、議論できないことを議論することはできない。

4つの反則は次のとおり。

1. **間違った時制を使う**：未来形を使わないで話すと、話が進まない。

2. **頑なにルールを守ることを主張する**：暴力に訴えたり、自分とは異なる意見を聞かなかったりする。

3. **相手を侮辱したり、攻撃したりする**：侮辱、皮肉、脅し。また、極端に馬鹿げたことを言うと、議論不能になってしまう。

4. **真実らしさ**：自分の意見に合わないものを信じようとしない。

16章

相手を信用できるか見極める

徳とは、何かを選択するときのその人の性質や態度が、中庸であること。
——アリストテレス

母がビリヤード台を買ったとき、なぜ一緒にいなかったのかと後悔している。母から父への贈り物として、ビリヤード台だけは避けるべきだった。父はビリヤードが嫌いなうえに、たいそうなケチである。父にとって楽しいことと言えば、何かを発明することだった。

母は、父の日にシャツを贈ろうと思ってデパートに買い物に行ったときに、このビリヤード台を見つけたそうだ。母はシャツの代わりにビリヤード台を買い、夕飯のあとそれを見せようと、父に目を閉じさせて、地下室へ続く急な階段を父を連れて降りていった。ビリヤード台は、それまで卓球台があったところに置かれていた。

母：見て！
父：なぜ、こんなものがここにあるんだ？
母：ビリヤード台よ。

私自身は、最高の父の日だと思った。テレビのリアリティ番組のようじゃないか。だが、両親は喧嘩こそしなかったものの、どちらも困惑している様子だった。私は階段に腰掛けて、ふたりのやりとりを楽しく聞いていた。

父：何かほかのものと交換してくるよ。

母：あなたがビリヤードをするために買ったのよ！

父：僕はビリヤードなんてしないよ。

そのビリヤード台は、次の日にはもう姿を消していた。なぜ母があんなものを買ったのか、長年の謎だった。セールスマンの腕が素晴らしかったに違いない。彼は特に何かうまい手を使ったわけではなく、母の弱点を利用したのだろう。母は少々騙されやすいところがあって、議論ではいつも最後に出た意見に同意するような人だった。だが、決してまぬけな人ではないし、衝動買いをするような人でもない。ずいぶんあとになってから、私は母にどうしてビリヤード台を買うはめになったのか訊いてみた。

母：セールスマンがうまかったんだと思うわ。ビリヤード台がお父さんへのプレゼントとして一番いい、と思い込まされたのよ。

私：でも、その人は父さんのことは知らないじゃないか。
母：知っているかのように見えたのよ。

「エートス（人柄）」を使ったテクニックのようだ。ここで「エートス」の原則を思い出してみよう。「公平無私（思いやり）」「徳（大義）」そして「実践的知恵（技能）」の3つだ。説得者が聴衆の心を揺さぶるのに使うこの3つの道具は、自分を〝信用できる人〟に見せたいときにも役に立つ。

セールスマンに試してみよう

医者は、製薬会社のセールスマンから大量の贈り物をされても、自分がそれに影響されることはないと言い張る。だが実際は、贈り物をもらった医者が、それを持ってきたセールスマンの会社の薬を処方する回数は、それ以外の会社の薬を処方するより4倍も多いという。セールスマンのテクニックの仕組みはこうだ。まず、「何か見返りを期待して贈り物をしているわけではありません、友情のしるしです」とはっきり医者に言う。すると医者は、贈り物をもらったことと薬の選定を分けて考えようとする。だが、セールスマンとの〝友情〟の影響で、その人から聞く情報はほかの情報よりも説得力があるように聞こえてしまう、というわけだ。あなたは仕事の関係者から贈り物をもらうことがあるだろうか？　懸念すべきは、贈り物そのものというより、送り主との関係性だ。贈り物をしてくる人とは、顔を合わせてビジネスの話をしないほうがいい。すべての情報を文書で教えてもらうようにすることだ――郵送でもメールでもいい。顔をつき合わせるより理性的になれる。これについてはあとの章でも詳しく述べる。

議論の流れがつながらないところを見つける

そのセールスマンは、自分には私利私欲がないと母に示したに違いない。レトリックの研究者、ケネス・バークによれば、「エートス（人柄）」はまず聞き手のニーズに働きかけるものだという。説得者は、あなたのニーズを満たすのはあなたでもほかの誰かでもなく、説得者である自分であるとあなたに信じ込ませる。セールスマンやマーケティング担当者は、自分が提案するものこそあなたのニーズを満たすものだ、とあなたに信じ込ませてあなたを操ろうとする。男性が車の広告に映っている美しい女性に惹かれてしまうのは、その男性のなかに女性へのニーズがあるからだ。

だが、どうやら私の母の場合は少し違うようだ。母は、ただ父に喜んでもらいたいだけだった。それなのに、父を喜ばせるのはビリヤード台ではないと知っていた母が、なぜビリヤード台を買ってしまったのだろうか。

私：そのセールスマンは何て言ったの？

母：いま思い出せるようなことは、特に何も言わなかったわ。でも、とてもよくしゃべる人だった。それだけは覚えてる。

私：見た目もよかった？
母：いいえ、よくしゃべる人だっただけよ。
私：じゃあ、何て言われたかは覚えてないんだね。彼のしゃべり方は感じがよかった？
母：わからないわ。どうしてそんなことを訊くの？　彼とはとても気が合ったものだから、私が何を求めているか、彼なら本当にわかっているような気がしたのよ。

さて、いよいよ核心に近づいてきた。そのセールスマンは母が欲しがっているものがわかったので、父が欲しいものなど知る必要はなかったのだ。母は、自分のことを理解してくれそうな、話し好きで、礼儀正しいセールスマンに応対してもらいたがっていた。そこで、彼は自分を、一緒に父の日の贈り物を考える協力者、つまり同じ関心をもっている人だと母に思わせた。それで母は彼と気が合うと感じたわけだ。

想像するに、そのセールスマンは「ちょうどいいものがあります」という古典的なセリフを言ったことだろう。母にしてみれば、そのセールスマンは自分のニーズに共感し、それに応えてくれる人であるように見えたのだと思う。あなたが同じような状況に出くわした場合、どうやったらそのことに気づけるだろう？

防御策として万能な秘策がある。それは**論理の流れがつながらないところ**（**論理の分断**）**を探し出すことだ。**論理の流れを短くまとめてみることで、論理に誤りがあるかどうか確かめることができる。**あなたのため、と装ってあなたを操ろうとする人がいたら、彼のニーズとあなたのニーズとの**

あいだに、論理的なつながりがあるかどうかを考えてみるといい（誰かに贈り物をする場合は、あなたと贈られる人のニーズについて考えてみることだ）。

ビリヤード台については、3つの分断がある。母が欲しいものと父が欲しいものはまったく違う、セールスマンが望んでいるものは、母の望み、父の望みと違う。そのセールスマンは、母と自分のニーズの違いを埋めるために、一時的に温かい関係を築いたわけだ。販売手数料のことを気にしているのではなく、ただ母を――本来ならば父を――喜ばせたいだけだ、と。

あなたのニーズと説得者のニーズの両方を満たすものは、私利私欲のないものになる。たとえば、先ほどのセールスマンが母のいとこだったとしよう。その場合、ふたりのニーズは一致する――そのいとこに私利私欲はないことになる。

本当に私利私欲がないのか見極める方法

私利私欲がないように装っても、その偽りは簡単に見破ることができる。なぜなら、選択肢にそれが透けて見えるからだ。政治家は、自分には私利私欲がないと言いながら、あつかましいほどの利己心を表すものだ。サウスダコタ州の上院議員、ジョン・スーンは、上院議員になる前に、ある鉄道会社のためのロビー活動をしていたのだが、その鉄道会社に有利なプロジェクトに賛成の票を投じた。スーンは、こんな偽善的な言葉で自分を弁護した。

議員が、有権者に代わって実務的な知識を活用するのを禁止するなら、代表制という政治形態が損なわれてしまうと思う。

倫理上問題があると糾弾された政治家が、自分が行った活動を理論上禁止している法律に異を唱えて、論点をそらしているのがわかるだろう。

さらに「エートス」に矛盾があることもわかる。このプロジェクトが国にとっていいものかどうかは判断するのが難しいが、そこにスーンの利害が絡んでいるのは明らかだ。果たして彼は、自分に私利私欲がないことを示すのには見事に失敗したが、罪には問われなかった。一貫して利害関係があることを認めなければ、政治的な争点にもならないのだろう。

防御策は、とにかく論理の流れがおかしいところがないかどうかを見極めることだ。誰かが論理的な議論をふっかけてきたら、その議論に含まれている例示と、共通認識と、選択肢がきちんとつながるものかどうか、心のなかで素早くチェックしてみよう。

もし、その議論があなたに重大な不利益をもたらす内容を含んでいたら――セールスマンは、あなたとあなたの家族を幸せにすることを願っているかのように振る舞うだろうが――彼のニーズとあなたのニーズのずれを探してみるといい。

母がもっとレトリックのことを知っていれば、セールスマンの親切心が自分のニーズとずれていることを見抜いて、彼を非難することができたかもしれない。母たちのやりとりを振り返ってみよう。

母：男物のシャツ売り場はどこか教えてもらえます？
セールスマン：よろしければ、そこまでお連れしますよ。父の日の贈り物ですか？
母：そうなんです。ありきたりだとは思うんだけど、ちょうどシャツを買わなきゃと思っていたところだったので。
セールスマン：なるほど。たしかにありきたりかもしれませんね。うちの母は毎年盛大に父の日を祝ってましたよ。父の誕生日よりもね。
母：お母様はどんな物をプレゼントなさってたの？
セールスマン：（いま思いついたかのように）いくつかご提案しましょうか？

このとき、母は無防備な状態だった。もし母が機転が利く人だったなら、自分にふたつのことを言いきかせたに違いない。

1. 彼はセールスマンである。
2. 彼は私に何かを見せたがっている。

このふたつが揃えば、彼に私利私欲がないということはまずないだろう。

母：（嬉しそうに）何を見せてくださるの？
セールスマン：あちらにございます。きっとお気に召すと思いますよ。
母：誰のためのものかしら？
セールスマン：旦那様をあっと驚かせるような、特別な父の日の贈り物になりますよ。
母：じゃあ、夫のためのものなのね？
セールスマン：いいえ、実際はご家族みなさんで楽しめるものです。
母：それを見たら、シャツ売り場に案内してくださる？

母が、誰のためのものなのか、と訊いたとき、セールスマンはその質問をうまくはぐらかした――私利私欲が絡んでいることの証拠だ。それを見抜くことができていれば、母は売り込みをストップさせることができたはずだ。現実には、母はこのように会話を進めることができなかったので、30ドルのシャツを買う代わりに2000ドルのビリヤード台を買うことになってしまった。

セールスマンは自分を平均的な人に見せる

「エートス（人柄）」のふたつ目の特徴である「徳があること」にも、ずれが生じることがある。これは、虚偽を見つけ出すいいヒントになる。虚偽を見つけた場合、たとえ話している人のことを知らなくても、その人が話している最中に反則を知らせる旗を揚げることを、アリストテレスなら許してくれるだろう。というのも、アリストテレスは「徳」をこんなふうに定義しているからだ。「何かを選択するときの、その人の性質や態度が、中庸であること」

あなたの言いたいことはわかっている。アリストテレスの定義は、これまであなたが知っていた徳の定義とはかなり違うものだろう。だが、しばらくすれば、アリストテレスの言葉の意味がわかるようになってくるはずだ。そして、あなたも自分の評判を高めるのに、アリストテレスの言ったことを利用できるようになったり、ほかの人の人柄を評価するときに使えるようになったりする。

その人の性質や態度とは「徳」のことであり、恒久的なものではない。議論のあいだだけ存在するもので、説得者でなく聴衆の期待に合わせたものである。嘘つきであるかもしれないし、泥棒であるかもしれないが、あなたがその人のことを徳が高い人だと思えれば、その人は徳が高い人なのだ——レトリック上、そして一時的に。これが、当面の間、その人の人柄ということになる。

「徳」は、説得者が提示した選択肢からにじみ出るもの、あるいは説得者があなたに売りつけようとするものからにじみ出るものだ、とアリストテレスは言った。選択をさせない説得者——脅しを使って気をそらさせたり、議論を過去や現在のことに限定したりする——には、「徳」が欠けている。

中庸であることは、審議（選択）のレトリックの根幹をなすものである。**アリストテレスは、両極端なものの真ん中にある意見を言うことで、どんな質問にもうまく返した。**徳のある兵士とは、臆病でもなく無鉄砲でもなく、ちょうどその中間の人である。敵に向かって飛行機で飛んでいくことはせず、次の日も戦うために生き抜く人である。徳のある人というのは、〝中庸の立場にいる〟人で、たとえば愛国者と皮肉屋のあいだ、仕事中毒と怠け者のあいだ、狂信者と無神論者のあいだにいるような人である。

中庸にいる人が臆病に見えるなら、審議の議論は何を選択するかを扱うものであること、そして、アリストテレスが、**中庸の意見が最も早く選択にたどり着く**、と言ったことを思い出してほしい。

それに、中庸の意見というのは、聴衆の平均的な価値観を反映したものでもある。つまり、「徳」とは一時的な状態――人柄のあり方――のことであり、それは聴衆の平均的な意見を体現したもの、もしくは両極端の選択肢のあいだにある中庸の意見を体現したものである、ということだ。**徳のある選択とは、極端ではない選択である。その選択をした者は徳がある**、ということになる。

どのように相手に「徳」があるかを見極めるか

では、人にどれほど徳があるかどうかはどうやって見極めればいいだろう？　ひとつには、**相手が極端な選択肢のあいだにあるスイート・スポットを探し出せるかどうか**を見ることである。

たとえば、父の日の贈り物を買いにデパートへ行ったとき、あなたの中庸とは予算の中ほどのことを指すだろう。徳のあるセールスマンなら、何にどれくらいのお金をかけたいかを訊くものだ。本当に徳のあるセールスマンであれば、あなたのスイート・スポットを探り当てることができる。あなたの予算が50ドルから100ドルだとすると、ちょうど74．99ドルのものを見つけてくれるような人だ。予算がいくらか訊きもしないセールスマンや、2000ドルのビリヤード台を買わせるようなセールスマンには、「徳」がないということになる。

数字が絡んでこない場合、徳が欠けていることを判断するのは少し厄介だ。そういうときに説得者に徳があるかどうかを判断するためには、あなた自身にこう訊いてみることだ。「彼は〝中庸〟をどう捉えているだろうか？」

まず、ある質問に対する中庸な解答というものを決める。たとえば、子育てに関する中庸な方針とは？　アリストテレスなら、体罰を与えて厳しく育てることと奔放に走り回らせることのちょうど中間に位置するような方針、と言うだろう。あなたも自分の考え方に照らして、自分なりの中庸な方針を決めてみよう。

次に、自分が親になったばかりで、さまざまな人に子育てのアドバイスを訊いて回っている、と想像してみる。きっと、幅広いアドバイスを受けられるはずだ。子どものイヤイヤ期を乗り切るにはどうしたらいいかとか、赤ちゃんにはモーツァルトを聞かせるべきだ、しつけは厳しくするべきだ、などなど。

あなたに子どもに関する知識がまったくなければ、どれを採用すればいいのかと右往左往するかもしれない。こんなとき、あなたにアドバイスをくれる人に徳があるかどうかを判定するには、スポック博士や児童心理学の権威ベリー・ブラゼルトンなどについてどう思うか、と訊いてみるといい。極端な言葉――過激だ、冷徹だ、虐待的だ――を使う人がいたら、その人たちのアドバイスは聞かないほうがいい。もちろん、一般的な子育ての知恵と異なることを言ってもいいのだが、**極端な言葉を使う人は、自分で自分に過激主義者のレッテルを貼っているようなものだ。**

政治家は政敵の意見を極端なものに見せる

「徳」は、自分がよく知らない分野について考えるときにも役に立つ。政治の話をするときは、あなたも私も学者や老練の政治家のような知識を持ち合わせていないので、特にこれがものを言う。昨今は思想が二極分化する傾向にあるが、そんななか、政治家たちは自分が投げかける議論は両極端な議論の中間にあるものだと言わんばかりの議論を展開してくる。**政敵を実際よりも極端な意見の持ち主であるように見せることで、自分を中庸に見せる**というわけだ。

たとえば保守派は、〝環境志向の〟という言葉を使うときには〝過激主義者〟という言葉を付け加えるのを忘れない。そうすれば、地球温暖化に懸念を示す政治家を、口角泡を飛ばして訴えるような急進派に見せることができるというわけだ。

保守派：環境保護を訴える急進派は、賢明なエネルギー政策を阻止したいのです。だから北極野生生物国家保護区で、慎重に、生物に影響が出ないように削掘するのを阻止しようとしているのです。

〝過激主義者〟といった言葉を耳にしたときは、自分自身の考えと照らし合わせてみるといい。野生生物の棲み処に穴を掘るという考えには賛成だろうか？　賛成できないならば、あなたは過激主義者ということになるのだろうか？　世論調査の結果も見てみるといい。ほとんどのアメリカ人は、野生生物保護区で穴を掘ることには反対だ。だから穴を掘ることに反対する人たちは、定義上、過激主義者ではないということになる。

では、逆に削掘に賛成だったなら、あなたは極右ということになるのだろうか？

環境主義者：彼は極端な保守派なので、アラスカでの削掘に賛成しています。そうすればSUV（多目的乗用車）を乗り回せるからです。

相手の提案が自分にとっていいものか見極める方法

反対に、**極端な選択肢を中庸に見せようとする人もいる**。たとえば、あなたの会社の製品の購買層として10代の子どもたちをターゲットにすることを提案する人がいたとしよう。あなたは10代の子のマーケットというものをよく知っており、それをターゲットにするのはリスクが高いと知っている。それでも、その提案者は中庸な言葉を使い、計画はリスクの高いものではないと説明する。

ここであなたは、この提案者には徳がないと判断できる。提案者はさらに、ケーブルテレビにCMを流すべきだと付け加える。会社はケーブルテレビのことなど門外漢であるというのに。そんなときは、この提案もおそらく極端なものだと判断できる。彼の示した選択肢を信用するな、ということだ。

古代のソフィストたちが好んで言ったように、どんな問題にもふたつの立場がある。そして、どちらかの立場に立ったとしても、必ずしも極端というわけではない。だが、レトリックでは極端主義者や穏健派のレッテル貼りをすることを禁止してはいない。あなたの意見が世間の一般的な意見からはずれたものだった場合、一般的な意見のほうを極端なものに見せ、自分の立場に穏健派というレッテルを貼ることだってできる。

だが、控えめに言っても、このテクニックは使うのには相当の注意を要する。ほとんどの聴衆は、自分たちが極端だと言われることを快くは思わないからだ。リベラル派と保守派は、何かとレッテル貼りをしあっている。

　リベラル派：キリスト教極右の人たちは、学校で祈りの時間を設けることを望んでいる。そうすれば、自分たちの宗教を広めることができるからだ。

ここでもう一度考えてみよう。あなたにとっての利益は何だろう？　何が国民にとっていいことなのだろうか？　小さなグループが教室でお祈りをするのを許したら、それが国教にでもなってしまうというのだろうか？　この国にはほかにも問題が山積しているというのに、学校での祈りの時間をめぐって議論している暇などあるのだろうか？

適切な返答：ほとんどのアメリカ人は、学校で祈りの時間を設けることに賛成しています。それが極端だというなら、あなたの立場は何になるのでしょう？

「中庸なものにこそ徳がある」という古い格言があるが、これこそまさに、アリストテレスの言っていることだ。徳とは「何かを選択するときの、その人の性質や態度が、中庸なものであること」である。

穏健派の人が、両政党の信望者から軽蔑されてしまうような世の中だったら、その国はいったいどうなってしまうのか？　そのときは、民主主義とあなたの思想の健全性に訴えて、こんなふうに言おう。「分別のある方々がそうした意見をおもちであることは知っています。では、過激主義者とはどのような人のことを指すのでしょう？」

16章のポイント

「つまるところ、嘘とは何だろう？」これはイギリスの詩人・バイロンが叙事詩『ドン・ジュアン』のなかで使った言葉だ。「だが／真実は虚構のなかにある。だから私は信じない／歴史学者、勇者、聖職者が言う／嘘の織り込まれていない事実というものを」バイロンの言葉は大げさかもしれないが、議論のなかで真実を見分けるのが難しいことはよくある。それを見分けなくとも、語り手の話す内容とともに、語り手の人柄に注目すればいい。つまり、「エートス」に注目していれば、嘘は見抜けなくとも、嘘つきかどうかを見抜くことができるというわけだ。語り手が誠実であるかどうか、信頼に値する人であるかどうかを見分ける基本的な方法を使えばいい。

1. **語り手のニーズを考えてみる**（私利私欲がないかどうか）。説得者のニーズはあなたのニーズと一致しているか？　説得者が満たすのは、誰のニーズなのか？

2. **極端でないかどうかチェックする**（徳があるかどうか）。反対意見について、どのように説明するかを見てみる。説得者が言う中庸な意見は、あなたの意見に近いだろうか？

17章

相手の能力を見極める

仲間からの説得は、特に効果的である。

――ホメロス

16章では、「徳」についてのアリストテレスの定義を紹介した。「何かを選択するときのその人の性質や態度が、中庸であること」。「徳」と同じで、「実践的知恵」――いや、「スイート・スポットを探り当てる能力」と言ってもいいかもしれない――も中庸のなかに存在する。説得者に徳があるかどうかを見極めることに加えて、いい選択をする能力があるかどうかも検討してみたほうがいい。

この章では、「実践的知恵」について見ていく。**スイート・スポットは、状況や聴衆によって変わる**。たとえば、家を買いたい場合は、ビリヤード台の価格よりも20万ドルから30万ドルほど高い価格がスイート・スポットとなるだろう。政治やビジネスの話題になると、この原則はさらにややこしくなる。子育てのことになるとなおさらそうだ。

ここでものを言うのが、説得者の「実践的知恵」だ。次のふたつの言葉を言うかどうかで、説得者に「実践的知恵」が備わっているかどうかがわかる。

まず、**「それは場合による」と言うかどうか**。実践力が備わっている人は、答えを出す前に、問題の大きさを考える。アドバイスをくれる人は、まずあなたに状況を尋ねてくるはずだ。あなたが抱えている問題がどういうものなのかを知りもせずに話しだすような相手の判断は、信用しないほうがいい。

新米の親：トイレ・トレーニングについての本を読むと、ものによってまったく反対のことが書いてあったりするんです。オムツをとるのは何歳ごろがいいんでしょう？

ずれた答え：トイレ・トレーニングをしたほうがいいなんて、嘘っぱちよ。子どもがオムツをはずしたいって言うまで待っていればいいのよ。

もっとずれた答え：2歳までには始めなければだめよ。

実践的で賢明な答え：その子にもよるわね。お子さんはトイレ・トレーニングに興味をもっている？　あなたにトレーニングを始める気持ちはある？　オムツだと問題はある？

これは実体験に基づいた話でもある。娘のドロシー・ジュニアは我が家の初めての子どもだったので、数々の子育て本に振り回されることになった。私たちはよかれと思って小さなプラスチックのトイレを使ったり、大慌てで娘をトイレに連れて行ったりしたものの、トイレ・トレーニングはまったくの失敗に終わった。幸いにも娘の記憶には残っていないらしい。結局何カ月か後になって、娘は自分からトイレに行くようになった。

いままでは私たちの子どもも大きくなったので、親になったばかりの人たちは、私たちが子育てについてはよくわかっているとお思いだろう。たしかに、わかっている――ただし、うちの子どもたちのことなら。思い返してみても、娘のときにはうまくいったことが、息子のジョージのときにはまるでうまくいかなかったりした。だから、誰かが私に一般的なアドバイスを求めてきても、こう答えることにしている。「誰からのアドバイスも聞かないほうがいいよ」

私はいつでも例外なくこう答えているのだが、それも考えてみれば実践的知恵に欠けていると言えるかもしれない。その点、友人のディックは、ずっと賢明だ。うちの子どもたちがまだ小さいころ、彼と彼の妻のナンシーが、海外に引っ越すことになった。夫妻は5人の子どもを立派に育てて大学まで出させ、すでに夫婦ふたりきりの生活を送っていた。妻と私は、休暇で彼らの住むヨーロッパを訪れたことがあるのだが、そのとき彼らのアパートのバルコニーに腰掛けながら、親としてどう振る舞えばいいのかさっぱりわからない、という悩みをディックに聞いてもらったのを覚えている。

私：娘をどう扱ったらいいか、やっとわかったころには、娘はもう成長してしまっているような感じだよ。それに、娘にはうまくいったことが、息子にはまったく通用しない。自分は親になる用意がまだできていないんじゃないかと、ときどき思うんだ。

ディック：君の気持ちはよくわかるよ。僕だっていまだに親になる準備なんかできちゃいない。

それまでに聞いた育児関連のどんな話よりも心強い言葉だった。

パートナーを選ぶのも、政治家を選ぶのも、そう変わらない

その場に応じて物事に対処できる人は実践的知恵をもっている。そして、いまの政治を理解するのにも実践的知恵は必要だ。しかし、いまのアメリカはそれをわかっていない。最高裁判所の判事のなかで左派、右派にとらわれない投票をするスティーブン・ブライヤー陪席判事（リベラル派の民主党員）とサンドラ・デイ・オコナー判事（保守派の共和党員）がどちらも立法府出身であるのは偶然ではない。ふたりはどちらも物事を熟慮するタイプで、最高裁判事のなかでも特にしっかりとした「実践的知恵」を備えている人物である。

彼らが書いた意見書はほかの判事が書いたものに比べて未来形で書かれた文が多く、「どうすることが関係者にとって有利か」という主題に焦点が絞られている。ジョン・ロバーツ首席判事はもとは政治家であったが、ときおり「実践的知恵」を発揮する。オバマケアを支持したときなどがその例だ。右派のかつての盟友は彼のことを「まるで政治家だ」と激しく非難したが、ある意味では彼らの言うとおり。「実践的知恵」は、いい政策を推し進めるためには欠かせない。

そう考えると、最高裁判事や大統領を選ぶのは、自分の伴侶を選ぶのとそう変わらない。候補者は私利私欲がない人か、徳がある人か、実践的知恵がある人かどうかをチェックすれば、実際にその地位についたらどんな意見を表明するのかが見えてくる。

「実践的知恵」が備わっているのは、かつて問題に対処した経験がある証でもある。だから、「そ

れは場合による」という発言の次に、似たような経験談をしてくれるかどうかで、その人に実践的知恵が備わっているかどうかがわかる。たとえば、私の母が、父にシャツをプレゼントするのはあまりいい考えではないと思い始めたものの、ビリヤード台はちょっと高すぎる、と考えているとしよう。

母：あそこにあるボウリングのセットはどうかしら？
実践的知恵のあるセールスマン：ご自宅の芝の状態にもよります。私もあのセットを試してみたことがありますが、石やでこぼこがあると、ボールが真っすぐに転がっていかないんですよ。

「実践的知恵」のあるセールスマンなら、このプレゼントが誰のためのものかも考えるはずだ。もしかすると父の日は、母がちょっとしたおもちゃを自分のために買う口実なのかもしれない。そうであれば、母に物を買わせるのはもっと簡単になる。

候補者を評価するときに試してみよう

政治の仕事とはあまり関係のない経験をさも関係があるかのように語る候補者がいたら、ほかの候補者に投票しよう。エイブラハム・リンカーンは、よく田舎暮らしについて語ったが、ホワイトハウスを丸太小屋にたとえることはなかった。もちろん、大統領職が企業弁護士の仕事に似ているとも言わなかった。彼の経験は彼の実践的知恵に反映されていたが、リンカーンがその経験だけをもとに決断を下すことはなかった。

相手はあなたのニーズを考えているか

あなた自身もスイート・スポットがどこにあるのかわからないとき――論点がよくわからないときや、何を買ったらいいのかわからないときなど――にも、「実践的知恵」は役に立つ。**語り手を信用していいのかどうかを決めるときは、こう自問してみることだ。「この人は私のニーズがわかっているだろうか？」**――つまり、あなたの本当のニーズが何だかわかっているだろうか？

「実践的知恵」の大切な特性のひとつが推測する能力、本当の論点は何なのかをつかむ技術だ。医療ドラマ『ドクター・ハウス』に登場するぶっきらぼうな医師グレゴリー・ハウスは、この技術に長けている。ハウスは誰にもわからなかった患者の本当の病因を正確に突き止める。あるエピソードでは、皮膚がオレンジ色に変色した患者が背中のけいれんを訴えて病院へやって来る。

ハウス：残念なことに、大変な問題があるようだ。君の奥さんは浮気をしている。

患者：何ですって？

ハウス：君は皮膚がオレンジ色だ！　君は気づいていないかもしれないが、奥さんが君の皮膚が変色していることにも気づいていないのだとすると、君のことをまったく気にかけていない、ということになる。ところで、君は最近人参を大量に食べたりビタミン剤を大量に飲んだりしたか？

（男が頷く）

ハウス：人参を食べすぎると皮膚が黄色くなる。ナイアシンの過剰摂取は皮膚が赤くなる。それから、いい弁護士を雇うことだ。

患者の背中のけいれんは、ゴルフによるものだとわかった。ハウスはもっと大きな問題を指摘したのだ。夫の肌の色が人参のような色に変わったことにも気づかない妻は、浮気しているに違いない、と。米国医師会は医者がシャーロック・ホームズのような技法を使うのを歓迎しないだろうが、ハウスは最高の「実践的知恵」を示した。聞き手の真のニーズは何なのか、そして本当の問題は何なのかを解明したのだ。

初対面の人を見極める3つのポイント

「エートス（人柄）」の法則は、初対面の人がどんな人かを見極めるのにも役に立つ。たとえば、あなたが管理職のポストに応募してきた人を評価することになったとしよう。前の章とこの章で学んだことを使ってみるといい。私利私欲がなく、徳があって、実践的な知恵があるなら、おそらく彼女は、管理職にふさわしいだろう。

- 私利私欲がない：会社が自分のために何をしてくれるかではなく、自分が会社のために何ができるかを語っている。
- 徳：仕事をするうえでのスイート・スポットがわかっている。攻める姿勢を持っているが、攻撃的すぎない。独立心はあるが、指示にも従える。さらに、アリストテレスならこう加えるだろう。「中庸にあるものを選ぶ人であること！」すべてをまとめると、会社を体現するような人柄であること。会社の将来について、彼女はどんな意見を持っているだろうか？　彼女の提案する戦略は会社のスイート・スポットに合うだろうか？　適度なリスクを伴う、創造的かつ実践的な戦略だろうか？
- 実践的知恵：申し分のない経験があること。だが、その経験を今後彼女がどのように生かしていくのか、どうやって見極めればいいだろう？　仮に、彼女が副社長の椅子を狙うトップ・セールスウーマンだとしよう。攻撃的で人を押しのけるようなやり方でトップになったのだとしたら、その経験は管理職の仕事ではマイナスに働くだろう。管理職は、従業員の協力とチームワークを引き出す役割だからだ。

恋人との関係を考える3つのポイント

さて、次は人間関係について考えてみよう。雑誌を見ると、よく「恋人との相性がわかる!」というQ&Aが載っているが、「エートス(人柄)」を使えば、もっとうまく見極めることができる。

- 私利私欲がないこと:**ふたりは同じニーズをもち、お互いにそれを正しく認識しているか?** イエス? それはよかった。だが、あなたの恋人は、あなたの幸せより自分の幸せを優先してはいないだろうか? もしそうなら、私利私欲の面で深刻な問題がある。ふたりの関係のニーズを満たすためなら、自分のニーズを喜んで犠牲にする——つまり、ふたりの関係を安定させることが個人のニーズよりも大切である——という場合にだけ、ふたりに私利私欲はない、ということになる。新婚夫婦のあいだでテリトリーの問題が起こるというのは、よく聞く話だ。これはお互いへの気遣いが噛み合っていない例でもある。
- 徳:**ふたりは同じ価値観を共有しているだろうか?** いつも議論になってしまうのはどんなことか、考えてみるといい。あなたと恋人はそれぞれ、どんな振る舞いが〝ほどよい〟と思っているだろうか? また、ふたりの関係において、極端だと思われる部分はあるだろうか? 映画『アニー・ホール』でウッディ・アレンとダイアン・キートンはそれぞれ別の精神分析医のところに行き、自分たちの関係について相談する。どちらの精神分析医も彼らがどのくらいの頻度でセックスしているかを訊ねる。

彼：ほとんどしてないよ。週に3回くらいだな。

彼女：しょっちゅうよ。週に3回くらいかしら。

これは単にコミュニケーションの問題ではなく、「徳」にかかわる問題だ。ふたりのスイート・スポットは、ずいぶんずれてしまっている。「徳」とは「選択するときに、中庸であること」だとアリストテレスは定義したが、その意味がここではよくわかる。

• **実践的知恵**：アリストテレスは、「実践的知恵」とは推測する力——何が起こりそうか、そしてこの状況下で最もいい選択肢は何かを推測する力——だと述べた。これにはふたつのスキルが必要になる。証拠に基づいて予測する能力と、最も幸せをもたらしてくれそうな道を選ぶ能力だ。パートナーは、行き当たりばったりな決断をする人でもいけないし、ルールを頑として譲らない人でもいけない。**問題に直面したときにあなたの大切な人がどんなふうに対処するか、よく見てみるといい。**あらゆるものにルールを適用しようとするだろうか？　必ず価値観に照らし合わせて選択しようとするだろうか？

個人的な例を挙げてみよう。妻と私が子どもをつくろうと決心したとき、先輩夫婦らがこれまでにしてきた選択を、私たちもしなければならなくなった。どちらかが家にいるとするなら、それは夫婦のどちらか。私が主夫になり、理論好きな子どもを育てつつ、子どもたちが昼寝をしているあいだに執筆に励む、という空想までしてみた。

妻のほうがてきぱきしているし、社交的だし、稼ぎも私より多かった。彼女なら、必要な生活費をひとりで稼げるだろう。ただ問題は、家のことをこなす能力においても、彼女のほうが上だという点だった。私がつくる料理と言えば、ハンバーグを缶詰のスープでグツグツと煮たものだけ。さらにもうひとつ問題だったのは、妻はそのときの仕事が嫌いだったことだ。

けれど、こうしたすべての問題は、ある朝突然――少なくとも私にとっては突然――解決した。妻がキッチンに入ってきたときのことだ。

妻：資金調達の仕事、ほとほと嫌になっちゃった。

私：そうか、君に合った仕事じゃないのかもしれないな。

まだ眠気覚ましのコーヒーも飲んでいなかったのだから、そこで黙るべきだった。だが私は、修辞的疑問文と思しきものを口にしてしまった。

私：なぜ君は辞めないいんだろう？

彼女は私に抱きついてきて、その日のうちに辞表を出してきた。その2週間後、我が家の収入は半分以下に落ち込んだ。妻は私の言葉を修辞的疑問文とは解釈しなかったようだが、彼女はそれから20年新しい仕事に就かず、私も家にいてフルタイムで執筆をすることはなかった（いまは妻も資金調達の仕事に復帰し、楽しく働いている）。

妻が愚痴を言ったときの私の返答は、実践的知恵という観点からすると、成功だったとも失敗だったとも言える。よかった点は、私たち夫婦が共通してもっている価値観——いまやっている仕事が嫌いなら、その仕事を辞めるべき（ただしそれが可能な場合にかぎる）——を当時の状況に反映させたことだ。いけなかった点は、この決断をきちんと審議しなかったこと。実践的知恵には、審議する能力、つまり問題の両側面を検討する能力も必要なのだ。

妻は否定するが、彼女は私の能力をあまり信用していなかったのだと思う。おそらく、私がフルタイムで働いて彼女が子育てをするほうが、ふたりとも幸せになれるとわかっていたのだろう。いつものことだが、彼女は正しかった。妻は自分が望んでいたとおりに仕事を辞められただけでなく、仕事を辞めるという道を私に提案させることで、私に満足感を与えてくれもした。もしこれがすべて意図的だったのなら、妻は昔ながらのテクニックを使ったことになる。本当は自分が選んだ道を、まるで私が選んだかのように見せたのだ。

17章のポイント

「徳があること」と「私利私欲がないこと」だけでは、「エートス（人柄）」という椅子の脚は2本しかない。市長に立候補した女性は、これまでの候補者のなかで、最も高潔で、思いやりがあり、無私の女性かもしれない。それでも、道路のくぼみを直すことができなければ、ひどい市長ということになることだろう。その人が「実践的知恵」をもっているかどうかを評価する方法は、次のとおり。

- **「それは場合による」と言うかどうか**。説得者はあなたが本当に抱えている問題を知ろうとしているだろうか？　それとも、どんなときでも同じことを述べているだけなのだろうか？
- **同等の経験があるかどうか**。何度も痛い目にあっているはずなのに、有権者はいつもこれを忘れてしまうようだ。政治経験のある人ではなく金持ちの男を、これまで何回選んでしまったことだろう？　誰かがあなたに何かを売りつけようとしているときは、同等の経験をもっているかどうかはよくわからない。そういうときに問題になるのは、「その人が情報をどこから仕入れたのか」である。自分で商品を使ってみて得た情報なのか、それとも会社の研修で教えられたとおりに言っているだけなのか？
- **推測する能力があるかどうか**。説得者は論点をよくわかっているだろうか？

18章 いじめに対処する

我々はどう考えても、いまこの地球上で——文明社会で暮らしている人もそうでない人も含めて——最も不作法な国の民である。

——アリストテレス

いじめはどこにでもある。それこそインスタグラムから家族が集まる感謝祭の食卓まで、さらには予想だにしなかったような場所でさえ起こることがある。友達の昼ご飯用のお金を盗んだり、食堂の列に割り込んだりするような、昔ながらのいじめっ子もいる。一方ネット上には、誰かを仲間はずれにしたがる女の子や、ほかの視点を受け入れない男子、それに自分たちの小さなグループのルールを頑なに守り、そこに属さない人を叩きたがる人たちがいる。こういういじめのことを、「同族意識からくるいじめ」と呼ぶことにしよう。

これと似ているのが、身体的なことをからかう卑劣ないじめで、太った人の写真をウェブ上に投稿したりするのがこれにあたる。自警団的ないじめもある。かつては暴徒化してリンチをしていたような人たちが、いまや、自分たちが悪人と認定した人——子どもの面倒を見ていないと思われる母親、愛国心を示さないスポーツ選手、不信心なカントリー・ミュージックの歌手、犯罪の容疑者など――に嫌がらせをしたり勝手な制裁を加えたりしている。職場で気弱な同僚の服装や訛りやアイディアを笑うのもいじめだ。

もちろん、独裁政権によるものや、国民に樽爆弾を投下したシリアのバッシャール・アサド大統領のような政府高官によるものもある。なかには、すぐにはいじめだと気づかないような陰険ないじめもある。たとえば、「政治的正しさ」についてくどくどと言いながら、マイノリティについての面白くもないジョークを繰り返す伯父の訪問。これもいじめと言えるだろう。

インターネットの匿名性がいじめを助長しているという意見もあるが、私にはそれが本当かどうかはわからない。いじめることは、善い心とのバランスをとるために、人間のDNAに組み込まれているんじゃないだろうか。意地悪で攻撃的なホモ・サピエンスが、哀れなネアンデルタール人――繊細で芸術的な種族だったことが、近年見つかった証拠からわかっている――に嫌がらせをして絶滅に追いやったというのも、容易に想像できる。

一方、比較的、文明化されたこの時代では、いじめに厳しい罰則を定める方式を教育の現場で採用したり、オンライン・アルゴリズムを更新したり、ときには起訴さえ視野に入れたさまざまな方法を使って、いじめを管理しようとしている。

ちょうど本書を執筆しているとき、モデルのダニ・メイザースが、ロサンゼルスにあるジムのロッカーで全裸の70歳の女性の姿を撮影したうえ、それをインスタグラムに「記憶が消せなかったらどうしよう?」というコメントを添えて投稿した容疑で、刑事罰に問われた。

心理学者やいじめ問題の専門家は、この問題を話し合うワークショップを開催した。国連も5月

4日を「いじめ撲滅の日」にすると宣言した。どれも、素晴らしいことには違いない。だが、人間が変わらないかぎり、これからもいじめは起こるだろう。ひとついじめをなくしても、すぐ次のいじめが起こる。

こんなときこそ、伝える技術の出番だ。レトリックを使えば、いじめを少しましなものにできるし、やめさせられることもあるかもしれない。またこの章では、いじめられたことで得られるものもある、ということも紹介しよう。

まずは、人間性という面において最低とも言える〝やじ〟について考えてみよう。コメディアンや政治家が、言葉による嫌がらせにどんなふうに対処しているかを参考にしながら、やじというじめへの対処法を学びたい。

どのようにコメディアンはやじを飛ばす相手をやりこめたか

話の最中に声をかけてくる人（あるいは叫んでいる人）への対処法を誤ってしまうことはよくある。たいていの場合その人は、その場にいるなかで最も説得しにくい人物だ。

2章で、議論をする前に目的を定めることが大切だ、と話したのを覚えているだろうか？　実際は、自分の主張がとおり、相手にそれを認めさせられることなどめったにない。期待できる最高の結果というのは、「意見が食い違ったおかげで、ふたりの関係がむしろよくなった」というパターンだ。論争の相手との関係がうまくいかなくても、観客との関係がよくなることもある。

コメディアンのエイミー・シューマーが見せたやじへの見事な対処法には、ふたつのテクニック――**ターゲットを絞ること、目的を設定すること**――が使われている。やじを飛ばす人も、結局はいじめっ子である。演者の話を遮り、演者を貶め、客の前で恥をかかせる。注目を一身に集めてその場を乗っ取ってしまうのだ。

XSサイズの人ばかりのセレブ界のなかで、Mサイズのシューマーは、その場にいる平均的な聴衆よりもたくさんのやじにさらされてきた。だがそのなかで、ほかのプロと同じようにやじへの対処法を学んできた。

2016年にストックホルムで行われたパフォーマンスでも、彼女の技術を垣間見ることができる。彼女の公演中に、ひとりの若い男が「胸を出せよ！」と彼女に向かって叫んだ。このとき、シューマーにはいくつかの選択肢があった。ガードマンにその男をつまみ出してもらうよう要請することもできただろう。男に怒鳴り返したうえで、性差別について聴衆に話をすることもできただろう。

だが彼女はそうしないで、とてもフレンドリーな対応をした。自分の話をいったん中断して、目の上に手をかざして客席を見回すと、やじを飛ばした男を探し当てて、スポットライトを当てさせた。あたかもその男のことを知りたがっているかのように、シューマーは男に「どんな仕事をしているのか」と訊いた。「セールスマンだ」と男は答えた。

「セールスマンなの？」とシューマーは返した。「ちゃんと仕事ができるのかしら？　信じられないわ」最高におかしいジョークというわけではなかったが、その切り返しがとても自然だったことが笑いを誘った。

もっと重要なのは、シューマーがその場をコントロールし、男から場の支配権を奪い返したことだ。彼女の目的は観客を楽しませることであって、自分の痛みをさらけ出すことではない。そのばか野郎はなおも彼女にやじを飛ばしつづけたが、それでもシューマーは彼をすぐには追い出さなかった。まず、彼を追い出すべきかどうか、観客にアンケートをとったのだ。賛成の拍手が圧倒的だった。ガードマンがその男を外に連れ出して行くとき、彼女はこう言った。「さみしくなるわ！」そう、彼女は「皮肉な愛情」という技法を使ったのだ。

いじめられたときこそ、チャンスになる

ドナルド・トランプはシューマーとは違い、ガードマンに「抗議団体をつまみ出せ」と叫んだり、ガードマンが人々を殴りつけていた時代を懐かしんだりしてみせた。現場でそれを聞いていた聴衆は、これを大いに歓迎した。

そのうち、もっと多くの聴衆が、ソーシャルメディアやテレビで、まるでいじめっ子のようなこの男の姿を見ることになった。結局、多くの有権者はいじめっ子に大統領になってほしかったようだが、あなたや私から見れば、彼の「エートス（人柄）」はよいものには思えないだろう。

ぜひ覚えておいてほしいのは、**いじめられたときに、いじめのことで頭がいっぱいになってはいけない**ということだ。それではいじめた人の思うツボだ。肝心なのは聴衆の存在だ。**いじめられたときこそ、聴衆の目に映るあなたの「エートス（人柄）」を高めるチャンス**なのだ。

これまで数々のやじを浴びてきたベテランの演者がもうひとりいる。元副大統領のジョー・バイデンだ。彼は2016年の大統領選挙運動で、やじをあしらう腕前を披露した。

抗議者が彼のスピーチを遮ったとき、バイデンは彼をつまみ出すことはしなかった。代わりに、スピーチが終わったあとで抗議者と個人的に話す時間を設けたのだ。彼は抗議者に敬意をもって接し、その場の支配権を取り戻した。こうしてバイデンは自分を理性的な人物に見せることに成功した。

同じように有名なのが、オバマ前大統領が選挙運動中に言ったフレーズだ。彼の支持者が反対派にブーイングをしたとき、オバマはこう言ったのだ。「ブーイングはやめましょう。投票をしましょう！」

ここから、**いじめに対処するときの素晴らしいゴール——あるいは戦略——が見えてくる。つまり「いい人になること」**である。人間はいじめる人ばかりではないし、少なくともあなたの聴衆の多くはそれがわかっている。自分の「パトス（感情）」を落ち着かせ、「エートス」を高めて、人間はいじめる人ばかりではないと実証しよう。

特に、あなたに徳があるところを見せるといい。**いじめに落ち着いて対処すれば、あなたは自分の人柄のよさを示すことができるし、聴衆の同情を集めることも期待できる。**いじめをした本人に、あとで顔をつき合わせて話をしようと言ってみるといい（相手を打ちのめしたいと思っていることは言わないでおこう。バイデンは選挙運動中、愚かにもトランプを相手にそれを言ってしまった。バイデンの「エートス」は完璧ではなかったということだ）。

ここに伝える技術！

説得のうまい人は周りがよく見えているものだ。いじめられたりやじを飛ばされたりしたときは、あなたに共感してくれそうな観客を見つけよう。その人たちがあなたの話を聞いてくれる真の聴衆だ。

自分の意見を押し付ける伯父さんにどう対応するか

親戚のなかにも、やじを飛ばすのと同じくらい迷惑なことをする人がいる。〝アメリカの民主主義を支えている〟つもりの政治好きの伯父さん――夕食のテーブルで政治についてみんなに講釈を垂れる親戚だ。ここで言う「政治好きの伯父さん」は、本当の伯父さんでなくてもいいし、男性である必要もない。とにかく、強烈な意見をもっていて、それについて話しはじめると止まらない人だ。

この本を授業で使っているクラスの学生と頻繁にスカイプで話をするのだが、生徒のなかには、この政治好きの伯父さん予備軍がたくさんいる。「どうやったら頭の悪いクラスメイトをやっつけることができますか？」私はこう答えることにしている。「いや、やっつけることはできない」それはレトリックの範疇ではない。レトリックは、相手をやっつけるものではなく、揺さぶるものでなのだ。聴衆の信念や期待を利用するのであって、それらを吹っ飛ばすのではない。

こう答えると、決まってほかのクラスメイトがこんな質問をしてくる。「いつも自分の意見を押しつけてくる人には、何と言えばいいですか？」つまり、〝全米政治好きおやじ予備軍の会〟会員への対処法、というわけだ。

正直に言えば、あなたにとって不愉快な意見を叫んでくる人にどんな答えを返すのがいいのか、考えるのは難しい。これは、穏やかで愛国心という形をしてはいるが、いじめである。やじを飛ばす人と同じで、社交の場に混乱をもたらし、不愉快な権力を振り回す。

残念ながら私たちはドナルド・トランプではないので、その人をつまみ出すことはできない。もしかしたら、その人はあなたのお母さんのお気に入りの妹の旦那さんかもしれない。ヒラリー・クリントンのように、ただ歯をくいしばってじっと耐えることはできるかもしれない。だが、**政治的な話題によるいじめに対処するのに、もっといい方法**がある。私はこれを「**積極的関心**」と呼んでいる。

「積極的関心」の使い方

バーティ伯父さんがこう言ったとしよう。「私はやはりメキシコとの国境に壁をつくるべきだと思う。その費用を払うのはメキシコ人だ！」一緒に食卓を囲んでいたみんなが、なぜか突然ガーリック風味のポテトサラダに強い関心を示し始めるなか、あなたはひとり、バーティ伯父さんの大胆な意見に積極的な関心を示す。まず初めにするべき質問は、伯父さんに**言葉の「定義」を訊ねること**だ。

あなた：バーティ伯父さん、壁について聞かせてください。伯父さんはどういう意味で「壁」と言ってるんですか？

伯父：なに、「壁」を知らんのか？　壁と言ったら壁だ。12メートルの高さの壁だ。そう、高い壁だ。材質は、ええっと、防弾用の材料だ。

次に、「詳細」を訊ねる。

あなた：国境の端から端まで？　ということは、いまは壁がないんですか？

伯父：いや、あまりよくない壁がある。それに国境すべてをカバーしているわけじゃない。そう、だから、端から端までつくらなきゃならん。壁のないところからメキシコ人が入って来んようにな。

あなた：それじゃあ、壁がないのは、どんな場所なんだろう？　平らな砂漠？　それとも山？

ああ、そうだ、川かな？

伯父：リオ・グランデ川のことだな。だが川のなかに壁はつくらん。川沿いにつくるんだ。

あなた：メキシコ側に？

伯父：いや、たぶんこちら側だ。

あなた：じゃあ、すべて公用地ってことかな？　それとも一部は個人所有の土地だろうか？　個人所有の土地は、政府が収用するのかな？

伯父：（居心地が悪そうに）調べてみることだな。

このころにはもう、ほかの親戚たちはキッチンに退散して、コーヒーを淹れる手伝いをしていることだろう。さて、次は積極的関心の第3部、**「情報源」について訊く**時間だ。

あなた：バーティ伯父さん、土地所有者が書いてある地図を見たの？　それから、いったいどれくらいの人数のメキシコ人がアメリカに入ってきて、どれくらいの人がアメリカから出ていっているのか、何を調べたらわかるのか知ってる？　大勢の不法入国者が季節労働をしにやってきて、仕事がなくなったら帰っていく、ってことではないの？　そういう人たちも、みんな壁を乗り越えて帰っていくわけ？

詳細について聞くと、相手は意見を和らげる

この終わりのない対話は、何かいいことをもたらすだろうか？　ひとつには、政治好きな伯父をうんざりさせてやったという満足感を得られる。また、**細かい部分について議論すると、相手が自**

郵便はがき

おそれいりますが切手をおはりください。

160-8565

〈受取人〉

東京都新宿区大京町22－1

株式会社　ポプラ社

一般書編集局　行

お名前　（フリガナ）

ご住所　〒　　　　TEL

e-mail

ご記入日　　年　月　日

ご愛読ありがとうございます。

読者カード

●ご購入作品名

[ ]

●この本をどこでお知りになりましたか？

1. 書店（書店名 ） 2. 新聞広告
3. ネット広告 4. その他（ ）

年齢 歳 性別 男・女

ご職業 1.学生（大・高・中・小・その他） 2.会社員 3.公務員
4.教員 5.会社経営 6.自営業 7.主婦 8.その他（ ）

●ご意見、ご感想などありましたら、是非お聞かせください。

●ご感想を広告等、書籍のPRに使わせていただいてもよろしいですか？

（実名で可・匿名で可・不可）

●このハガキに記載していただいたあなたの個人情報（住所・氏名・電話番号・メールアドレスなど）宛に、今後ポプラ社がご案内やアンケートのお願いをお送りさせていただいてよろしいでしょうか。なお、ご記入がない場合は「いいえ」と判断させていただきます。

（はい・いいえ）

本ハガキで取得させていただきますお客様の個人情報は、以下のガイドラインに基づいて、厳重に取り扱います。

1. お客様より収集させていただいた個人情報は、よりよい出版物、製品、サービスをつくるために編集の参考にさせていただきます。
2. お客様より収集させていただいた個人情報は、厳重に管理いたします。
3. お客様より収集させていただいた個人情報は、お客様の承諾を得た範囲を超えて使用いたしません。
4. お客様より収集させていただいた個人情報は、お客様の許可なく当社、当社関連会社以外の第三者に開示することはありません。
5. お客様から収集させていただいた情報を統計化した情報（購読者の平均年齢など）を第三者に開示することがあります。
6. はがきは、集計後速やかに断裁し、6か月を超えて保有することはありません。

●ご協力ありがとうございました。

分の意見を和らげる傾向にあることが、神経科学で証明されている。詳細を詰めていない意見ほど、極端になりがちなのだ。

考えてみればわかる。トランプの政治集会で「ヒラリーを逮捕せよ！」と叫ぶのは楽しかったに違いない。同じ人たちに、今度はプラカードを掲げながらこう言わせてみるといい。「ヒラリー・クリントンは、機密情報を私的メールサーバーを使って送信した件で再調査されるべきだ。機密情報がハッキングされる可能性もあったし、そのことは彼女もよくわかっていたはずだ。再調査の結果、彼女が法を犯したことがわかったなら、彼女は陪審員により審議され、罪の性質に応じた相応の罰を受けるべきだし、過去に犯したほかの罪に対しての罰も受けるべきだ！」

これを繰り返し唱えるのは難しいが、プラカードを掲げているうちに、クリントンを逮捕すべきかどうか疑問に感じる人も出てくるだろう。自分で掲げておきながら、こう思う人もいるかもしれない。「機密情報を私的メールサーバーを使って送信したことで逮捕された人はこれまでにいただろうか？　彼らはいったい、どんな罰を受けたのだろう？」

相手がどんな政治思想の持ち主であれ、積極的関心を示すのは、いい対処法になる。中産階級は戦いを挑まれていると主張しつづける左翼、税金が自分たちから自由を奪っていると主張する自由意志論者、最初のシリーズだけが本当の、そしてリアルな『スター・トレック』だと言明するスター・トレック・マニアなど、さまざまな思想の持ち主に対処することができる。**決して引いてはいけない。質問しつづけること。言葉の定義や詳細、情報の入手先まで掘り下げて話をしよう**と言い張ろう。相手がうんざりするほど質問しつづけられるだろうか。もしそれができれば——相手がイライラしてその場を立ち去れば――君の勝ちだ。

〝友人として〟質問する

積極的関心と皮肉な愛情を示すという方法は、私が考え出したものではない。ソクラテスから拝借した。彼は満面の笑みで深い興味を示しながらアテネ中を巡り、遠慮のない率直な質問をすることで、市民たちの考え方をひっくり返していった。ほとんどの質問は定義に関する質問だった。ソクラテスは言葉の本質的な意味を探究する人で、その意味のなかにこそ真実が存在すると考えていた。「ソクラテス式問答法」というのも、ここからきている。これは「それはどういう意味ですか？」というひとつの質問を使ってさまざまな答えを引き出して物事を追究するという手法である。

いじめに関する章なのに、なぜ私はソクラテスの話題を出したのだろうか？　それは、**多くのいじめがただの思い込みに基づいているから**だ。思い込みの例を挙げてみよう。

すべての共和党員は人種差別主義者だ。
すべての民主党員は、我々から銃を奪おうとしている。
石油産業は悪の権化である。

善良な人たちでさえ、こんなことを言う。どれも真実ではない。敵をいじめることで世の中をよくしようとしても、相手も同じような思い込みで対抗してくるだけのことだ。決してやり返してはいけない。

相手がどう言葉を定義しているのか相手自身に考えさせることで、彼らの意見の土台を覆してやればいい。テロリズムとは何だろう？　ムスリム教徒とは？　陰謀とは何を指すのだろう？　石油産業は石油しか扱っていないのだろうか、ほかに扱っているものはないのだろうか？

こうした質問の効果を高めるためには、あなたが開かれた心の持ち主で敬意を払うに値する人物だと相手に思わせなければいけない。〝友人として〟質問しよう。愛――たとえレトリックの愛だったとしても――はすべてを凌駕する。少なくとも、自分の思い込みにひたりきっている人たちに、その思い込みについて少しばかり疑念を抱かせ、彼らの意見の壁に小さな穴を開けることができることだろう。

いいことはまだある。ソクラテス式問答法を習慣にすれば、自分自身の定義についても考え直せるようになる。ソクラテスも言ったように、真の賢者とは、己の愚を知る者なのだ。

18章のポイント

いじめをする人は、ストレス・テストのような存在である。彼らはあなたの「エートス（人柄）」に挑んできて、あなたの聴衆の注目をかっさらい、意地悪な言葉をあなたに向けて投げつける。なごやかな家族の食事時間さえ妨害する。

あなたがとるべき戦略の中心となるのは、言い返すことではなく、いじめる人の意見を利用することだ。もし、いじめる人の意見を利用できなければ、観客の意見を利用すればいい。いじめる人が目の前にいようと、オンライン上であろうと同じだ。

- **ターゲットにする聴衆を絞る**：誰かに攻撃されたら、説得できそうな聞き手を見つけよう。いじめる相手に言いたいことを、観客に向けて言ってみよう。
- **皮肉な愛情**：これは、聴衆が皮肉だとわかっている場合に最も効果が高くなる。愛情を示されると、いじめたほうはとても答えづらくなり、気まずい笑顔を浮かべることだろう。
- **徳があるように見せる**：あなたのほうがいい人だということを示そう。少しだけ否定的な感情を表すのがコツだ。いじめる人を会話に誘い、相手が応じないときは残念そうなそぶりをする。
- **積極的関心**：政治的な意見を言ういじめに対して、最も効果的な方法だ。興味があるように見せかけて、定義や詳細や情報源についてうやうやしく訊ねてみる。笑顔で「もっと教えてほしい」と言うのは、相手への最高のお世辞になる。ソクラテスがそれを証明している。

Part 3

ADVANCED
OFFENSE

「攻め」の伝える技術 応用編

相手を自然に動かす

19章

気の利いた受け答えをする

それは星のように照らし、リキュールのように癒やし、ハーモニーのように喜びを与え、悲劇のように激情を掻き立て、東洋の色のように理屈を美しく見せてくれる。

——ヘンリー・ピーチャム（16〜17世紀のイングランドの作家）

やっと気の利いた返答を思いついたのに、ときすでに遅しという経験をしたことはないだろうか？　屈辱のなんたるかを知るフランスとドイツでは、そんなときの感情を表す言葉さえある。

こうして悔しい思いをしなくてすむように編み出されたのが、レトリックだ。レトリックは、そういうときに使える技法を提供してくれる。こうした技法を学べば、言葉遊びもうまくなるし、常套句を言っても賢そうに聞こえるし、会話をリズミカルでパンチの効いたものにできる。

レトリシャンたちは、さまざまな技法を使えば、相手の脳に働きかけて、相手を説得されやすい状態にできると長らく信じてきた。おそらく、そういう効果はあると思う。現代の科学はこの説に対する反証を示してはいない。少なくとも、レトリックを使えば言葉は洗練されるし、恋人を惹きつけることだってできるだろう。

私たちは知らないうちにレトリックを使っている

ギリシャ人は決まった議論の型を「スキーム」と呼んだ。わかりやすい言葉で言い換えれば「技法」だ。シェイクスピアはグラマー・スクールで200以上ものレトリックを暗記させられたようだが、基本的なものを習得するのはそう難しくない。

たとえば「類推」（例：「私の愛はさくらんぼのようだ」）や互いに矛盾した言葉を並べる「撞着語法《どうちゃく》」（例：「軍隊の知性」）、自分の主張を強めるためにあえて疑問文にする「修辞的疑問文」（例：「これについて、はたして説明しなくてはならないのだろうか？」）、「誇張法」（例：「レトリックのなかで最も偉大なもの」）などが挙げられる。

私たちは知らず知らずのうちにこうした技法を使っている。たとえば、

こんなことしてくれなくてもよかったのに。

本当にそう思っているなら――見た目も着心地も悪いセーターをもう一枚もらったときなら――レトリックを使ったことにはならない。だが、もらったのが最新式のアップルウォッチで、さっそくつけて走り出したくなったのなら、そのときの「こんなことしてくれなくてもよかったのに」は「遠慮」という言い回しの技法だ。ほかの人が会計を持ってくれるときにも、こうした言い回しを

使う。「いやいや、私が……いいんですか？　本当に？」

10代の子どもが特に好きなのは「対話」。これは、会話を次々と引用するというものだ。映画『オースティン・パワーズ』（1997年）でドクター・イーブルが息子に「元気かい」と訊いたときの息子の答えがとてもいい例なので見てみよう。

そうだな、友達のジェイがゲームセンターに連れてってくれたんだけど、店員が英語がしゃべれない奴でさあ、ジェイが怒って『俺がフランス語しゃべれないからって、喧嘩売ってんじゃねえぞ』とかなんとか言ってさ！　そしたら、そいつがフランス語みたいなのをしゃべりだしたから、俺が『ばっくれようぜ！』って言って。そしたらあいつらが『出て行け！』って言うから、『言われなくても出て行くさ！』って返してさ。あれは面白かったよ。

イギリスの作家、ジョン・モーティマーの『ランポール弁護士』シリーズのなかで、ランポールが妻のことを〝逆らうと怖い人〟と呼び、『ハリー・ポッター』シリーズの登場人物たちが〝名前を言ってはいけないあの人〟と言ったりするのは、本当の名前を出さずにほかの表現を使って説明する、回りくどい表現を使っている。チャールズ皇太子が中国の指導者のことを〝精巧なろう人形〟と呼んだのもこの例だ。

ここでちょっと別の話を差し挟むことをお許し願いたい（ところで、この「挿入」というのも技法のひとつだ)。本書ではさまざまな技法の名前を挙げている。だが、本書の最後にテストがあるわけではない。だから、技法の名前を暗記する必要はない。この章ではそれぞれの技法の原則を説明するので、最も気に入った戦術を使ってもらえたらと思う。

さまざまな「言葉の工夫」

文章やスピーチに豊かな表現を与えてくれる修辞技法は、「言葉の工夫」、「思考の工夫」、「比喩」の3つに分けることができる。

言葉の工夫とは、「反復」「言い換え」「響き」「言葉遊び」などを使って、普通の言葉をちょっと違ったものに変えることだ。言葉をわざと言わなかったり、ほかの言葉で言い換えたり、違う意味に聞こえるようにしたりする。

ひとつの名詞をふたつ以上の動詞にかける技法もある。アイスホッケーのアナウンサーは実況中継をする際にこの「くびき語法」というものを使っている。

ラボンビエールがパックをとって、ふたりのディフェンスをかわして、シュート……はずして……もう一度シュート……決まりました!

最も有名な言葉の工夫と言えば、いくつかの言葉を結びつけて特定の意味を表す〝慣用句〟だろう。会話のなかでどんな慣用句が使われているか、注意深く聞いてみよう。誰もが実にうまい隠語や自分たちにしかわからない言葉を使っているものだ。

「私にとってはまるでギリシャ語だ〔さっぱりわからない〕」という慣用句は、シェイクスピアの作品に由来する。大卒の人は、そうでない人に比べてこの言葉をよく使う。「漬け物の汁に漬かっている〔困っている〕」と言う人がいたら、その人はおそらく中西部出身だろう。「途中で馬を乗り換える〔やりはじめたことを途中で変える〕」のはよくない、というのは２００４年にジョージ・Ｗ・ブッシュが大統領に再選されるのに一役買った慣用句だが、この慣用句を使うのは、進んでリスクをとるようなタイプの人ではないだろう。

いい慣用句を耳にしたら、自分でも誰かを説得するときに使ってみるといい。慣用句は日常生活で最も使いやすい技法だ。

スピーチをするときに試してみよう

最初の言葉を反復する技法は、大勢の聴衆の前で感情的な言葉を述べるときに、最も効果を発揮する。「いまこそ、行動を起こすときです。いまこそ、私たちに何ができるかを示すときです。いまこそ、何が間違っているのかを指摘し、それを正すときです！」

一対一の議論で試してみよう

ひとつの名詞をふたつ以上の動詞にかける技法は、たたみかけるように話して論敵を圧倒するときや、聞き手を驚かせたいときに役立つ。「あなたは質問に答えていないし、論理の誤りを犯しているし、わずかに語った事実でさえ捏造したもののようだし、文法だって間違っている」

論理的かつ感情に訴えるテクニック

さて、「言葉の工夫」が言葉をこねくり回すのに対して、「思考の工夫」は、論理的で感情に訴える戦術だ。「ロゴス（論理）」と「パトス（感情）」をすぐに入れ込んで使えるような、既成の型のことである。ほかの章で紹介している技法のほとんどは、この「思考の工夫」にあたる。

主張を強めるためにあえて疑問文にする修辞的疑問文も、思考の工夫のひとつ。さらに、これに絡んだものがもうひとつある。修辞的疑問文を口にして、それに自分で答えるのは、自問自答のテクニックだ。何かに抗議をする人たちは、これをいつも使っている（「我々は何を望んでいる？　正義だ！　それをいつ求めるのか？　いまだ！」）。

比喩は、ある言葉のイメージや概念をほかの言葉を使って言い換えることだ。じつは私たちはこの技法をしょっちゅう使っている。たとえば、「～のような」という言葉を使わずに「見立て」で物事をたとえる隠喩もそのひとつだ（「月は風船だ」）。言葉に本来の意味とは別の意味をもたせる皮肉も、隠喩のひとつである。

提喩は、ある一部分によって全体を表すこと（ホワイトハウスは大統領官邸、ひいてはアメリカ政府も指す）、あるいは代表的な言葉によってグループ全体を表すこと（たとえば〝ウェルフェアマザー（公的扶助を受けているシングルマザーのこと）〟）。

換喩はある物の性質を指す言葉でその物の全体を表すこと（たとえば〝赤毛〟と言えば赤い髪の毛をした人のことを指す）。これらについては20章で詳しく解説する。

常套句をもじってみる

論敵が慣用句や常套句を使ったら、あなたはその表現にちょっとひねりを加えてみよう。知的な聴衆の心をとらえることができるはずだ。**常套句を避ける人もいるが、じつは、使える言葉の宝庫である――ただし、ウィットを効かせてうまくひねる必要がある。**難しそうに聞こえるけれど、やってみると案外簡単だ。たとえば、相手が使った常套句を意外な結末に結びつけてみよう。

恋人：彼女みたいになりたいわ。まるで水着を着るために生まれてきたみたい。

あなた：そうだね。〝いつ〟生まれてきたのかは言わないことにしよう。

これはイギリスの小説家P・G・ウッドハウスの言葉を脚色（厳密には拝借）したものだ。

常套句を新しいものにつくりかえるもうひとつのコツは、言葉を文字どおりの意味に捉えることだ。

論敵：馬の前に荷車をつなぐ〔間違った順序で物事を行う〕のはやめましょう。
あなた：そうですね。もっと速く走れるものをつなぎましょう。

論敵：どんな荒馬も私を動かすことはできないだろう〔どんなことがあっても、私はここを動かない〕。
あなた：馬がそんなことをするとでも思っているのですか？

これもP・G・ウッドハウスから拝借した。彼は常套句をもじるのがとてもうまい。

ほとんどの常套句はレトリックの技法を含んでいる。たとえば〝馬の前に荷車をつなぐ〟は隠喩だ。常套句を額面どおりに解釈すれば、論理のおかしさがわかってくる。

たいていの常套句は、文字どおりに受け取ると馬鹿げたものなので、それを利用すればウィットの効いた受け答えができる。

言葉を入れ替えるテクニック

言葉を置き換えて陳腐な慣用句を一新することもできる。

オスカー・ワイルド：仕事とは、飲んだくれ階級の者にとっては呪いの言葉である。

これを読むと、大学教師の仕事を批判した、こんな言葉を思い出す。「大学教師の仕事とは、論理階級の人にとっては暇つぶしである」

言葉を入れ替えるテクニックは、常套句よりもはるかに効果的だ。このテクニックのなかでも特に素晴らしいのが、交差配列法。対になった表現を使い、論敵の言ったポイントを逆から言うことで反論できる。ケネディの場合、まずは人々の共通認識を代弁した。そのあとで、見事にひっくり返してみせた。これがなければ、ケネディの演説はまったく違って聞こえただろう。

交差配列法を使っていないスピーチ：国に助けを求めないで、国のために奉仕活動をしましょう。

交差配列法を使ったスピーチ：国があなたに何をしてくれるかではなく、あなたが国のために何ができるのかを考えましょう。

このように交差配列法を使えば、論敵の主張でもひっくり返すことができる。たとえば、あなたは税制優遇措置を悪用していると糾弾された会社の社長だとしよう。議員のひとりが、あなたの会社は政府を欺いていると訴えている。レトリックを使わないで反論することもできる。

我々は、検察官や官僚たちが点数を稼ぐためのスタンドプレーによって、不当に非難されています。

けれど、交差配列法を使ってこう言うこともできる。

私たちが政府を欺いているかどうかの問題ではありません。政府が私たちを欺いているかどうかの問題です。

交差配列法は、議論で言い返すときだけでなく、言葉の意味を変えたいときにも役に立つ。

クヌート・ロックニー（フットボールの監督）：タフな（困難な）状況のときこそ、必要なのはタフな（屈強な）奴だ。

これを即興でやるのはなかなか難しい。だが、文章を書くときなら、ちょっとしたユーモアも交えて使えるかもしれない。

ふたつのものを並べるテクニック

真剣な議論をするときには、ウィットや軽い冗談だけでは十分ではない。そこで頼りになるのが、最もシンプルなテクニックである。**よく使われるのは、ポイントをふたつ、同列で並べるという技法**だ。

たとえば、「あなたは私たちの味方なのか、敵なのか」。ジョージ・W・ブッシュが言った「私たちの味方なのか、テロリストの味方なのか」も、そうだ。「……か、さもなくば……か」という論法は「分解法」と呼ばれる。あなたはこれか、あれか、という具合に。

親：いま宿題を終わらせれば、一緒に映画に行けるわよ。それともあとでベビーシッターと一緒に宿題をやる？

これとよく似ているのが「**対照法**」だ。**ほかのどんな技法よりも、対照させたふたつの違いを明確にできる。**

バラク・オバマ：私たちの経済活動の成功の度合いは、ＧＤＰ（国内総生産）の規模ではなく、繁栄がどこまで及ぶかにより判断されてきました。

私の挙げる例がどれも、同じリズムのフレーズによる反復や並列を使っていることにお気づきだろうか。この方法は、家庭や職場で、物事を明確にしたいときにも役に立つ。

提案者：私たちのライバル会社は、コールセンターを外部委託したことによって20％のコストダウンを達成しましたが、顧客を10％減らしています。だからわが社は、すべて社内で行って、シェアを拡大し、相手を出し抜きましょう。

どの例文も「何がどのような状況にあるのか」をはっきりと示しているが、議論でこれをする人はとても少ない。ただ、ふたつの物を同列に並べるやり方は、悪いことに使われることもある。あなたが聞く側であれば、引っかからないように注意して、もし第三の選択肢があるならそちらに従うといいだろう。

「イエス」と「ノー」を両方使って答える

客観的な意見を述べているように話すことができれば、対照法はとても効果的なテクニックとなる。対照させたいものを並べて、慎重に比較して、合理的な結論を述べる——あるいは、聴衆にそう聞こえるようにする。

客観的に見せる方法のひとつが、話しながら自分の演説を訂正していく手法だ。話をいったん中断して、どう言ったらいいのかわからないふりをしたり、文の途中で訂正を加えたりするのだ。

訂正しないで話す場合：昨晩のパーティでのあなたたちを見て、いままでにないほど恥ずかしい思いをしたわ。

訂正しながら話す場合：昨晩ほど恥ずかしい思いをしたことはないわ。いえ、そう言えば同じくらい恥ずかしい思いをしたことがあった。前回、一緒にパーティに行ったときよ。

自分の言ったことを訂正すると、たとえ誰かを非難しているときでも、あなたが公平で正確な話をしようとしていると聞き手に思わせることができる。先ほどの例は、相手との関係をよくするものではないが、誰かを非難するときには、少なくともはっきりと伝えたほうがいい。

これまでの章でも、議論の最中に論点を定義し直す方法を見てきた。

ダニエル・ブーン（アメリカの開拓者、探検家）：私はこれまで道に迷ったことはないが、何週間も混乱していたことはある。

論点を定義し直すときには、「ノー、イエス」の文を使うのもいい。

恋人：今朝、僕のことで何か怒ってたみたいだね。
あなた：怒ってたかと言えば、ノー。激怒していたかと言えば、イエスよ。

「ノー、イエス」の文は、皮肉を言いたいときにはもってこいだ。

友人：彼は真面目で思ったことを何でも正直に言うタイプね。
あなた：真面目じゃないけど、たしかに何でも正直に言うね。

同僚：彼らは新しいシステムを使ってるって聞いたよ。
あなた：たしかに新しいけれど、システマティックではないな。

返答として面白いかといえばノーだが、ウィットに富んでいるかと言えばイエスだ。ただし、文字にするより声に出して言ったほうがずっと賢く聞こえる。

反対のものを否定することで要点を強調する

ふたつのものを並べる技法や訂正を加えていく論法は、ほぼ「ロゴス（論理）」の領域と言える。だが、どちらも思考の流れを利用したテクニックなので、感情にもかかわってくる。感情をうまく利用すれば、議論の強さを自由自在に操れる。

反対のものを否定することで要点を強調する技法は、議論を落ち着かせたいときに効果を発揮する。これは「緩叙法《かんじょほう》」と呼ばれる。本当に主張したいことをトーンを抑えて伝えられるので、馬鹿らしい質問に答えるときに便利だ。O・J・シンプソンは、レポーターから「なぜホラー漫画のイベントに行ったのか」と問われたときに、この技法を使ってこう答えた。

健康のためじゃないことは確かだ。

この場合なら、「趣味がいいからとは言えないな」と答えていたら、レトリックの上ではベターだっただろう。まあたしかに、自分にかけられた殺人容疑が晴れたあとにホラー漫画のイベントに行くのは、健康的なこととは言えないだろう。

反対のものを否定する技法を使えば、論敵よりもあなたのほうが理性的であるように見せることができる。

娘：学校に行ってくるわね。
反対のものを否定する技法を使わない父親：そんな恰好で出歩いちゃダメだ。
反対のものを否定する技法を使う父親：学校に行く恰好ではないようだぞ。

この技法は、誰もが大げさな話し方をするこの時代には合わないこともあるかもしれない。もちろん、ときには強い表現を使って話すのも悪くない。古代ギリシャ人たちも、議論を実際以上に素晴らしく見せる「拡充法」を好んで使った。

拡充法のなかで**特に効果が高いのは、議論のポイントを順に積み上げて盛り上げる「クライマックス」という技法**だ。前の節の最後にくるものを次の節の初めにもってきて、段階的に話を進めていくのである。

ベンジャミン・フランクリン：小なる怠慢は大なる災いのもととなる……釘一本が足りないために蹄鉄《ていてつ》が駄目になり、蹄鉄ひとつが足りないために馬が使えなくなり、馬一頭が使えないために、乗り手がいなくなる。

この構造はピラミッドのようなもので、それぞれ最後の部分が次の部分と重なっていく。クライマックス法を使うと、論理的な話になる。こういうことが起こりました、その結果こうなって、さらにその結果こうなって、という具合だ。プロットをまとめるときにも使える。

映画『グラディエーター』のホアキン・フェニックス：彼らはあなたを求めている。将軍が奴隷になり、その奴隷が剣闘士《グラディエーター》になり、剣闘士が皇帝に挑んだ。素晴らしいストーリーだ。

小さなものから大きなものへと話を進めたり、逆に大きなものから小さなものへと話を展開したりもできる。ハンフリー・ボガートは映画『ケイン号の叛乱』のなかで、大きなものから小さなものへ話を展開している。

クイーグ艦長：私の船では、いい仕事をするのが当たり前だ。当たり前のことをやるのでは、基準に満たない。基準以下の仕事は許されない。くれぐれも肝に銘じるように。

クライマックス法は、あなたの主張に反対の意見をもつ聴衆でさえ引き込むようなリズムを生む。聴衆は、油断していると、この技法によって一歩一歩、ひとつの選択をすると一連の事柄が引き起こされるという「滑りやすい坂」の論理の誤りに引き入れられてしまうこともある。最高裁判所の陪席判事クラレンス・トーマスは、ロー・スクールでのスピーチに、このテクニックを取り入れた。

嘘をつく者は、人を騙すようになる。人を騙す者は、盗みをはたらくようになる。盗みをはたらく者は、人を殺すようになる。

どんな技法も、よく練習して賢く使うこと、そして誰も傷つけないようにすることが大切だ。

新しい言葉を生み出すテクニック

さて、最後は楽しい技法を見てみよう。ここまでは、基本的な表現のテクニックを紹介してきた。ここからはちょっとルールから離れてみよう。これまで学んできたことを使って、新しい言葉を生み出すのだ。

ただ、高校や政界で新しい言葉を使うのは危険だ。こうした場所ではオリジナルな言葉は歓迎されず、新しい言葉を使うのを不道徳だと考えるような人たちの批判にさらされてしまうかもしれない。だが、私たちが望むと望まざるとにかかわらず、言葉は次々と生まれていくものだ。

ここで紹介したいのは、〝動詞化〟というテクニックだ。言葉に対して保守的な人たちは、品詞の垣根を越えるなど言語道断と考えていて、この技法を嫌っている。なぜなら、いくらでも新語ができてしまうからだ。アニメ『カルビンとホッブス』のカルビンは、言葉の品詞を変えるのがお気に入りだ。「動詞化は、言葉を奇妙るよね」と、嬉しそうに語っている。

たしかに。そして、〝奇妙る〟ことで、言葉が新鮮で面白くなる。シェイクスピアもそう考えていたに違いない。彼は動詞を名詞にしたり、名詞を形容詞にしたりして、たくさんの言葉をつくりだした。平均的な人の語彙数が700語ほどであった時代に（ちなみに現在の大卒の人の平均語彙数は3000語）シェイクスピアの語彙は2万1000語を超えていたと言われている。彼も、言葉を〝奇妙る〟ことで、新しい言葉を生み出した。

名詞を動詞に変えたり、動詞を名詞に変えたりして、あなたも気軽にシェイクスピアることができる。たとえば、私はデスクに座っているんじゃなくてデスクってる、という具合に。ほかの言葉遊びと同じで説得力はあまりないかもしれないが、聴衆の気をそらすことはできる。聴衆の注意を引きたいときには、いい道具になると言えるだろう。

次のスライドで、私たちの戦略を詳しくお見せします。細かく書いたので、少し見づらいかもしれません。無理に見ようとしなくても大丈夫です、拡大図をお見せしますので。私が「パワーポインティリズム」と呼んでいるテクニックです。

また「なんというか」のような、ただ間を埋めるために発せられる意味のない言葉もある。こういった言葉の使いすぎは、よくない。だが、間を埋める言葉をまったくなくしてしまうわけにもいかない。いっそのこと、技法のひとつとしようか。**特に意味のない言葉を思慮深く使うと、何かをさりげなく伝えたいときに役立つことが多い。**お気に召さないかもしれないが、ちょっとお付き合い願いたい。

それできみは……なんていうか、パニクってるってわけ？

音楽で言う休符のようなちょっとした間をとることで、この文のキーワードである「パニクってる」を強調しているのだ。つまり、ほとんど意味のない言葉にも意味があるということだ。そして、ちょっとした間をとる言葉は、時代によって変わっていく。

19章のポイント

シェイクスピアは、ストラトフォード・グラマー・スクール時代に、膨大な量のレトリックを喜んで学んだわけではないようだ。彼の戯曲には、レトリックを揶揄する表現が数多く見られる。「琥珀《こはく》織りなす美辞麗句、絹糸まがいの宮廷語、キザにきどった機知警句、ペダンチックな修飾語、華麗な大言壮語」（『恋の骨折り損』白水社）

それでもシェイクスピアは、ほかの誰よりもうまく、こうした技法を戯曲に編み込んだ。しぶしぶ学んで身につけた技法のおかげで、彼の戯曲はリズムと色彩に富んだものになった。

本書の巻末にある「伝える技術　実践編」には練習問題も掲載している。だが、この章のポイントは、技法を暗記してもらうことではない。この章を読んで、決まった型（論法）

をスピーチのなかでどのように使えばいいのかわかっただろうし、今後、あなたの周りのさまざまなところでこうしたテクニックが使われれば、それに気づけることと思う。そして、あなた自身の言葉も、生き生きとしたものになることを願っている。

- **常套句をもじる**：常套句がこの世の中を動かしている。あなたがすべきは、その軌道を変えること。言葉どおりにとってくだらないものに変化させたり、意外な結末をつけたり、言葉を入れ替えたりしてみよう。
- **言葉の順序を入れ替える**：この方法は常套句にも使える。対になった表現において、語順を逆にする「交差配列法」を使ってみるのもいい。
- **ふたつのものを並べる**：対立する立場にあるものを並べて、比べたり対照させたりする技法。「……か、もしくは……か」という技法は、聞き手に選択肢を与えてはいるものの、たいていの場合はどちらが正解か明らかにわかるようになっている。一方、対照法では、対照させているものは同列に扱われる。このように、ふたつのものを同列に並べる技法は、あなた自身の言葉で議論の要点をまとめたり、論点を定義したりするのにも使える。
- **発言しながら訂正する**：話の途中で自分の言ったことを訂正することで、公平で正確な話をしようとしているように見せることができるし、議論を拡充することもできる。
- **表現の強さを下げる**：反対のものを否定することで要点を強調する。これを使うと、論敵よりも冷静であるように見せることができる。

- **表現の強さを上げる**：「クライマックス法」は、前の言葉を次の文の文頭に重ねることで、クレッシェンド効果をもたらす技法。
- **新しい言葉をつくりだす**：名詞を動詞にしたり、動詞を名詞にしたりすれば、簡単にできる。
- **特に意味のない言葉を使う**：特に意味をもたない言葉に、音楽で言う休符のような役割をさせることができる。

20章

現実を違った角度から見せる

私が言いたいのは、女の子に「星は神様の花の冠のようだと思わない？」と突然訊かれたら、君もそのことについて少しは考えるようになる、ということだ。

——P・G・ウッドハウス（19～20世紀の英国の作家）

ここまでの章で、言葉を工夫したり、比喩を使ったりすれば、話の雰囲気を変えたり、ちょっとしたスパイスを効かせたりできるとおわかりいただけたと思う。この章では、比喩のテクニックを見てみることにしよう。比喩の役割は、詩を魅力的なものにしたり、選挙戦を旅のようなものに思わせたり、病を戦いと捉えさせたりすることだけではない。うまく使えば、聴衆を、あなたの世界へと誘うことができる。

まず初めに、19章で紹介した比喩の種類をおさらいしてみよう。

- **隠喩**：「見立て」による比喩。「僕の車は野獣だ」（実際、それは車なのだが、動物に見立てている）。
- **提喩**：ある一部で全体的な概念を表す。「ホワイトハウスが声明を発表した」（もちろん、建物はしゃべらない。ここでは、「ホワイトハウス」という言葉で政府という概念を表している）。

・**換喩**：あるものの特徴などによって、より大きな概念を表す。「彼は酒瓶を手放せなくなった」。これは「彼はアルコール依存症になった」という意味で使われている。

提喩と換喩は少々厄介だが、マスターすれば驚くほどの効果をあげられる。この章では、このふたつを扱うこととしよう。また、比喩といえば特に重要なのは隠喩、提喩、換喩の3つだが、次の3つも付け加えたいと思う。

・**誇張法**：表現をふくらませる。「彼は大きいなんてもんじゃない、惑星と言ってもいいくらいの大きさだった。一緒に出掛けても、ただ彼の周りを回ってるみたいなものだったよ」19章でも取り上げたが、これは比喩でもある。ほかの種類の比喩と同じように、誇張法では、事実をあなたの好きなように変えて表現することができる。提喩や換喩は一見してそれとはわからないが、誇張法はとてもわかりやすい。それでも、政治家の使う誇張法に惹かれてしまう有権者たちがいる。ドナルド・トランプはまさに「歩く誇張法」だ（私が彼のことをこう呼ぶのは、適切であるか否かは別にして、「隠喩」である。隠喩についてはあとで述べるのでご心配なく）。

・**不敬な言葉**：公然と相手を罵るときに使う比喩。

・**皮肉**：わざと反対のことを言う。

威力抜群の比喩

私はレッドブルで〝パンとしよう〟と、一缶ぜんぶ飲みほした。〝飲むやる気〟だ。受付係には臭いものを見る目つきで見られたが、きっと、ショータイムの始まりということだろう。私が用意したスライドはすでにスクリーンに投げ上げられていて、部屋いっぱいのスーツたちは、スクリーンに顔を向けている。私はこの〝顔をつきあわせる時間〟に空気満タンの気分で挑み、真っすぐに飛び込んだ。「みなさん、私が本日ご提案する戦略は、〝目玉を集める〟だけではありません。それに、ただの〝ダッシュボードに優しい分析〟や〝釣りタイトル〟にも留まりません。クラウドソーシングによるカスタマー・ジャーニーです。これは市場革命です！」

読者のみなさんは「これは比喩なのか？　それとも変な隠語を並べているだけなのか？」と思ったことだろう。たしかに、隠語も比喩の一種である。隠語は、面白くもなんともないものですら劇的に見せてくれる効果がある。想像力に欠けたブランドのキャンペーンも〝カスタマー・ジャーニー（顧客が購入に至るプロセスのこと）〟に変えてくれる（これはれっきとしたマーケティング用語だ）。

さて、先ほどの例にはわざとわかりづらい比喩をふんだんに盛り込んだ。この苛立たしい文章を、分解して見ていくことにしよう。何が見えてくるだろう？　換喩が入った宝箱だ。

ところで、換喩とは何か、もう一度振り返っておこう。換喩とは、特徴、入れ物、行動、記号、物質などを使って、より大きな概念を表すという比喩の一種である。とても複雑で、理解できる人はあまりいない。だが、難解なだけに、威力は抜群である。だから、しばし我慢してお付き合い願いたい。

まずは、先ほど私が会議室で使ったさまざまな隠語を細かく見てみることにしよう。そうすれば、あなたも、もっとまともな場面でうまく使えるようになるはずだ。

レッドブルでパンとする：「パンとする」は、頬を叩く音。換喩では、行動を表す言葉を、行動そのものを表すのに使う。

一缶ぜんぶ飲みほした：文字どおりアルミ缶を飲んでしまったら、私は会議室ではなく病院へ行かなくてはならないだろう。ここでの〝缶〟は換喩である。入れ物で中身を表しているのだ。

飲むやる気：栄養ドリンクは私にやる気を与えてくれるが、私はそのままの表現はせず、飲み物自体がやる気だ、と言った。これも換喩だ。

臭いものを見る目つき：臭いものを見るような意地悪な目つきのこと。あるものの性質や特徴、あるいは特徴を思い出させるようなものを使えば、換喩という弾を何発も撃ち込むことになる。

スライドがスクリーンに投げ上げられている：30歳未満の人だと、「スライド」をご存じないかもしれない。写真のポジフィルムに段ボール紙で保護用の枠をつけたものだ。パワーポイントは、この昔ながらのポジフィルムと同じことを、デジタル・コードを使って行う。四角いスクリーンがスライドのように見えるので、私たちはパワーポイントの画面をいまでも〝スライド〟と呼んでいるわけだ。これも換喩だ。実際には投げ上げられるものなどないので、これも比喩。さらに細かく言えば、換喩である。

部屋いっぱいのスーツたち：スーツを着た幹部たちのこと。入れ物（スーツ）で、中身（幹部たち）を表している。

顔をつきあわせる時間：もちろん顔だけをつきあわせていたのではなく、スーツを着た幹部たちと同じ部屋にいる。

目玉を集める：なんて気味が悪い！　ここでも〝目玉〟は、見るという行為を表している。道具（目）が行為（見る）を表している換喩である。

先ほどの会議室での話には、ほかにも換喩が隠れている。あなたは見つけられただろうか？

現実をゆがめる比喩

換喩のなんたるかが理解できたら、比喩の潜在力も見えてくる。換喩は、比喩のなかで最も黒魔術に近いものだと私は考えている。換喩は言葉を換えることで、現実をゆがめる。

たとえば、赤褐色の髪をした人は、どうしたって〝赤毛〟とあだ名をつけられてしまうだろう。そうすると、彼女の「エートス（人柄）」自体が〝赤褐色〟になってしまう。彼女の名前はルイーズかもしれないし、ルルドかもしれないし、リンダかもしれないのに、人は彼女を〝赤毛の子〟と見てしまう。ほかの比喩以上に、換喩は人の考え方に影響を及ぼすのだ。**比喩は私たちの感覚を変えて、現実を違った角度から見せる**ものなのだ。

換喩というと、思い出すことがある。私が「これからイタリアへ行く予定だ」と話すと、それを聞いたある2歳の男の子が私に、「おじさん、パスタをしゃべれるの?」と訊いてきたことがあった。これぞ換喩だ。おじさんはパスタをしゃべれはしないが、パスタを食べる人たちは大好きだ。

換喩を使うには、練習が必要だ。あなたが表現したいと思うものの性質や、行動、記号、道具、あるいは材料などを見つけ出す必要がある。いつもこうした特徴を簡単に見つけ出せるとはかぎらない。

だが、子どもは、無意識にこうした換喩を使っている。犬のことを〝ワンワン〟と言ったり、牛を〝モーモー〟と呼んだり、カモのことを〝ガーガー〟と言ったりする。娘が2歳のときにジョギングしている人を見て〝タッタさん〟と言ったことがあるが、これもまさにジョギングしている人の足音を表した換喩だ。

子どもが換喩を使えるのだから、あなたにだって使えるはずだ。「入れ物」は換喩の材料だらけだ。特徴をぎゅっと圧縮して表現すればいい。

どうも意味がよくわからないな、と思う文があったら、論理的に意味がとおらない言葉を探してみることだ。きっと、比喩が使われている箇所を見つけることができる。たいていの場合、その比喩は換喩だろう。

一部で全体を表す比喩

ここまで、換喩についてたっぷりと解説してきた。というのも、比喩のなかで最も難しいにもかかわらず、最も広く使われていて、しかも最も強力だからだ。提喩は、もっと易しい。これは、**個によってそれが属するグループ全体のことを表す、またはその逆に、グループ全体で個を表す比喩**である。たとえば、「シロナガスクジラが絶滅の危機に瀕している」と言えば、2万5000頭のシロナガスクジラのことを指している。逆の場合もある。「アメリカ人が月へ行った」のアメリカ人が指しているのは、数人の宇宙飛行士のことだ。

大学生の頃、クラスメイトの母親が、ウォール・ストリート・ジャーナルでインターンシップをするための面接を受けられるよう、取り計らってくれたことがあった。だが、そのころの私はこの新聞を読んだことがなかったので、丁重にお断りしてしまった。私みたいな野心をもった若者が、なぜ一本のストリートにまつわることしか扱わない新聞社で働かなければならないのか、と（これは実話だ。私は、なんて無知な野心家だったのだろう）。

ウォール・ストリートは提喩だ。金融機関がひしめき合う金融王国と呼ばれる一画を表している。ウォール・ストリートと似たメイン・ストリートという言葉は、政治家がよく使う。小さい店や銀行があって、パトロール中の警官はご婦人に会えば帽子をとって会釈する。働き者の中流階級の市民が、さまざまな仕事をしながら暮らしている……そんな絵が思い浮かぶ言葉だ。だが、こんな場所はいったいいくつあるだろうか？　どちらのストリートの例をとっても、提喩が私たちの目を厳しい現実からそらすのにいかに効果的かがわかるだろう。

一見、提喩は当たり障りのないもののようだが、人に危害を加えたり、心の傷を負わせたりすることもある。提喩のせいで、〝欲深いユダヤ人〟〝盗人のインド人〟〝怠け者の黒人〟などのイメージができあがってしまった。どれも、個人がグループ全体を指す言葉となってしまった例だ。だが、ちょっと待ってほしい。換喩にも同じようなマイナス面があるのではなかっただろうか？　たとえば「レッド・スキン〔アメリカンインディアンの別称〕」は？　それを言うなら「ブラック〔黒人〕」だって換喩だ。

事実、提喩と換喩は非常によく似ている。特に、マイナスイメージの言葉を使うときはそうだ。ビヨンセは『Single Ladies (Put A Ring on It)』のなかで「指輪をくれればよかったのに」と歌っているが、レトリック学者ならこれを提喩と言うだろう。指輪はブライダル産業の一角を占めるものだからだ。ただし、指輪が婚約を示しているとすると、それは換喩になる。

読者のみなさんの言いたいことはわかる。これではたしかに頭が混乱してしまう。レトリック学者でさえ、どちらがどちらなのか、長年、インクと神経をすり減らしながら考えてきた。だから私は、換喩と提喩をまとめて「帰属性を利用した比喩」と呼びたい。どちらも、ひとつのもの、個人、あるいはグループに属する何かを取り出して、それを全体を表すのに使う（あるいはその逆）からだ。

ここではどのような働きをするのかがわかれば十分で、それぞれの比喩の名前は重要ではない。聴衆の意識を何かに向けさせたいときには、あるひとりの人物、またはその人の服装や体の部分、肌の色、行動などの特徴を思い描かせること。そうすれば、知的なことや詩的なことを言うよりも、聴衆の考えに影響を与えることができる。レトリックのなかでも、これほど道徳的に相反するものを含んだ技法を、私は知らない。

モグラ塚がヒマラヤ山脈になる誇張法

白状する。私は大げさに話すことが好きである。これまで何百万回も、大げさな話をしてきた。モグラ塚をエベレスト——いや、ヒマラヤ山脈だ——であるかのように話すのが私だ。私が惑星だったとしたら、ガスで大きく膨らんだ惑星だろう。

あるとき友人たちが、私はいったいどれくらい話を膨らませて話しがちなのか、バーで真剣に計算しようとしたことがあった。彼らが導き出したのは、ちょうど「30倍」。私は本当の出来事を常に30倍にして捉えていると言うのだ。私は「そんな馬鹿げた話があるか」と反論し、そんなことを言うのはビールをひとり60杯も飲んでいるからだ、と言ってやった。

私が大げさな話をするのは事実だが、これは、ドナルド・トランプからモハメド・アリ、ポール・バニヤン〔西部開拓時代の怪力のきこり〕の時代までさかのぼる伝統のようなものだ。「テキサスではすべてが大きい」というキャッチフレーズを聞いたことがあるだろうか？　これも誇張法だ。テキサスをめぐっては、「テンガロン・ハットをかぶった5ガロンの男に会える」〔提喩と換喩が使ってある〕とか、「カウボーイの帽子をかぶっているが牛を扱わない〔大きなことを言うが実際には何もしない〕」などの言い回しもある。だが、テキサス人はこう言うだろう、「俺たちはアメリカ人のなかのアメリカ人だ」と。だからこそ「誇張法」というアメリカ人らしい比喩が、テキサスの人は大好きなのだ。

皮肉以外では、ユーモアのある話をするときに最も使いやすいのが誇張法だ。もうひとつ、テキサスにまつわるジョークを紹介しよう。ある農場主がバーで、こんな自慢をしていた。「俺の土地を端から端までトラックで走るとなると、3時間はかかるんだ」。すると、うなずきながら話を聞いていた男がこう言った。「俺も昔はそんなとろいトラックに乗ってたなあ」。

隠喩、換喩、提喩と同じように、**誇張法も現実をちょっとゆがめて使う**。どれも、物事を現実よりも大きく、または小さく見せるのだ。だが誇張法は、提喩や換喩とは異なり、**注意して聞いていれば、すぐに誇張法だとわかる**。移民を敵視する人が、「外国人が国境を越えて雪崩込んでくる」と言っても、それは言葉のあやだとわかる。

現実をゆがめてしまうところもあるが、**誇張法は可能性を示唆することができるし、私たちに元気を与えてくれる**。もう少し頑張ってみようという気にもさせてくれる。誇張法は、私たちの考えを外に向けさせてくれるものだが、誇張した話についていくかどうかは、自分で決めることができる。誇張法を使うことで、これまで思い描いていたよりも、自分自身をもっと大きく、もっと早く、もっと強く、もっと金持ちで、もっと幸せで、もっと素敵な人にしようと、自分を説得することもできる。

ああそうだった、私の話は30分の1にして聞いてほしい、それでも十分にいい話だ。

罵り言葉の使い方

比喩は魔法のような働きをするが、罵り言葉も誇張なしに魔法のような言葉である。罵り言葉はもともと呪いだった。牛をあがめたり、ゾロアスター教を信仰したりしていた時代、呪いは願いのようなものだった。「私のお気に入りの木に宿っている、恐ろしい半人半獣の神様、私のことを振ったあの女に、これ以上ないほど惨めな人生を送らせてください」こういった類の呪いなら、現代でも多かれ少なかれあるだろう。自分の応援するサッカーチームが勝つように、と願うことは、とりもなおさず相手チームの負けを願っているわけだ。

だが、宗教というものがあったおかげで、呪いについては、神や僧侶、預言者らがさまざまなルールや制限を設けてきた。罵り言葉を口にすれば、私たちの心のなかで犠牲者が生まれてしまう。**今日、最も恐ろしいのは、同族グループという枠組みである。**現代の社会で使われている最も不敬な言葉は、かつてそれぞれのグループにつけられていた名称である。「nワード（黒人の別称）」を考えてみればわかる。これはラテン語の「negro」からきており「黒人」を意味する。今日の社会で、この「nワード」はなぜこんなにも攻撃的なものと捉えられているのだろう?

時代を少しさかのぼると、それほど攻撃的な言葉ではなく、ハックルベリー・フィンも使っていた。偉大な作家ジョセフ・コンラッドも1897年に刊行した本のタイトルに使っていたし、いまでもラップ音楽ではしょっちゅうこの言葉を耳にする。そのせいで、多くの白人が困惑する。アフリカ系アメリカ人がこの言葉を使うのは問題なくて、その他の人が使うと悪いことになってしまうのは、なぜだろう？

レトリックはこれに答えることができる。白人が「nワード」を使うと、それは比喩になる。一方、黒人ラッパーがこの言葉を使っても比喩にはならない。覚えているだろうか？　比喩は私たちの考え方を変え、現実をねじ曲げてしまう。そして、比喩が比喩として成り立つのは、魔法が効果を発揮したときだけ。同じように、言葉が呪いの言葉になるのは、呪いの効果があったときだけだ。白人がこの言葉を使うと、人種の分断（そして言うまでもなく残酷な歴史）が思い起こされてしまう。

だから、レトリシャンは「政治的に正しくあること」を叫ぶ人たちのことを、まったく理解できない。魔法の言葉やジェスチャーの力が及ばない人間は、ひとりとしていないからである。アメリカンフットボールの選手コリン・キャパニックが、人種差別反対を訴えるために国歌斉唱のときに立ち上がらなかったのは、保守派の人たちにとっては衝撃的なことだったろう。多くのアメリカ人の目に、彼の行動はアメリカの国旗に対する冒瀆だと映ったし、キャパニックを出場停止にするべきだとか、いっそのこと解雇するべきだ、といった意見も出たほどである。見方を変えれば、国歌斉唱のときに起立しないのは、攻撃的な言葉を発したのも同然だということだ。

いよいよ核心に近づいてきた。**言葉がもつ魔法の力は、聴衆によっていかようにも変わる。同じことを話しても、その魔法が同じように効くとはかぎらない。**とは言え、どの比喩も魔法の力をもっている。このあとの章では、皮肉を秘密の暗号のように使う方法を紹介する。あなた自身の同族グループの言葉をもつことは、魔法の力をもつことだ。

20章のポイント

この章では、いくつかの比喩の使い方について見てきた。

- **換喩**：あるものの特徴、入れ物、行動、記号、材料、性質などによって、そのものが属するグループ全体のことを表す方法。
- **提喩**：グループ内のひとつ、一部、あるいはひとりによって、そのグループ全体のことを表す方法。
- **誇張法**：物事を現実以上に大きくしたり小さくしたりできる。
- **不敬な言葉**：何かを罵るときに使う比喩。

21章 キーワードを使って集団をひとつにする

カール：文学者のグループをつくろうじゃないか！
レニー：知的なこと言っちゃって！　あなたもグループの一員ね！（彼にパンチをする）
——『ザ・シンプソンズ』

レトリック学者は比喩などの修辞技法を「パトス（感情）」の領域に分類しがちだが——聞き手の気分を変えるものだから だ——この章では「エートス（人柄）」という魔法を身につけることにしよう。「エートス」とは、聴衆が認識する語り手の「人柄」のことである。本章と22章、23章では、アイデンティティを利用した戦略を詳しく見ていくことにしよう。この戦略は、聴衆同士を互いに結びつけること、そして語り手であるあなたを理想的なリーダーだと思わせることから始まる。

これがうまくできれば、聴衆は、あなたが選んだ選択肢を、彼ら自身の意志で選んだものだと思うようになる。それ以外の選択肢を選ぶ人は、集団のなかで疎外感を覚えることになるだろう。いわば、あなたの言葉が、聴衆同士の絆となるのだ。

仲間の結束を強くする言葉

動物行動学者によると、食べ物や繁殖活動をめぐって争ったあと、チンパンジーは互いの毛についたシラミの卵を取り合うのだという。関係を修復するために、そうした落ち着いた時間をもつそうだ。長い時間をかけて毛づくろいをするのは、社会的な絆を修復するためなのだ。

人間の場合は、シラミ取りをする代わりに**レトリックを使うことで、互いを結びつけたり、ほかの集団と自分たちを分けて考えたりする**。このテクニックは、人間が本能的に仲間を形成したり敵をつくりだしたりする点や、のけ者にされるのを怖れる気持ちを利用する。仲間割れが起こっていると認識すると、人は、再び結束を固めようとする。

リンカーンによるゲティスバーグの名演説も、最近つれない恋人に宛てて書いた心のこもったラブレターもその例だ。進軍中の兵士たちが歌う歌や、フェイスブックの「いいね！」もそうだろう。スラング、専門用語、政治用語など、**互いが知っている言葉を使って会話するのも、絆を確かめ合う手段となる**。これを「符号による毛づくろい」と呼ぶことにしよう。これは、私と読者のみなさんだけに通じる言葉だ。

政治家はよく聖書からの言葉を引用するが、これに気づくのはキリスト教徒だけだ。こうした隠されたメッセージは、ある特定の有権者にしか伝わらない。それでも、私はこの技法が好きだ。これは何も、秘密のメッセージを言うためだけのものではない。**仲間の結束を強くし、自分たちは特**

別な存在であると思わせるための言葉なのだ。

人間関係に長けた人も、明瞭な言葉を扱う職業の人たちも、自分たちにしかわからない言葉や記号を使って「符号による毛づくろい」をする。雑誌の編集者は、記事の前置き部分を〝リード〟と呼び、写真やイラストの説明文を〝キャプション〟と呼ぶ。これも結束を生むための言葉だ。

子どもたちも、メールのやりとりを通じてこの「符号による毛づくろい」をしている。彼らのメールを打つ速さといったらどうだろう――考えるより先に指が動いているようだ。変な省略形や、頭《とう》字語《じご》や、顔文字を使っているせいで、いったい何を言い合っているのか、見てもさっぱりわからない。そもそもなぜメールを送り合うのか？　レトリック学者のケネス・バークは、「10代の子どもたちは、社会における自分の立場に強い不安を感じている。だからお互いを慰め合うことに夢中になるのだ」と説明している。親としては、実際に人と会うことで、そうした不安を解決してもらいたいと思うのだが。

なぜブッシュの演説が有権者の心をとらえたのか

符号を使って話すことにかけては、10代の子どもでも、政治家にはとても及ばない。米国の大統領に選ばれるのに、秩序立った理性的な対話をするスキルは必ずしも必要ではない。歴代の大統領は――そして今後の大統領も――それほど印象的でもないスピーチを、レトリックを使うことで、政治的に優位なものにした人たちだらけだ。

ジョージ・W・ブッシュは、「符号を使った毛づくろい」をするのがうまかった。彼のあとに続く候補者たちのほうがよほど雄弁だったが、そんな彼らですら、ブッシュには学ぶところがたくさんある。

彼はキリスト教の言葉を盛り込むのが好きだったが、こうした宗教がらみの言葉は、彼が使った専門用語のほんの一部だ。彼はほかにも、男性だけに通じる言葉、女性だけに通じる言葉、軍関係者だけに通じる言葉なども使って話した。**ブッシュは、アイデンティティを形成する技法を使い、幅広い有権者の心に響く言葉を使った**のだ。たとえば、自分の信念について述べるとき、彼は「私は信じています」「私はこう思います」という言葉を好んで使った。2001年の大統領選挙戦で、彼は「信じる」という言葉を繰り返した。

私は自分が何を信じているかわかっています。自分が何を信じているかを、これからもはっきり主張しつづけます。自分が信じていることは正しいと信じています。

2004年に再選したときは、女性の有権者を獲得するために「私にはわかっている」「平和」「安全」「守る」という言葉を繰り返した。軍隊向けには「ひるむな」「どんなことがあろうとも」「迷ってはいけない」「私の知るかぎり、それはない」などの言葉を並べた。

男性に対しては、まるで自分自身が引き金を引くかのように、自信たっぷりにこう言った。「私が行動を起こすときは、200万ドルのミサイルを10ドルの空のテントに打ち込むためや、ラクダを攻撃するために使うつもりはありません。決定的な攻撃をします」

だからどうした、と思われるかもしれない。たしかにどんな政治家だって、キーワードとなる言葉を使う。だが、**ブッシュがほかの政治家と違った点は、論理などお構いなしに、キーワードとなる言葉を巧みに使った点だ。**短い文章で、キーとなるフレーズを繰り返したのだ。「大統領というのは、真実を国民に染み込ませるために、何度も何度も、繰り返し述べなくてはならないのだ」とブッシュ自身もかつて述べたことがある。「プロパガンダを叫ぶようにね」

だが、彼はただ何度も何度も言葉を繰り返していただけではない。論理を無視することで、自分の言いたいことを強く押し出したのだ。その結果、米国の詩人ロバート・フロストが言った「意味の響き」――隣の部屋で誰かが話しているのを聞いたときに感じ取るようなもの――が生まれた。聞き手は、語り手のリズムやトーン、時折強調される言葉の響きだけを感じ取ったのである。

ブッシュの「家庭とは、国民が希望を見出す場所であり、翼が夢を見る場所です」という意味のよくわからないスピーチも、詩的には意味をなすのである。〝意味の響き〟を感じることができるからだ。ブッシュは、**文脈に縛られることなく、繰り返しや声のトーン、キーワードを芸術的に組み合わせて使ったのだ。**

ブッシュは、政治の世界における「符号を使った毛づくろい」の例を豊富に提供してくれる。さらに、ブッシュの非論理性は価値観を表す言葉を際立たせた。ぎこちないレトリックも、選挙戦ではほとんど障害にはならなかった。むしろ、正直に話しているように見せること――そして適切なキーワードを繰り返し述べること――で、彼が当選する要因となったのである。

もちろん、ブッシュはそのような話し方を練習したわけではないが、自分の言葉が文法的におかしくても、わざと直さなかった。そのほうが効果があるとわかっていたのだろう。**論理性のないスピーチがかえって、聞き手の頭に刻み付けたい言葉を際立たせたわけだ。**

「さまざまな集団や愛情の中心地が織りなす、素晴らしい国になるでしょう」とブッシュは言ったが、この言葉は、具体的な理想像を描くものでは、まったくない。ブッシュ自身も、何か具体的なことを言おうとしたわけではないのだろう。ブッシュの言葉を借りれば、「政治は、ときとしてレトリックの領域に入る」のである。彼は印象に残りそうな政治方針だけを残して、あとはすべて、スピーチからそぎ落とした。

ブッシュ：事実はわかっています。私たちは問題を抱えているということです。事実はわかっています。それに対して何かをしなければならないということです。

聞き手の頭に残ったもの：事実……わかっている……問題……事実

集中してスピーチを聞いていなかった聞き手は、しっかりと問題に対処してくれる博識のリーダーだという印象を抱いたことだろう。そんなはずはないだろうって？　読者のみなさんは、いまこれを活字で読んでいることを忘れてはいけない。文字で書かれていれば、単語やフレーズにとらわれることなく、段落全体の意味を理解できる。だが、あなたがいま夕飯の支度をしている最中で、そばでは犬が吠えていたり子どもたちがプレイステーションの取り合いをしたりしているなか、そろそろ車のオイル交換をしたほうがいいかしら、などと考えながら、テレビから流れてくるブッシュのスピーチを聞いているとしたら、どうだろう？

ブッシュの話し方は芸術のようなものだ――現実を正確に表しているのでもなければ、論理に訴えるのでもない。それでも、ブッシュがアピールしたい集団に、彼を身近に感じさせる効果をもっているのである。

さて、今度はあなたの番だ。理性のある明瞭な考えを短くまとめて、論理展開など気にせずに、価値観をギュッと詰め込んだ文章にしてみよう。

理性的なスピーチ：みんな、俺たちはこの試合に勝てる。俺たちのほうが体も大きいし、相手よりも練習を積んできたし、いい作戦もある。

論理的ではないが価値観を盛り込んだスピーチ：おい、いくぞ。大きくなれ。ハードになれ。作戦どおりにやれ。試合に勝つぞ。

理性的な声かけ：怖がらなくても大丈夫。ベッドの下にはモンスターなんかいないから。

論理的ではないが価値観を盛り込んだ声かけ：あなたは安全よ。私もここにいて、安全で、暖かいベッドにいるあなたを守るから。

否定的な言葉を使わない

では、誰もがブッシュのように話すべきだということだろうか？　いや、そうではない。おそらくブッシュ自身も、ブッシュらしく話すことは意図していなかっただろう。論理性を排除すればキーワードは際立つだろうが、論理性をすっかり排除してしまうことには、あなたもためらいがあるだろう。

キーワードを際立たせるには、現在形を使って、演示（価値）のレトリックを用い、同族意識を喚起するような話し方をするのが最も適している。けれど、未来形を使って、**審議（選択）の議論で思ったとおりの結論を得るには、健全な論理に価値観を混ぜることが必要**だ。アリストテレスは聴衆の共通認識とともに、論理も大切であるとした。**共通認識となる言葉とキーワードは、たいていの場合は同じ**だ。

アリストテレスの話とはかなり違うが、ブッシュはキーワードを、まるで政治的な呪文か何かのように繰り返した。やがてそれは、まるで頭から離れない歌のように、人々の脳裏にこびりついた。このややもすればうっとうしいテクニックは、仲間をひとつにまとめたいときにも役に立つ。

〝繰り返し〟はアメフトチームのチアガールのようなもの、あるいは歌のサビ、反対運動のスローガンのようなもので、人々に集団の一員だという意識を――自分がその集団を率いているのだという意識をもたせる。繰り返されたキーワードは、ブッシュを聴衆とつなぐ絆となったわけだ。絆の数は多ければ多いほどいい。

ブッシュのように、**キーワードを効果的に使って話したいときには、うまく働きかけられる言葉を選ぶこと、そして、否定的な言葉を使わないことが大切**だ。自分の議論に悪影響を与えるような言葉を繰り返してはいけない。あなたが「怖がらなくてもいいよ」と言ったら、子どもの頭には「怖い」という言葉が残ってしまう。「ベッドの下にはモンスターなんかいないわよ」と言ったら、「ベッドの下のモンスター」という言葉が頭に残ってしまうだろう。

悪いイメージを与える言葉を使わないことは、特に周りからの批判をかわすときに重要となる。咎められている内容を繰り返してしまうと（たとえば「私は盗人ではありません」）、むしろ、聴衆の頭のなかにその言葉を強く印象づけてしまうことになるのだ。

言いたいことを印象づける方法

その逆もまた真である。**自分の主張と反対のことを否定を使って話せば、本当に言いたいことを聞き手に印象づけることができる**。ブッシュは、イラク人が米国の兵士をどのように受け入れたかを説明するときに、このテクニックを使った。

ブッシュ：我々は歓迎されたと思います。だがそれは平和的な意味での歓迎ではありませんでした。

人々の頭に残った言葉：歓迎……平和的……歓迎。

このテクニックを「反対の言葉」と呼ぼう――**悪い印象を与える言葉とは反対の言葉を繰り返し述べる**ことだ。ブッシュは「我々の侵攻に対して暴力的な反応が起こるとは予期していませんでした」と述べるのではなく、「我々は歓迎されました。だが、それは平和的な歓迎ではありませんでした」と述べたのだ。彼は「暴力的な反応」という言葉を「平和的な歓迎」という言葉に置き換えたのだ――〝ではない〟という言葉を添えて。

あなたも、自分に不利になったときに、この方法を使うことができる。論敵の意見が、それとは反対の意見〝ではないことは確かだ〟と認めることで、譲歩してやるのだ。ビクトリア女王も、「ゾッとしている」と言いたいところで、「楽しいわけではない」という表現を使った。

論敵：あなたの部署は、目標を達成するのに失敗している。
よくない受け答え：失敗してはいない。
いい受け答え：ええ、まだ新記録を達成したわけではありません。

太って見える人：これは太って見えるかしら？
よくない受け答え：いいえ、そんなに太っては見えませんよ。
いい受け答え：細く見えるわけではなさそうですね。

「失敗」や「太っている」という言葉は、通常はいいキーワードにはならない。「新記録」や「細い」はいいキーワードになる。「符号を使った毛づくろい」は、聴衆にあなたとの一体感をもたらす。現代のレトリック学者は、人間の社会において、レトリックこそが社会を結びつけるものとなる、と言う。

アイデンティティを利用した戦略は、聴衆にあなたとの一体感をもたらす以上の効果をもたらす。次の章では、あなたが選んだ選択肢を聴衆自身が選んだ選択肢であるかのように感じさせる方法を学ぶことにしよう。友が得られるだけではない。真に人に影響を与えることができるようになる。

21章のポイント

現在、この地球上で話されている言語は2800もある。方言も入れるとさらに7000から8000はあると言われている。これらの言語が、地方のアクセント、専門用語、宗教的、政治的なスピーチ、ありとあらゆる種類のキーワードなどによって、細かく分かれるのである。こうした言語グループがさらに、内輪でのジョークや、家庭内、友人同士、恋人とのあいだでのみ通じる言葉により分かれる。

ある集団を定義したいときは――あるいは、その集団が自分たち自身のことをどう定義するかを知りたいときは——彼らがどんな言葉を最も快く感じるかに注目するといい。使っているキーワードに着目すると、人をグループに分け、それらの関係性を見ることができる。それを見れば、価値観がわかる。キーワードを盛り込むときには、演示（価値）のレトリックを使うといい。使える道具は次のとおり。

- **符号を使った毛づくろい**：その集団特有の言葉を使う。不適切な使い方をしないかぎり、聴衆と強く結びつくことができる。
- **論理を排除して価値観を主張する**：非の打ち所がないほど理性的なスピーチは、聴衆をしらけさせるだけでなく、訴えたいポイントさえも届かなくなる。アリストテレスが「ロゴスは親しい間柄の人の前よりも、大勢の聴衆を前にしたときのほうが効果を発揮する」と述べたのは、そのせいでもある。価値観を表す言葉ひとつひとつに集中して集団をひとつにまとめ、あなたとの一体感をもたせよう。
- **反対の言葉**：論敵が使ったのと反対の言葉を探そう。論敵の主張を否定するときには、論敵が言った言葉を使わないこと。

22章

あなたが選んだものに共感させる

バベルの塔が崩れてしまったときに必要になるのがレトリックだ。
――ケネス・バーク（19～20世紀の米国の文芸評論家）

聴衆を引きつけるキーワードを使うことができれば、彼らの信頼を勝ち取ることができるだろう。あなたの選択を、聴衆が自分たち自身で選んだものだと思ってくれればなおいい。

この章ではアイデンティティを利用した戦略の応用編を紹介する。この段階では、審議（選択）のレトリックと演示（価値）のレトリックを巧みに組み合わせて使い、あなたの選択するものが、聴衆とあなたの関係において重大なものだ、と聴衆に思わせる。そうすると聴衆は、あなたが求めるものと自分たちの求めるものを同一視し、あなたが反対する選択肢を自分たちにとっても異質なものと見るようになる。

ときには、アイデンティティを確立することが議論の唯一の目的ということもある。実際、私たちの場合、大統領のようにきちんとした場で議論することはまずない。なんの結論も出さないようなものがほとんどだ。

夫：それじゃあ、君は富裕層の税率だけを上げるべきだというんだね？　それでは階級闘争になってしまうよ。
妻：どういう意味で「階級闘争」という言葉を使っているの？　あなたは……。
（電話が鳴る。妻が電話に出てしばらく話したのちに戻ってくる）
夫：誰からだったの？
妻：うちの母よ。
夫：感謝祭には、僕たちは帰れないって言ってくれたんだよね？
妻：それが……。
夫：言ってくれてないの？　今回はこっちに残ることにしたじゃないか。

階級闘争の話が、祝日をめぐる口論になってしまった。私たちはこういう会話をよくしている。話しているあいだに考えが変わったり、途中で邪魔が入ったり、話題が変わったりして、そのうち何の話をしていたのかわからなくなる。どうしたらひとつの話題に留まっていられるだろう？

ほとんどの場合、それは不可能だ。議論の多くは、理性的な選択には結びつかない。けれど、それは悪いことではない。**議論は、何をすべきかを決めるときに役立つだけではなく、人と人との関係性を強めてくれるものでもある。**場合によっては、弱めてしまうこともあるが。

先ほどの夫婦の場合、「選択」はすでに行われていたようだ。感謝祭の日は、実家に帰らず家にいる——少なくとも、妻のほうが母親にそう伝えることまでは決まっていたらしい。ここでは、未来形と現在形が混在している。夫のほうは、「義母の家までの長旅のわずらわしさ」（不利な点、と呼んでもいい）と、「いさぎよく折れることで夫婦関係における点数をかせぐこと」とを天秤にかける必要がある。必要なのは未来形を使う審議の議論だ。この夫婦にとって、最も利点のある選択は何だろう？

だが、ここで問題になっているのは、有利・不利だけではない。一族の絆を維持するという話でもある。その場合、現在形を使った演示のレトリックを使うことになる。このレトリックで扱うのは、有利・不利ではなく、価値観だ。夫のほうは、価値観に重きを置いて主張することもできるだろう。

夫：僕は約束したことは必ず守る。だから今回も考えを変えないよ。決めたことを守らないと、罪悪感を覚えてしまうんだ。

さらに、長旅という不利な点を強調して、選択に関する議論のなかでパンチをくらわすこともできるだろう。

夫：一年のうちで最も混む日に飛行機で移動することを考えてごらんよ。乗り継ぎがうまくいかなくて、感謝祭のディナーを空港でとることになるのがオチだよ。

その一方で、彼はストレスレベルが上がっているところに少々の「パトス（感情）」を混ぜ込み、これまで自分がどれだけ家族行事のために犠牲を払ってきたかという「エートス（人柄）」をアピールすることもできる。そして、感謝祭を自宅で穏やかに過ごすという魅力的な計画を提案する。こうなると、夫は議論に勝ち、感謝祭を自宅で過ごせるかもしれない。

しかし、その勝利は、多くの犠牲の上に成り立つ〝割に合わない勝利〟かもしれない。ここで勝利を収めると、彼は家族の絆を失うリスクを負うことになる。それからの数カ月を、関係の修復に充てなければならないかもしれない。

あなたならどちらを選ぶだろう。家庭内の議論に勝つことを重視するか、結婚生活を重視するか。**場合によっては、議論に勝つことが最もいい結果ではないこともある。**利益を得ることや理性的な決断を下すことよりも、関係を保つこと、価値観を重んじることのほうが重要なときもあるのだ。

では、夫婦関係をよい状態に保ったまま、感謝祭をいい気分で過ごす方法はないのだろうか。それは、たぶんある。アイデンティティを利用する戦略を使えば、可能かもしれない。夫が妻に、「家に留まれば夫婦の絆は強くなる。飛行機に乗れば夫婦の絆は弱まる」と納得させられればいいのだ。

※注意書き：これから私たちは、妻の気持ちを利用する戦略を見ていくことになる。夫が説得に成功すれば、「感謝祭に母の家に行かないことが、みんなにとって――母にとってさえもいいことだ」と妻に思わせることができる。こんなふうに人を操るのはよくないことだと思われるかもしれないが、この戦略を紹介するのにはきちんとした理由がある。

アイデンティティを利用する戦略というのは、広告代理店、政治家、セールス担当者らが私たちを操ろうとするときに使う手でもある。私があなたにこの戦略を紹介するのは、一緒に分解してその仕組みを知るため。誰かがこの戦略を仕掛けてきたときに、気づけるようになってもらうためだ。

アイデンティティを利用した戦略では、論理は特に気にしなくてもいい。ブッシュの例でそれを見てきた。前提に重きを置いたり説得力のある理由を述べたりしなくとも、聞き手と同じ言葉を話すだけで、聞き手とあなたの選んだ選択肢は一体化し、あなたたちは強い絆で結ばれた幸福な仲間となる。さて、会話を再開してみよう。

夫：家にいるってことになっていたよね。

妻：だけど、母さんの意見も聞かないと。会えるのを楽しみにしているのよ、私に、いえ、私たちに。

妻が一度つかんだボールを落とした！　夫のほうは、ボールをつかんでゴールまで走っていけるかもしれない。

夫（傷ついた様子で）：君の家族も、僕を家族だと思ってくれたら嬉しいんだけどな。

これでは弱すぎるし、夫婦関係をよくはしてくれないだろう。今度は、この夫に演示のレトリックを使わせてみよう。先ほどの失敗は気にしないことにして、義母の南部訛りの物真似をしてみる。

義母は、ケンタッキー州で生まれ育った南部の女性だ。

夫：「感謝祭にはうちに来るんだろ？　子どもたちのがっこが冬休みに入るのはいつだい？」

夫は学校という言葉の独特のアクセントまで真似てみせた。ある人を輪の内側に、別のある人を輪の外に追いやる、昔ながらのテクニックだ。妻が笑う。夫が愛情のこもった物真似をできるくらい義母のことをよく知っているのが嬉しいのだ。そのおかげで、夫婦はお互いに歩み寄る。

夫（真面目な表情で）：本当に行きたいんだよね？

この夫はとてもずるい人だ。妻の罪悪感を利用しようとしている。妻だって行きたいわけではない。ただ、行かなければならないと思っているだけなのだ。

妻：えっと、わからないわ……。

これで、夫は道徳的に優位に立った。彼はそれを利用して彼女の「毛づくろい」を始める。

夫：僕だってお義母さんのことは大好きだ。だから、君がどうすると決めようと、それをサポートするよ。

〝愛〟と〝サポート〟は、女性の有権者にうけのいいキーワードだ。男尊女卑に聞こえかねないので、使うときには注意が必要だが、夫は義母を話題に出すことで、自分と妻とを愛とハーモニーで結びつけるような雰囲気をつくり出した。

妻：そう？　じゃあ、家にいることにしましょう。11月の上旬あたりにでも、ちょっと長めの週末休暇をとって、ひとりで行ってくることにするわ。

夫は妻のいない週末を過ごさなければならないが、少なくとも感謝祭に飛行機に乗って長い距離を移動しなくてもすむことになった。

公式な討論の場で試してみよう

アメリカ人がイラクやグアンタナモの刑務所にいる囚人を拷問している、との報道があったときになされた最も効果的な議論は、アイデンティティを利用した演示のレトリックだった。「アメリカ人は拷問などしていません。アメリカは、そんなことをする国ではありません」また、私たちの自宅の近くの裕福な地域にある学校の教師の給料アップに反対する納税者たちが、「地方政府は州の平均よりも40%も高い給料をすでにその学校の教師に支払っている」と述べたが、これに反対する意見を効果的なものにするのにも、演示のレトリックがいいだろう。「給料は、コミュニティが何を重んじるかを具体的に示すものです。この地域で受ける美容整形手術の代金は、平均的な教師の給料の5倍です」そして、論点を再定義しながら、審議のレトリックを使ってこう続ける。「問題は、教師にいくら払うかではありません。教師に何を求めるかです。彼らの給料を上げて、私たちの子どものテストの点数を上げるための方法を提案してもらいましょう」

感情を刺激するキーワードを見つける

たしかに、「符号を使った毛づくろい」には暗い一面がある。**ある集団を結びつけるものは、他人を排斥するものにもなるからだ。**結局は〝排斥〟もまた、絆を強くする。私たちのように言葉を愛する者にとっては認めたくないことだが、〝正しい〟文法でしゃべることに対する私たちの熱意は、白人の若者がヒップホップに熱狂するのと、あまり変わらない衝動からきている。言葉が急速に変化してそれに対応できなくなると、私たちの絆は弱まる。「毛づくろい」が足りなくなるのだ。

間違った文法が使われている文を見るたび聞くたび、文法を愛する心が痛む。しかし、風変わりで一貫性のない古い言葉を使い続けることに、論理的な理由などない。「適切な」文法とは、単に「エリートの」文法なだけであり、「いい」文法ではないのである。とはいえ、文法を学ぶことは転職する際に役に立つ。たとえばフォーチュン誌が選ぶ全米上位500社に入る企業の管理職に応募する場合は、その企業の符号を使って話したほうがいい。

レトリックでは、説得者は聴衆が使っている言葉で話すが、これは、そう簡単なことではない。映画では、オタクっぽい白人の男性がスラム街の言葉を適当に真似て話すシーンがよく見られる。ロサンゼルスへ引っ越した田舎者がドタバタを繰り広げるなつかしのドラマ『じゃじゃ馬億万長者』シリーズのように、「よそ者が別のグループのなかで間違った符号を使う」様子を面白おかしく描く例だ。

あなたにとっての同族グループとは、家族や、同じ年齢・性別・宗教・社会経済集団に属する人たち——自分たちだけに通じる言葉やイメージをもっている人たちだ。アイルランドの劇作家、ジョージ・バーナード・ショーは米国と英国のことを「共通の言語によって分かたれたふたつの国」と表現したが、これは、レトリックのポイントをついた表現だ。もともとの言葉が同じでも、**ほんのわずかな違いが、人を結びつけたり互いを排除したりするのである。**

わずかな違いを使うテクニック

このわずかな違いを利用したひとつが、「反語法」だ。**これは、同じ言葉を使いながら、部外者と仲間にそれぞれ異なる内容を伝えるテクニック**だ。この技法を「符号を使った毛づくろい」として見ると、社会の分断の深い時代に多く使われる理由がよくわかる。社会の緊張が高まると、人は、反語法を使い合うようになる。誰が味方で誰が敵かを知りたくなるのだ。そんなとき、ふたつの異なる意味をもつ言葉を一度に話すことができる反語法は、最適な技法になる。

反語法を使えば、子どもに何か伝えたいときに、オブラートに包んだ言い方ができる。小さい子どもに対しても使える方法だ。

あなた：あらあら、どうして部屋をこんなふうにしちゃったの？
子ども：僕が悪いんじゃないよ。
あなた：とっても素敵だって言ってるのよ。まるで宮殿みたいな装飾ね。脱ぎちらかした服も、この床によく合ってるわ。ほら、いまあれを持ってきてあげる……。

こう言えば、うまくいくかもしれない。いずれにしても、笑いを誘うことはできるだろう――子どものではなく、夫の。**反語法をこのように言葉を和らげるために使うときには、相手にわかるように言うことが大事**だ。「これはジョークだよ」とわざわざ言わなければならないようではジョークにならない。

「符号を使った毛づくろい」は、関係を修復したいときや、聴衆にあなたの気分や「エートス」に共感してほしいときに、とても役立つ。一方、**アイデンティティを利用した戦略は、集団の絆を強くすることもできるが、傷つけてしまうこともある。**アイデンティティを強調しすぎると、悪い意味での集団意識が芽生えて、何が有利かではなく、その〝絆〟を理由に決断するようになってしまう。

ここが、このテクニックの危険なところだ。聴衆にアイデンティティをもたせることが目的ならば、説得の目的は、聴衆に帰属意識をもたせることになる。その結果、〝イエス・マン／イエス・ウーマン〟ができあがってしまうのだ。そして、これまで見てきたように、「符号を使った毛づくろい」は、気づかれないように人を操るテクニックでもある。だから、**あなたが一体感を感じるグループ**（学校、性別、政治思想、年齢、見た目、趣味、世界の捉え方などにより分かれる）**に向かって発せられる符号には、よく注意したほうがいい。**

習慣のなかにキーワードが隠れている

マーケティング担当者は、人口統計上のグループ、心理学的に分けたグループを、さらに細かく分類する。そして、あなたの好みや習慣を知ると、あなたのこの先の行動を、驚くほどの正確さをもって予測する。

アップルのコンピューターを購入する人は、おそらく民主党に投票するだろう。部屋のドアにアメリカの国章を貼っている人は、シングル・モルト・スコッチは飲まないだろう。週に3回はジョギングをする人は、洋服にはあまりお金をかけないだろう、という具合に。こうした**習慣のなかに、キーとなる言葉、つまりその人の感情を刺激する言葉が隠れている**のだ。

こうしたマーケティングから身を守るために、自分が言われたら嬉しい言葉をリストにしてみよう。たとえば、次のようなものだ。

教養がある・優しい・思慮深い・人と同じことをしない・洗練されている・国際的・博識

広告に、こうしたキーワードがひとつでも使われていたら、あなたのグループがターゲットにされているということだ。

教養がある人のためのスコッチ・ウィスキー
人とはちょっと違ったドライバーのための車

「人とは違う」という表現をあまり広告で見かけないことからすると、私はターゲット層としては非常に小さいグループに属する人間なのだろう。もしくはターゲットにするほどでもない人間なのか。私自身は自分の属するグループのことを「唯一無二」とか「選び抜かれた」と表現したいと思っている——そう、まさに本書を読んでくださっているみなさんのように（毛づくろいをされたように感じただろうか？）。

22章のポイント

「イデオロギー」は、かつては「思想の研究」を意味する言葉だったが、いまでは、「共通の信条」を意味するようになった。ある思想に人々が一体感をもつと、それが信条になる。そしてそれが、グループそのものを定義する言葉となる。

たとえば、アメリカ人の価値観と信念に触れずに、アメリカ人とはどういう人たちなのか、ほかとどこが違うのかを説明するのは難しい。思想を信条に変えたいときには、次のような手段を使って、聴衆に、あなたとあなたの思想に対する一体感をもたせるといい。

・**アイデンティティを利用した戦略**：聞き手に確実にある行動をとらせるには、その行動をとる意味に共鳴させること。その行動をとることがグループの一員としての自分を確立するもののように思わせよう。

・アイデンティティを利用した戦略の変形が**反語法**だ。反語法とは、同じグループにしかその本当の意味がわからない言葉を、部外者に向かって言うこと。

・**キーワードを使ってアピールする**：自分が属しているグループを定義する言葉を考えてみよう。あなたを説得しようとしている相手がそのキーワードを使ったときは要注意。

23章

失敗をうまく挽回する

自らを正すことで花開く種子の詰まった、実り多き誤りを我にもたらしたまえ。

——ヴィルフレド・パレート（19〜20世紀のイタリアの哲学者）

レトリックを使えば、口のうまい人のやり口や人格攻撃からいつも身をかわせるというわけではない。ここまでは、典型的な議論で優位に立つためのさまざまなスキルを見てきたが、実際にあなたが非難される立場になったら、どうしたらいいのだろう？　現実にあなたやあなたの会社が何かをしてしまい、それを糾弾されたときには、どうすればいいのか？　それをこの章では扱うことにする。失敗を挽回する方法を考えてみよう。

この章を読めば、謝るべきとき、逆に謝ってはいけないときはどんなときか、わかるだろう。聴衆を落ち着かせるための、新しい手段も紹介しよう。特に大切なのは、あなたの「エートス（人柄）」を回復させる方法だ。結果的に、それまで以上にいい「エートス」に見せられるかもしれない。

この章で学ぶのは、**失敗してよかった、と思えるくらいにうまく挽回する方法**である。上司や会社が何か間抜けなミスをするたびに、「よし！　私の出番かな？」とつぶやけたら、最高だと思わないか？　あるいは、自分が何か馬鹿なことをしでかしてしまった——たとえば、大切な人に対して――と想像してみてほしい。そんなとき、あなたはこう考えられるようになる。「これは、私たちの結束を固めるチャンスだぞ」と。

たしかにこれは理想が高すぎるかもしれない。だが、少なくとも、伝える技術をうまく使えば、失敗してもしなやかに立ち直れるということを知ってもらいたい。信用してほしい。なぜなら、私は失敗のエキスパートだからだ。仕事でも家庭でも、これまでに数えきれないほどの失敗をしてきた。

どのように失敗を挽回するか

すでにお話ししたとおり、以前、セント・ヘレンズ山の場所を間違えた記事を雑誌に掲載してしまったことがあった。弁解させてもらうと、実際にその山があるのはオレゴン州なのだが、ちょうどワシントン州との州境に位置している。

当時、私は自然保護に関する雑誌を出版している会社に勤めており、セント・ヘレンズ山の噴火について私が書いた小さな記事がその雑誌に載った。たいした記事ではなかったが、私はまだ大学を卒業したての新米編集者で、自分が書いた記事らしい記事が雑誌に載ったのは、そのときが初めてだった。

私は、机の上のワシントン州政府からの封書を見るまで、自分の間違いに気づかなかった。封書の中身はワシントン州知事のディキシー・リー・レイの署名入りの手紙で、セント・ヘレンズ山を取り戻したい、という内容のものだった。

やってしまった。ジャーナリストとしてのキャリアをスタートさせたばかりだというのに、間違って火山を丸ごと別の州に移動させてしまったのだ。対処法を考えなくてはならない、しかも早く。新しく履歴書を書くか、何か対策を考えるか。私は後者でいくことに決めた。そこでまず、机の前に座って5分考えた。それから、その手紙を持って、上司の部屋へ行った。私は、大変なミスをしてしまったと言いながら、上司に手紙を手渡した。

「考えがあります」と私は言った。「私があの火山を買って、知事にお返しするというのはどうでしょう？」

「知事に火山を返すだと？」

「本物の火山ではありません。ブロンズか石膏《せっこう》でできたものです。そうすれば、知事に火山をお返しすることができます。彼女にとっても我が社にとっても、いい宣伝になります」

「西海岸までの旅費は出ないぞ」と上司は答えた。「だが、ともかく知事宛てに手紙を書きたまえ」

そこで私は知事宛てに手紙を書いた。そして小さなプラスチックでできた火山を見つけて購入し、「火山を貸してくださって、ありがとうございました」と書いた小さなメモをつけて、知事宛てに送った。何日か経ったあと、知事の署名入りの写真が私のもとへ届いた。私が送った小さな火山と間違った記事のコピーを持った知事が、にこやかに写っている写真だ。私たちの出版社は、この写真を添えた訂正記事を次号に掲載した。上司もこの結果には満足してくれ、数カ月後に別の火山が噴火したときは、私を派遣して記事を書かせてくれた。

私が火山の場所を間違えたことと伝える技術は、どこが関係しているかって？　すべてだ。これまで本書で紹介してきた法則を、ふんだんに使っている。ひとつひとつ見てみよう。

- **目的を定める**：失敗をしてしまったとき、人はまず本能的に防御態勢になり、失敗をなんとか隠そうとするものだ。言い訳を考えたり、同僚の同じような失敗談を持ち出してみたり、あるいは——最もいけないことだが——責任を誰かになすりつけようとしたりする。だが、もっとうまくやる方法がある。点数など稼がなくてもいい。もっと大きなものを勝ち取るのだ。だが、もっとうまく的は「仕事を失わないこと」だった。結局、私は自分のキャリア・アップをはかることができたし、知事にも喜んでもらえた。上司を喜ばせることもできた。
- **一番先に知る**：次の章で、好機をとらえる技術である「カイロス」を紹介する。このケースにおける「カイロス」は、情報を一番先に知る人間になることだ。私の場合、知事が編集長ではなく私宛てに手紙を送ってくれたのが幸運だった。おかげで、私は上司の部屋に赴き、私自身の言葉で悪いニュースについて知らせることができたのだ。
- **未来形で話す**：未来形で話すためには、情報を知らせに行く前に計画を練る必要がある。失敗に対する善後策を十分に練ってから、「私は失敗をしてしまいました。ですが、こんな対処法があります」と述べるのだ。覚えているだろうか、未来形で話せば、選択肢を扱う技法になる。過去形で話すと、誰かを非難する技法になってしまう。
- 「**エートス（人柄）**」**を高める**：究極のことを言えば、このために失敗があると言っても過言ではない。失敗は「エートス」を傷つける。レトリックの観点から言えば、**失敗したときに目指すべきは、評判を取り戻すことではなく、高めることだ**。失敗する前より、もっといい、もっと輝いている、もっと信頼できる、そしてもっと好感がもてる人になることだ。覚えているだろうか、「エートス」は「実践的知恵」「公平無私」「徳」によってつくられる。失敗したときの対処法にこそ、こうした3つの基本的なイメージ戦略が必要とされる。

問題を解決することで相手への思いやりを示す

実践的知恵を高めるには、自分は解決する方法を知っているとアピールしなければならない。実践的知恵の重要な要素は適応力――さまざまな状況下で、何をするべきかわかっていること――である。

以前、アフリカの軍指導者による大量虐殺に関するバイラル動画を使ってプレゼンテーションをしたことがある。私はパワーポイントを使って資料を作成した。その動画を細かく区切って、講義をしながら一場面ずつ見ていけるようにしたのだ。だが、会場に着いたあと、用意してもらっていたコンピューターでは、私が加工した動画が映せないことがわかった。私は再生できない動画についての講義をしなければならないことになってしまった。

そこで、この失敗を利用しようと思い、観客に手を挙げてもらうスタイルに変更した。「この動画を見たことがある人はいますか?」6人の観客が手を挙げた。「ありがとうございます」と私は言った。「いま手を挙げてくださった方に、この動画のさまざまな場面を演じてもらいたいと思います」そして、6人それぞれに演じてもらう場面を振り分けた。

彼らが実に見事に演じてくれたおかげで観客も笑ってくれたし、講義を続けることもできた。観客が私のスキルに感心することはなかったが、講演後の拍手を聞くかぎり、私の適応力を好ましく思ってくれたようだ。その後何度か、きちんと動画を使って同じ講演をしたのだが、初回ほど観客は沸いてくれなかった。初回では実践的知恵がうまく働いていたということだ。

一方、「公平無私」という面を利用するときは謝罪が必要なのではないか、とあなたは考えているかもしれない。「公平無私」とは「相手のことをよく気にかけている」という意味だから、謝罪は当然ではないか、と。

しかし、私利私欲がないことは、実践的知恵と切り離せない。**相手のことを気にかけていると示しながらも、その問題を解決できます、と相手に知らせなければならない。**つまり、失敗したときに私利私欲がない態度で対処する方法とは、**実際に問題を解決することで相手への心遣いを示す、**ということにほかならないのである。

以前、私の顧客であるサウスウエスト航空が、コンピューターの故障が原因で、格安航空券のキャンペーンに申し込みをした乗客に対して、複数の航空券をダブって予約を受けてしまう、というミスを犯した。航空会社はすべての被害者に「この問題に対処するために、できるかぎりのことをさせていただきます」と書いたメールを送った。

これは公平無私を表す部分だ。正しく対処するために、できることはすべてしてします、と言ってい

るのである。これこそ、あなたがしなければならないことだ。つまり、どんなことでもする用意があ
る、と示すことが必要なのだ。

これは、あなたの気持ちを隠せということではない。**落ち込んでいるのなら、その気持ちを表せばいい。だが、その気持ちを謝罪という形にはしないことだ。本来、自分の理想はもっと高いということを示すほうがずっといい。**

　私自身の基準を満たす仕事ができなかったことは、痛恨の極みです。これからできることは、すべてさせていただきます。

これは「エートス」の3番目の要素の「徳」――大義、あるいはもっと大きな価値観のために立ち上がること――を示すものでもある。人によって「高い基準」の捉え方はまちまちだろうが、誰もがその人なりの基準をもっている。あなたの価値観に沿った行動をとることで、あなた自身の徳を示せばいいのだ。**基準を満たせなかったとき、一時的にがっかりするのは当然だ。その基準を満たせるように、もう一度動けばいいのだ。**

何度もこのフレーズを繰り返しているので、読者のみなさんは、いささかうんざりしているだろうか。これでも、新鮮に響く文を書こうとしているし、これからもそうするつもりだ。話を続けるとしよう。次に大切なのは……

・**人は、見下されたと感じたときに怒りを感じる、と知っておく**：あなたが十分に心配りをしてきちんと事にあたっていればこんなことにはならなかった、と相手が思ったときに、その失敗は相手の怒りを買う。そのあとの対処の仕方が悪ければ、相手の怒りはもっと大きくなる。**最悪な対処の仕方は、相手が被った被害はたいしたものではない、笑ってすませられる程度のことだ、と聞こえるようなことを言ってしまうことだ**。つまり聞き手に、自分が見下されている、と思わせてしまうことである。

見下された聞き手は、あなたに仕返しをするだろう。たいていの場合、あなたを器の小さな人間だとみなし、自分のほうがずっと大きいと考えようとする。相手があなたの夫や妻である場合、こうなってしまうと大変だ。

自分が見下されたと思った人は、どうやって相手を小さな人間に貶めようとするのだろう？　それは、謝罪を要求することで、である。謝罪するということは、自分の非を認め、悪いのは自分だと周りの人すべてに知らせること。つまり、彼らの目の前で小さくなるのだ。

女性よりも男性のほうが謝るのが難しいと知っているだろうか？　アリストテレスは、男性は特に大きさにこだわりがちだ、と言った。私は企業や専門家集団向けに「失敗の仕方」という講演をよくするのだが、毎回講演が終わると、女性たちが私のところへやってきて、男性はまったく謝らずに女性ばかりが謝っている、なぜですか？　と言う。

考えてみればわかることだが、多くの男性は、自分の存在を小さくするのが嫌いだからだ。だから と言って、男性ももっと謝るべきだ、と言っているのではない。それどころか……

•謝まらない：謝罪すると、相手を持ち上げるのではなく、自分を小さくすることになる。そこが問題だ。あなたを小さくしたところで相手は大きくならない。謝罪が奏功しないことがあるのは、これが原因だ。

謝罪をしても、思い切った行動にも見えない。それに、たいていの人は――特に男性は――相手からみくびられないような言い方で謝罪をしようとする。「そんなふうに思われたのなら残念だ」という具合に。これは「あなたがそんなに感じやすい人でなければよかったのに」と言っているのと同じ。ますます相手を見下している印象を強めるようなものだ。

ちょっと待った。私が上司に、火山の場所を間違えてしまって申し訳なく思っていると述べたのは、謝罪と同じではないかって？　いや、違う。よく見てみると、大きな違いがある。「自分が思ったとおりにことが運ばなかったのは、自分の基準が高いせいだ」と言っている点だ。話の焦点を〝基準〟に合わせることで、聞き手の目に映るあなたの「エートス」を高めることができるのだ。

正しい「謝り方」

まだ納得できない？　それなら、次の2通りの言葉を上司に言う場面を想像してみてほしい。

私が細かいところにまで気を配る人間であることは、ご存じかと思います。でも今回は、そのように仕事をすることができませんでした。こんなミスをして恥ずかしいです。これからは、今まで以上に気を配ります。

失敗をしてしまいました。申し訳ありません。本当に本当に、申し訳ありません。二度とこのような失敗はしません。

このとき、あなたは自分がどんな姿勢に見えると思うだろうか？　あなたの視線はどこを向いているだろう？　おそらく、1番目のケースでは、あなたは背筋を伸ばして立ち、2番目のケースでは、ばつの悪そうな様子をしているだろう。前者は、あなたの実践的知恵や徳を強調しているのに対し、後者は周りを気にしているだけだ。後者の謝罪は、あなた自身を相手よりも一段低くして、傷ついた相手との関係をなんとか修復しようとしている。だが、誠実に、心から、これ以上ないほどの謝罪をしたとしても、問題を解決することはできない。

謝罪は過去に起きた非難すべき事柄に焦点をあてるだけでなく、目の前の問題の解決も遅らせてしまう。自分を卑下する行動をとっても、相手の存在を持ち上げることにはならない。結局、間違っていたところを直すことで相手を持ち上げることが、長期的な視点から見て、双方に充足をもたらすのである。

もちろん、あなたが1番目の言い方をしたときに、上司がそれを謝罪と受け取ったとしても問題ない。だが、上司が悔恨の念を表す言葉を探しはじめるときには、話題はもう、もっと明るくて「エートス」を高める未来へと移っているのだ。

ミスをしたときこそ腕の見せ所

ときには、他人の失敗の後始末をしなければならないこともある。こうしたことが起こるのはたいてい職場で、腹立たしい思いをするものだ。だが、**上司や会社が明らかなミスをしたときこそ、あなたの腕の見せ所である。**幹部たちの評判ではなくあなた自身の評判を高めるチャンスだ。職場でミスがあったときには、どうしたらよいだろう？　先ほどと同じ手段が使える。

実際にあった有名な出来事を見てみよう。２０１２年秋にＮＦＬ（ナショナル・フットボール・リーグ）が審判団を締め出した。もともとの原因は、給料のことだ。審判団が給料の増額を望んだのに対し、チームのオーナーたち——代表はＮＦＬコミッショナーのロジャー・グッデル——は増額を拒んだ。そして、そのシーズンの試合を中止して入場料収入を失うのを避けるために、ＮＦＬはベテランの審判を締め出して、臨時に新しい審判を雇った。

結果は、アメフトのファンでない人にとっては笑えるものだったが、アメフトファンにとっては悲劇だった。試合はメチャメチャ、ひどい誤審、紛らわしい合図や間違った合図だらけの試合……。その年のハロウィンには、審判の黒と白の縦じまのシャツにピエロの帽子をかぶって仮装した人々が現れた。

最終的には審判団が交渉に勝ち、給料が増額されたが、リーグ戦のほうは、いくつかの試合が台無しになり、アメフトの人気も一時的に落ち込んだ。もしあなたがコミッショナーのグッデルだったとしたら、どうしただろうか？　コミッショナーがやらなかったことをお教えしよう。彼は謝らなかった。そして「我々は、最高の技術をもった審判団に戻ってきてもらいたいと思っている」と述べた（未来のことを話していることに注目）。

評論家たちは、グッデルが謝罪をしなかったことを激しく非難した。だが、グッデルは謝罪をしないで、目的を達成することに重点を置いたのだ。彼の目的は、歴史上最も名を知られたコミッショナーになることだろうか？　おそらく、そうではない。彼の目的は、利益をあげることだ。審判団が戻ったあと、入場者数や視聴者数は前年度よりも増えた。「謝罪をしなかったにもかかわらず」ではない。「謝罪をしなかったからこそ」、数が増えたのだ。

レトリックでは、謝罪することが害を及ぼすこともあるとされている。それはどんなときだろう？このケースで言えば、非難すべきことが起こった過去に焦点をあてるとき、ＮＦＬが弱く見えてしまうときだ。アメフトに弱さは似合わない。

グッデルは未来の話にすぐに移行させることで、審判団そのものの話に焦点を合わせた。ベテランの審判団が、割れんばかりの拍手のなかをフィールドに入って来る様子をカメラはとらえていた。アメフトのファンたちは「おかえり、ＮＦＬ審判団」と書かれたプラカードを掲げていた（ＮＦＬが印刷して配布したものだ）。審判を称えるプラカードをアメフトファンが掲げているところを、想像したことはあるだろうか？　この瞬間は、審判団だけでなく、アメフトというスポーツの評判まで高めるものだった。

アップルの失敗から学べること

一方、アップルがリリースした地図アプリケーション〈マップ〉に数多くの間違いがあったことについて、アップルのCEOティム・クックが謝罪したとき、多くの人が彼を称賛したが、私はそれは間違いだったと思っている。

iPhone5のリリースに合わせて、アップルは圧倒的シェアを誇るグーグルの製品と競合する新しい地図サービスを導入した。この地図アプリを担当したアップルの幹部、スコット・フォーストールは、素晴らしい3Dのグラフィックスや音声によるナビゲーション・システムについて自慢げに語った。しかし一点だけ、このアプリケーションには問題があった。行きたい場所に連れて行ってくれなかったのだ。

どんなときでも謝るのが間違いだ、と言っているのではない。**人は謝罪を期待するものだし、謝罪の言葉自体は悪いものではない。ただし、「礼儀にかなうことをする」ということ以上の役割を謝罪に望んではいけない。**

私はしょっちゅう妻に対して謝っている。たいていの場合、私は心からすまなかったと思って言っている。だが、それだけで終わってしまっては、中にプレゼントが入っていないラッピングペーパーのようなものだ。**仕事においても、ミスを挽回する方法を示さずに謝罪だけすると、かえって高くつく。**アップルのクックは謝罪に頼りすぎた。

それでも、ティム・クックは謝罪した。「アップルは、世界標準の製品の開発に力を注いでいます」と彼は話しはじめた。「先週リリースした地図アプリは、私たちの基準に見合うものではありませんでした」これは、会社の徳を高める、とてもいい話し方だ。アップルは世界標準を目指している。私たちがここまで見てきた対処法をとるなら、結果は悪くはなかっただろう。すぐに未来のことに話を移し、アップルの思いやりと実践的知恵を示すこともできただろう。

- 未来：そう遠くない日に、これまでで最も優れたスマートフォンのナビゲーション・システムを、みなさんは目にすることでしょう。
- 公平無私（思いやり）：そのために、私たちはスピード感をもって取り組み、みなさんがアップルに期待しているものをお届けできるよう、できることはすべてやるつもりです。
- 実践的知恵：私たちのエンジニアは、すでに欠陥を見つけ出し、現在の〈マップ〉をはるかに上回る製品にするための改善策を考案中です。

だが、クックは、こうしたことは何ひとつ言わなかった。彼の会社が顧客の期待に応えられなかったことを認めて謝罪したのだ。

この製品が顧客の皆様におおいに不満を与えたことを、極めて申し訳なく思います。

公平を期するために言うと、彼はこうも言った。「地図アプリをよりよいものにするために、できることはすべてやります」だが、せっかく未来の話に変えたのにこうも弱々しい発言では、アップルはさらに小さく見えてしまう。「世界トップクラスの人材がこの件にあたっており、彼らが必ずやみなさんが期待するような経験をご提供します」と言わずに「できることはすべてやります」と言う。「地図アプリをこれまで想像したこともないくらい素晴らしいものに」と言わずに「よりよい」と言う。なんともったいないことか。

実際は、アップルウォッチの愛用者や評論家たちはクックの謝罪を称賛した。いままでとは違うアップルだ！　前任者のスティーブ・ジョブズと違って、親切で、顧客に優しく、傲慢でなく、理解不能でもない、と。だが、アップルはジョブズのもとで、そう悪くはなかったはずだ。傲慢なのは大胆さがちょっと行き過ぎたものにすぎないし、理解不能なところは神秘性につながる。謝罪によってアップルは、ジョブズの半分ほどの大きさになってしまった。

卑下したうえに侮辱までされることになってしまったのは、クックが地図アプリの開発にかかわっていたスコット・フォーストールを解雇したからだ。解雇の理由は、フォーストールが謝罪文に署名するのを拒んだからだと言われている。フォーストールは、自分の存在を小さくするよりも解雇されることを選んだわけだ。だが、謝罪しても、フォーストールを犠牲にしても、アップルは評価を保てなかった。アップルの株価は暴落した。

堂々としたまま被害者のことを気にかけていると示し、自分が求めている高い水準の話をし、問題を解決すればいいのだ。もし可能であれば、悪いニュースを誰よりも先に知り、その対策を誰より先に打ち出すこと。そして、**未来のことに話を向け、前に進むことが大切**だ。

CEOも子どもも同じルールを使うことができる

ミスをしたのがあなたの上司ではなく、もっと近しい人間――たとえば、あなたの子どもだったとしたらどうなるだろう？　まさかと思うかもしれないが、**企業のCEOであろうと、7歳の子どもであろうと、同じルールをそのまま当てはめることができる。**

娘のドロシー・ジュニアは、5歳のころ、スコット・フォーストールと同じで、絶対に謝らない、怒りっぽい子どもだった。おまけに娘の場合、職業は安泰だった（長女という立場が安泰なことを彼女もわかっていた）。あるとき、2歳の弟とひどい喧嘩をした娘は、母親から、謝るまで部屋を出てきてはいけない、と言われた。娘が決然たる表情で自分の部屋に行ったあと、私は妻に向かって言った。

私：墓穴を掘ったようなものだぞ。あと数時間もしたら、君が折れるか、ドロシー・ジュニアを飢え死にさせるか、選ばなきゃならなくなる。

妻：（途方にくれたような表情で）じゃあ、どんな罰を与えたらいいか、一緒に考えてよ。あの子は謝ることを学ばなきゃいけないのよ。大切なスキルだわ。教養のある人は謝ることを知らなければいけないわ。

私：どうして？

妻：あなたみたいにならないようによ。「どうして？」って聞いてばかりで決して謝らないあなたみたいにね。

結局、娘は謝らなかった。夕飯の時間が終わり、母親が部屋から出てきていいと言うと、お腹をすかせて、勝ち誇った顔で出てきたのである。その頃はまだ私も、学びはじめたばかりのレトリックの知識が物事をうまく解決する手段と結びつくとは思っていなかった。もしそれがわかっていれば、娘に謝ることを強要するのは、彼女のアイデンティティを脅かすことなのだと指摘していただろう。人というのは、自分の立場を守るためならどんなことでもする。

謝りなさい、と言うのではなく、娘に目的を達成するためのスキルを教えてやっていたらどうだったただろう？　たとえば、こんなふうに言うとか。

ジョージのお気に入りのトラック一面に〝ニコちゃんマーク〟を書いてしまったのね。ジョージからではなくて、あなたの口からこのことを聞きたかったわ。そうすれば、あなたも、どうやってこの問題を解決したらいいか、自分で提案できたのに。だから今回は母さんが、どうすればいいのかを決めることにするわ。いまからお外に行って、ジョージに、彼のトラックを入れるためのガレージの作りかたを教えてあげなさい。余ってる木の板を使っていいから。家の裏にあるはずよ。それから、あなたのお小遣いでペンキを買うこと。そうすれば、ジョージがトラックを塗り直すことができるわ。最後に、母さんに約束してちょうだい、これからジョージのおもちゃを使うときは、ジョージに訊いてからにするって。

おそらく、娘を部屋に閉じ込めるという展開にはならず、ふたりは交渉することになっただろう。娘はペンキ代を払わなくてもよくなるように交渉し、結局ジョージがトラックを塗り直すのを手伝う、というところに落ち着いたことだろう。そして子どもたちは外でガレージを作ることになったはずだ。次にふたりが喧嘩を始めるまで、10分は平和な時間が続くに違いない。さらに、娘は物事をうまく解決する方法を学ぶことができたはずだ。**早く報告すること、計画を立てること、そしてこれからどうしたらいいのかを考えること**、の3つを。

大人に向かって失敗についての講義をすると、反対意見を述べる人が必ず何人かいる。謝ることは道徳的にはいいことだ。あなたが誰かに負うものであり、返さなくてはならない借りでもある。謝罪を望んでいる人は、相手が謝罪しないとますます怒りだす。

けれど、あなたは、すべての人を満足させたいと思っていることだろう。本物の問題を解決して、本物の選択をしたいだろう。この章で、謝罪だけに終わらず、未来のことに話を移す技術を伝えることができたならと願っている。

23章のポイント

間違いをするのが人間である。ミスをしたときこそ、あなたの腕の見せ所だ。次のステップを踏むといい。

- ミスをしたときはすぐに、目的を定める
- ミスをしたことを最初に知る人間になる
- すぐに未来のことに話を移す
- 被害者のことを見下さない
- 謝罪に頼らない：謝罪するのではなく、自分の基準に沿わないことをしてしまった気持ちを表す。

24章

好機を逃さない

裂く時、縫う時／黙する時、語る時……

――『コヘレトの言葉』（『新共同訳聖書』コヘレトの言葉、3章7節）より

私の知るかぎり、母がいたずらと呼べる行動をとったのは、人生でたった一度きりだった。どうやら、父にお灸をすえるためのいたずらだったらしい。父が何をしでかしたのかは、ふたりとも教えてくれなかったけれど。きっとひどいことをしたに違いない。ユーモアのセンスはあったが、母はいたずらをするような人ではないからだ。母はまるで、たったひとつのジョークを言うために何年も待ち続け、目的を果たすと意気揚々と去って行ったようだった。母のいたずらはこんなふうに始まった。

ある金曜日、父が仕事から帰ってくると、ベッドの上に、ダイビングマスク、スノーケル、フィン、そして小さな水着が、きれいに並べてあった。

父：これは何だ？

母：今夜のパーティで使うのよ。

父：食事をするだけだと思っていたが。
母：いいえ、コスチューム・パーティなの。
父：どうして？
母：男の人たちにワイルドな恰好をしてもらったら面白いわねと女性たちで相談したのよ。
父：君のコスチュームは？
母：私はドレスを着るわ。女性はコスチュームを着なくていいの。

こんなジョークに騙される馬鹿はいないだろう、とお思いだろう。母はよほど強い意志をもって取り組んだのだと思うが、そのいたずらをやりとげる手腕には驚かされた。それまで、母がこんなことをしたことはなかったので、父も騙されてしまったのだろう。父は水着を着て、クローゼットからコートを引っ張り出すと、母と車でパーティ会場へ向かった。パーティ会場である友人の家に着くと、父は礼儀正しくコートを脱ぎ、スノーケルの道具を身に着けてから、正面玄関の前の外階段を駆け上がって呼び鈴を鳴らした。

父：ほかの男たちはどんなものを着てるのかな？
母：お互いに言わないことになってるの。サプライズよ。

そのときドアが開いて、フォーマルな恰好をした女性たちが見えた。そしてもちろん、ジャケットとネクタイを着用した男性たちも。後年父から聞いたところによると、あまりに驚いて怒ることもできなかったそうだ。母は夫をまぬけ者に見せるために、驚くべき忍耐力をもってこの機会を利用したのだ。父が何をやらかしたのかは知らないが、このあとは二度としなかったに違いない。

タイミングが違うと、結果が変わる

レトリシャンも、母が時と場所をよく心得ていたことに感心するだろう。古代ギリシャ人は、まさにこのことを表す「カイロス」という言葉を使っていた。「説得する絶好のタイミングを逃さない技術」という意味だ。

教育者に〝教えどき〟——要点をおさえるタイミング——があるように、説得者にも〝説得するタイミング〟というものがある。カイロスが備わっている人は、聴衆が自分の意見に最もなびきそうなタイミングを見分けることができ、その機会を利用する。

「カイロス」を心得ているレーシング・カーのドライバーは、好機をうかがって前を走る車を抜き去ることができる（古代ギリシャ人は二輪戦車を例に挙げていた。同じことだ）。「カイロス」を心得ている子どもは、いつおねだりすれば父親がアイスクリームを買ってくれるかを知っている。つまり、「カイロス」とは、「適切なことを適切なタイミングで行う」ということなのだ。古代ギリシャ人は、この技法をことのほか重視した。なぜなら、**聴衆の考えを変えたいなら、その一瞬を狙うことが不可欠**だからだ。

タイミングを間違えただけで、たいていの議論は失敗に終わる。たとえば、アップルウォッチを買いたい夫が妻を説得しようとしている場合、妻が請求書の支払いをしているときというのは、いいタイミングとは言えない。あるいは、小説を読んでいた妻が、両手で顔を覆って泣き出したときも。

また、同僚が会社を出て子どもを学校まで迎えに行こうとしているところなら、政治の議論をするタイミングにはふさわしくない。いくらあなたが素晴らしい議論ができるとしても、こういったタイミングでは何にもならない。

旧ソ連の政治家スターリンは、ソ連の最高指導者になる前からすでに「カイロス」を心得ていた。伝記作家のアラン・ブロックによれば、共産党政治局の会議中、スターリンは最後まで黙って席に座っていたそうだ。会議で意見がまとまらなかったときは、最後にスターリンが、双方の意見を比べて調停していたそうである。やがて会議のメンバーは、会議の終盤になるとスターリンのほうを見て、彼の判断を仰ぐようになったという。同じ地位の人たちの集まりのなかで、彼は自分をちょっと特別な存在にしたのだ。育ちのいい同僚のなかで、ただひとり粗末な衣服を身につけた田舎者だったにもかかわらず。

あなただって、適切なことを適切なタイミングでできるはずだ。早速あなたの疑問に答えていこう。会議では、いつ発言をして、いつ黙っているべきか？　メールの返信をすぐに出さないほうがいいのはどんなときか？　家族のあいだで深刻な話を切り出すのにちょうどいいタイミングはいつか？

新しいアイディアで試してみよう

家庭や職場で、何かを提案することがあったら、次の点を考慮して、好機を逃さないような計画を練るといい。(1)説得する相手は誰か(2)説得に一番いいのはいつか(年、週、日)(3)説得するのに最適な場所はどこか(レストラン、職場、バーなど)。

いつ説得する余地が生まれるのか

全員の意見が一致して聴衆が自己満足状態にあり、その意見が納得のいくものである場合、説得の余地はない。だが、どんな意見も永遠に変わらないことはない。状況が変われば、聴衆が抱いている確信にも割れ目が生じる。

物事が不確かなとき、状況が変わるときや変わらざるを得ないとき、あるいは聴衆の気分が変わったときに、説得する余地が生まれる。バラク・オバマは大統領職にあった2期目の終盤まで、比較的人気が高かった。経済も徐々に上向きはじめ、暴力犯罪の発生率は歴史的に見ても低くなり、銃所持者も銃を手放さずにすんでいた。それでも、政府は機能不全状態で、何も決定をくだせないように見えた。

その結果、有権者の半数以上が投票に行かず、投票にわざわざ足を運んだ人の半数近くが「アメリカを根本からつくり変える」と約束した男に票を投じる結果になったのである。ドナルド・トランプは聴衆を説得するタイミングをよく心得たうえで、大統領に立候補したのだ。

会議の最中にも、そうした機会が何度か訪れる。**話し合いにうんざりしているとき、人の信念は揺らぎがちだ。**こんな展開を考えてみよう。ある大学が、学生食堂の運営を見直そうとしている。そこで大学側は、しきたりどおりに学生たちもメンバーに加えた検討委員会を開いた。あなたはこの改革に賛成だ。なぜなら学生食堂の食事はひどいうえに、学校側が支払っている料金も、ほかの応札業者が提示するものより高い。しかし、あなたの見解からすれば、その会議の成り行きはいいものではなかった。

教授：いまの食堂を続けるほうがいいと思う。今年はマーティン・ルーサー・キング・ジュニア・デイを祝うサービスまでしてくれたじゃないか――ソウル・フードを出したり食堂にポスターを貼ったり……。

若い講師：あれはいまいちでしたよ、出た料理は、フライドチキンとカリフラワーですよ。

教授：実に適切なメニューだと思うがな。

若い講師：コロンブス・デイにはスパゲティを出すんでしょうか?

教授：変な類推はやめたまえ。イタリア系アメリカ人は文化的マイノリティの集団を代表するものではない。

学長：我々は、コロンブス・デイは特に祝わない。アメリカ先住民は……。

事務局長：それはどういう意味でしょうか。イタリア系アメリカ人は文化的ではないとおっしゃるのですか？

もしもし？　みなさん！　お願いですから食堂についての話をしませんか？　本来の議題に戻したいのはやまやまだが、いまは説得できるようなタイミングではない。**絶好の機会が訪れるのを待つことも必要**だ。こういうときは、メモ帳に落書きをしながらも、会議の内容について深く考えているように見せるのだ。とうとう、議長が口を開いた。

議長：たしかに、大学が何かを決めるときには、多様性という観点を忘れないことが重要です。ほかに勘案しなければならない点はありますか？

財務担当者：現在、4社から応札があります。そのうちのI社はほかよりも20%価格が低い……。

教授：地元の企業がいい。地元でつくったものを使うべきだ。

事務局長：それからオーガニックなものを使っているところがいいですね。

議長：わかりました。オーガニックな食材を使っている地元企業ということですね。

財務担当者：私は価格がなにより……。

ここで、会議室にいたひとりの学生が料理の質という観点を挙げた。

学生：いまの食堂の料理はひどい。解凍されきっていない、何の肉だかわからない肉と、ウジ虫のような米にグレービーソースがかかった料理とか。
事務局長：そうか。丁寧な説明をありがとう。
学生：すみません。ただ、もっとましな料理を食べさせてください。あれ以外ならなんでもいいです。屋台のホットドッグでも、ピザハットでも、何でも構いません。

学生の発言を聞いた学長は、大学理事の集まりで饗されたディナーのあとのデザートが、溶けたアイスクリームだったことを思い出した。事務局長も、なぜもっと新鮮な野菜サラダを出してくれないのかと考えている。教授は資料をめくりはじめ、講師は時計をチラッと見た。いまが説得する絶好の機会だ。文化に配慮するという議論は忘れられており、いまの食堂がよくないという話に流れが変わっている。まだ発言をしていないのはあなただけだ。

あなた：こんなことを聞いたことがあります。

いい出だしだ！　あとは、全員の意見をあなた自身の言葉でまとめればいい。

あなた：「私たちの体は食べたものでできている」と。ですから（先ほどの学生に視線を送りながら）

あなたの話からすると、いまの食堂はよくないようです。そこで、まずは最も低い金額を提示した業者から検討することにしてはどうでしょう。（財務担当者が嬉しそうな目をあなたに向ける）試食してみるといいと思います。もし味がよければ、その業者と文化的な行事のときの料理や、地元食材を使うことについて交渉してみればいいのです。もし味が悪ければ、次に低い金額を提示してきた業者を検討することにしましょう。

議長があなたの言ったことを書き留めて、会議は終了となる。そして何カ月も経ったあと、もっとおいしい食事が学内でとれるようになる。あなたは、論点を定義し、ほかの人の意見に配慮しつつ、未来形で話したのだ。共通認識もきちんと取り入れた。「私たちの体は食べたものでできている」という言葉は、学生の発言が出席者の頭にまだ残っているときに聞かされると、ただの常套句以上の効果をもつ。あなたはタイミングもきちんと心得ていた。

ミーティングで試してみよう

最後に発言した人が説得するうえで有利になるのはなぜだろう（実際にこれを証明する調査結果も出ている）。理由のひとつは、先に話した人たちの意見によって、聴衆の心が動きはじめるから。この点を利用して、先に話した人の意見に（自分の意見と反対のものも含めて）触れながら自分の意見を述べてみよう。

相手の目の色が変わるのを待つ

状況が聴衆の気分を変えはじめたときが、説得するための機が熟したときだ。私はアップルウォッチが欲しい（前にもたびたびアップルウォッチの話を持ち出していたのは、このためだ）。我が家の場合、妻が固定的な収入を得ているので、彼女の同意を得るのが筋というものだろう。だが、私がこの話をしにいくと、妻は床に座って請求書の仕分けをしているところだった。明らかに、話を切り出せる雰囲気ではない。

そこで、説得できるタイミングを待つのではなく、自分でつくりだすことにした。キッチンへ行ってグリル・チーズ・サンドイッチとトマトスープをつくった。妻のお気に入りの昼食だ。料理の香りが十分に立ちのぼり、妻の鼻も刺激したと思われるころ、コンロの火を消した。そこで私はアップルウォッチの話を切り出した。節約のことも考えなければいけないけれども、お腹も空いている……そんな状態では、妻の気分は揺れ動くことだろう。私はある調査結果に基づいて、この作戦に出た。

消費者の購買傾向についての研究によれば、人はお腹が空いているときのほうが、食べ物だけではなくその他の生活必需品にまで、より多くのお金を使うらしい。いずれにしても、いまは先ほどの請求書のことは忘れているに違いない。

私：（さりげなく）アップルウォッチは本当にすごいよ。あれだけの機能があってあの値段なのは、安いと言えるだろうね。
妻：（半分、心ここにあらずという状態で）そうなの。
私：考えたんだけどさ。僕と君がひとつずつ持っていれば、もっと簡単に連絡を取り合える。
妻：いまでもよく連絡を取り合ってるじゃない。電話があるわ。
私：でも電話じゃ心拍数を記録したりできないし、どれだけ走ったかわからないよ。
妻：私はジョギングをしないもの。

妻ではなく、自分にとっての利点を持ち出してしまったようだ。いくら好機を利用しても、妻にとっての利点をアピールしなければ説得はできない。もう一度トライしよう。

私：アップルウォッチに搭載されている機能を知ってる？
妻：なあに？
私：天気予報のチャンネルがあるんだよ。24時間365日見られるのさ。自分の手首の上で。

妻は、天気予報が見られるのはとても魅力的だと思ったようだ。これでやっと話が前に進みはじめた！

妻：あなたはアップルウォッチが欲しいのね。
私：いや、君と僕のふたりぶん……。
妻：それでお昼ご飯をつくってくれたってわけ？

まったく、そのとおり。35年も夫婦をやっているので、妻は私のことなら何でもお見通しだ。魅力的な電子機器のことになると、信頼に値する説得者の資質である「私利私欲がないこと」はどこかに吹き飛んでしまうのが私である。これでは好機を生かす技術も役に立たない。だから私は、まったく関係のない方法を使って、アップルウォッチを手に入れることにした。妻と私へのクリスマスプレゼントとして買うのだ。

会議で試してみよう

会議の終盤まで待ってから、〝やむなくこの結論に達した〟というトーンで話してみよう（そういうトーンで話すと、自分の利益を考えてのことではなく、論理的に考えてそういう結論に達した、と暗示することができる）。そうすれば、自分の意見を主張する人ではなく、中立な裁判官のように自分を見せることができる。

仕事で試してみよう

料理人は、「カイロス」を拡大するために〝前菜〟を生み出した。前菜によって、パブロフの犬のように唾液を分泌させ、食べるのに最も適した状態にするのだ。これと同じことを仕事の場でもできる。同僚に、あなたのアイディアをあらかじめ見せるのだ。このとき、ほんの少し見せるにとどめ、続きが気になるようにさせておく。私も自分のウェブサイトで、この前菜と同じ作戦を使っている。徐々に私の本についての情報がわかるようにしてあるのだ。ネットの売り上げデータによると、前菜（宣伝）が多いほうが、売り上げが伸びるという。映画の予告編も、短いより長いほうが、多くの映画ファンを惹きつけるという。

モハメド・アリはなぜ成功したのか

説得のタイミングを逃さない達人は、「エートス」のマイナス面を強みに変えることができる。マーティン・ルーサー・キング・ジュニアが投獄された当時は、刑務所に入ることは不名誉なことだった。だが、彼は、好機を生かすことに生まれながらのセンスがあり、白人のアメリカ人――全員でないにしても、かなりの数の白人――が、刑務所にいる黒人のことを殉教者として見はじめていると感じていた。

また、のちのモハメド・アリことカシアス・クレイも、白人の子どもたちが黒人ミュージシャンの曲を聴きはじめていること、年齢層により考え方に大きな隔たりが出てきたこと、エミリー・ポストやジョン・ウェインが示してきた気品のある世界というものが変わりはじめていることに誰よりも早く気づき、キングと同じように好機を生かした。

誰から見てもセクシーで、自慢屋で、相手の心理を揺さぶるトラッシュ・トークの生みの親にして、平和運動家に転身したボクサー、そして世界初の（そして世界で唯一の）皮肉屋のプロボクサーであるモハメド・アリの登場に向けて、機は熟していたと言えよう。

モハメド・アリは、1960年代前半の中産階級のディコーラム（適切さ）とも言えるものを見事にぶち壊した。彼が成功したのは、好機をとらえるボクサーの勘とエンターテイナーとしてのディコーラムの両方を備えていたからだ。ケンタッキー州で満足な教育も受けられずに育った黒人が、この地球上で一番恰好いい男になったのである。

アリほどの深みはない話だが、大統領時代のビル・クリントンが、ホワイトハウスでニューハンプシャー州の民主党員らに向けてスピーチをしているのを見たことがある。クリントンは彼らのことを偉大な政治的盟友であると述べたが、実は彼は、1992年の予備選で、最初の開票地であるニューハンプシャーを落としていた。ニューハンプシャー州の民主党員は、クリントンではなく、マサチューセッツ州出身の無名の議員ポール・ソンガスを選出していたのである。それでもくじけなかったクリントンは、世論調査で巻き返し、次の州からは勝利を収めはじめた。クリントンは、すべての始まりは小さなニューハンプシャー州だった、と述べた。実に前向きな姿勢だ——勘違いと言ってもいいほどに。このストーリーの最後には、好機を生かすことにまつわる教訓がある。**自**

分の思いどおりの決定がなされなかったときは、説得できる次の機会を待てばいい、ということだ。

クリントンは、予備選挙が行われる土地から土地へ、飛び回った。ニューハンプシャー州の次は南部に向かった。聴衆を換えれば、次は説得できるはず、というわけだ。マーケティング担当者もこれと同じように、説得できる聴衆を探すために、何百万ドルという資金を投入する。

残念だが、あなたや私はいつもそんな贅沢ができるわけではない。たいていの場合、聞き手は決まっていて、あなたがその聞き手を説得したいなら、好機を待たねばならない。だが、いつも待たなければならないわけではない。「いいタイミングをとらえること」は好機の要素の半分でしかない。では、もう半分は何かって？　それは「手段の選択」だ。次章は、それについて述べる。

24章のポイント

- たいていの場合、**状況や雰囲気が変わったときが、説得のチャンスだ。**
- **ターゲットにする聞き手を換えることで、説得のチャンスをつくりだせる。**

25章

適切な手段で伝える

象徴的なジェスチャーをしたいなら、国旗は燃やさずに、洗うことだ。
――ノーマン・トーマス（19～20世紀のアメリカの政治家）

ほとんどの男性は、野球の試合を観戦しているときにプロポーズするのはいかがなものかと思っている。大型スクリーンを使って女性に結婚を申し込むというのは、恥じらいと自己顕示欲の入り混じった不思議な行為だ。プロポーズしたものの、彼女を説得しなくてはならない状況になってしまったら、その光景を興味深く眺めている何千という観客の前で恥をさらすことになる。これは、伝える手段を間違えたということだ。**適切なことを適切なタイミングで、適切な手段で言うことが**大切なのである。

不適切なことを言ったり、不適切なタイミングで説得したりするのがよくないことは、ご存じのとおりである。どういった手段を使うのかも同じくらい大切だ。私が知っている男性は、通話装置のスイッチが〝放送〟になっているのに気づかず、生産工場にいる女性の胸について熱く語ってしまった。彼は、もうその会社にはいない。最近では、過去の女性蔑視発言を暴露されたドナルド・トランプが、「これはロッカールーム・トークだ」と釈明した。

いずれのケースも、問題となった人物は、意図せざる聴衆に向かって話をしてしまった。これは何もいまの時代にかぎった話ではない。昔から、私的な手紙が検閲されたり、会話が盗み聞きされたりすることはあった。現代ではテクノロジーが発展したせいで、いっそう簡単にメッセージが意図せざる聴衆の目にさらされたり、間違い電話をしたり、間違ったタイミングで何かを言ってしまったりするようになっただけだ。

あなたなら、どうやって結婚の申し込みをするだろうか。面と向かって？　黙って指輪を差し出す？　手紙？　メール？　携帯メール？　ブログ？　パワーポイントを使ったプレゼンテーション？　飛行機で空に雲で文字を書く？　野球場でアナウンスをする？

ほとんどの人にとっては、どれを選べばいいかは明らかだ。面と向かって申し込むのが最もいい。なぜなら、論理、人柄、感情という3つの面をすべて利用できるからだ。

どの手段で伝えるかを決めるときには、いくつかの要因を考慮しなければならない。タイミング、何を使って訴えるか（「エートス」か「パトス」か「ロゴス」か）、どんなジェスチャーをしたいのかを考える必要がある。

- **タイミングはどうか？**：言い換えれば、聞き手がどれくらい迅速な返答を期待しているか、ということ。また、そのメッセージはずっと残るものなのだろうか？
- **「エートス」「パトス」「ロゴス」をどう組み合わせれば説得できるか？**：それぞれの手段ごとに得意な分野が異なる。

●**どんなジェスチャーをすれば思いが届くか？**：ここで言う〝ジェスチャー〟とは、文字どおりの意味と比喩的な意味の両方を意図している。レトリックでジェスチャーと言えば、肩をすくめることからボーナスを出すことまで、すべてを含む。笑顔、抗議の行進、上司がカジュアル・フライデーにアロハシャツを着てくること、さりげなく行うボディ・ランゲージなど、すべてがジェスチャーである。

18世紀から19世紀にかけて、レトリシャンたちはジェスチャーを取り入れることに夢中になった。このころ、古い社会構造は崩れ、貴族政治において家柄が問題にされることはなくなり、代わりに、教養の有無が貴族の地位を確立するものになっていった。だが、これに加えて「ディコーラム（適切さ）」――紳士淑女としてのマナーや型――も必要とされた。紳士らしい振る舞いを教える本の需要が高まったのも想像に難くない。ベストセラーになった本は、声とジェスチャーを組み合わせた技法を教えるものばかりだった。

どの感覚に訴えるかで、使うツールは変わる

さて、ここまでの話は、「伝えたいことを伝えるのに最適なツールを選ぶ」という話とどう関係しているのだろうか？　答えは、「すべて」だ。**人間の五感には、それぞれに対して最もふさわしい技法がある。**どの感覚に訴えたいかにより、使うツールも異なってくる。

- **聴覚**：人は、話し声を聞くときが最も理性的になる（声は「エートス（人柄）」を伝えるのにも役に立つ）。ただし、「音」が音楽の場合は、「パトス（感情）」が強まる。
- **嗅覚**：最も情緒的だ。ほのかに香る香水、火薬の匂い、おむつの臭いは、強い感情的な反応を引き起こす。
- **視覚**：情緒的な傾向がある。人は見たものを信じるからだ。アリストテレスも言ったように、何を見たかによって何を信じるかが決まる。だが、紙に書かれた活字を見るときは、論理的なものとして捉えられる。
- **触覚**：もちろん「パトス」に訴える。
- **味覚**：もちろん「パトス」に訴えかけるものだ。

話し声が理性的なものを伝えるというのは興味深くはないだろうか？　ただし、テレビは音より映像が勝って情緒的になりがちなので、ちょっと複雑だ。

レトリックとは、「どうやったら相手を説得できるか」を論理的に考えるためのものだ。だから説得者は、視覚が聴覚に勝るように、そして「パトス」が「ロゴス」に勝るようにするために、鮮烈な映像を伝えようとする。ベトナム戦争のとき、ラジオのレポーターが戦地の最前線にいたのに、誰も彼らのことを覚えていないのではないだろうか？　その戦争を終わらせたのは、感情に働きかけたテレビの力だ。

では、活字はどうだろう？　それだって視覚を伴うのではないだろうか？　もちろん目で読むことには違いない。だが、読むという行為は、視覚よりも聴覚に訴えるものと考えられる。読むことで、書いた人の声を受け取るのだ。

メールで気持ちは伝わらない

説得するタイミングを逃さないようにしたければ、それぞれの手段の特質を知っておく必要がある。たとえば、パソコンのメールを考えてみよう。文字を打つメディアなので、基本的には「ロゴス」を伝えるものであり、そこに少し「エートス」の要素が加わる。よって、メールは気持ちを伝えるのには不向きだ、ということになる。聞き手はあなたの表情を見たり声を聞いたりすることができないので、メールの文面からあなたの気持ちは伝わらない。

だから、共感する気持ちを誰かに伝えたいときは、メールは避けたほうがいい。家電販売店《ラジオシャック》の幹部は、400人の従業員をメール1通で解雇し、この簡単なルールを無視した。そのメールはこんなものだった。「従業員削減の通知をただいま各方面に送っています。誠に残念ながら、あなたのポジションは削減されることになりました」メールを使うことによって――かつ〝誰のせいでもありません〟と聞こえる受動態を使うことによって――従業員たちはラジオシャックというロボットに解雇されるかのように聞こえてしまう。

一方、**ある時点で抱いた感情も、メッセージとして発信して自分の手から離れてしまうと、自分**

で**管理することはできなくなってしまう。**瞬間的な感情を示していながら、永遠に残るものでもある、というメールについて考えてみよう。怒りを乗せたメッセージは、あなたが落ち着きを取り戻したあともずっと、聞き手（メッセージの受け手）のメールボックスのなかに、爆弾のように残ったままだ。

　メールでユーモアを伝えるのが難しいのも同じ理由だ。コメディーの神髄はタイミングである。メールには、特定のタイミングというものはない。それに意図せざる聴衆のことも頭に入れておかなければならない。実際、**感情に訴えたいときは、メールを使わないほうがいい。**メールはほぼ「ロゴス」だ。

　ジェスチャーができない点も、メールの欠点だとあなたはお思いかもしれない。だが、メールの長さ（または短さ）は一種のジェスチャーと言える。**メールのメッセージは長ければ長いほど、「ロゴス」を伝えることができる。短ければ短いほど、「エートス」の香りが強くなる。**ジェスチャーを控えめにすればするほど、社会でのあなたの見かけ上の地位は高くなる。この概念が時代遅れでも何でもないのは、ビジネスで使うメールのことを考えてみればわかる。

携帯メールもブログも「人柄」が伝わる

　携帯メールも同じようなものだろうとお思いだろうが、ふたつの点で違いがある。即時的なところと短命なところだ。携帯メールは前述のメールよりもさらに即時的なものである。それでも携帯メールは文字を使って送るツールであり、「パトス」に訴えるものではない。だからこそ、顔文字などが必要なのだ。「ロゴス」も「パトス」もないとすると、携帯メールには何が残るのだろう？「エートス」だ。すべてが「エートス」であり、いつだって「エートス」しかない。携帯メールは、そのほとんどがアイデンティティを表すものだ。ほぼすべて現在形で書かれ、使われる言葉は「符号を使った毛づくろい」が多い。携帯メールを最もよく使っているのは10代の子どもたちだ。彼らは、自分たちの同族グループにいるのは誰で、いないのは誰かを確認し合っているのだ。

ブログも、その場かぎりの携帯メッセージと同じように、似かよった考え方をする人を集めるものである。16歳の子が顔のニキビを嘆くにしろ、記者が批判を繰り広げるにしろ、ブログは日記のようなものである。航海日誌のように、船舶の航行を永続的に記録するものとは違う。ブログは個人的な生活や仕事や興味のある分野で起こった出来事を、ほんの束の間、映すだけのものである。

一方で、ブログは、書く才能があれば世の中の注目を集められるので、大衆に訴える機会を提供してくれるものとも言える。たとえばエズラ・クレインのブログは、まだ20代前半だった彼を、有名な評論家に押し上げてくれた。だが、何かを審議するのに役立つ話題を提供しているブログはほとんどない。ブログを書く人の主な目的は、選択にまつわる話をすることではなく、人とつながることだからだ。ツイッターはどうかって？　文章が短いだけで、ブログと同じだ。

私自身も熱心にブログを書いている。政治、スポーツ、エンターテインメントの世界での発言を取り上げて、レトリックの観点から分析し、さまざまな手法や、うまく技法を使えていない点を指摘したりしている。私が学んできたレトリックの不思議な力を、本書と同じように、ブログでもみなさんに伝えることができると思ったのだ。少しは伝えられていると思いたい。

職場のメールで試してみよう

上司といい関係を築きたい場合には、簡単すぎるメールはいけない。会社では地位が上の人ほど短いメールを書くが、それは彼らが自分の選択を正当化する必要がないからだ。

電話は最も理性的なツール

今度はもっと伝統的なツールを見てみよう。電話だ。昔は、声によるコミュニケーションをとるのが主流だった。聴覚は、最もロゴスに訴える感覚だ。電話会議がとても理性的なのは、そのためだ――そしてビジネスマンが理性だけで話を進めたくないときに飛行機に飛び乗る理由も、ここにある。人間同士のコミュニケーションが論理だけで成り立つなら、大手航空会社も商売あがったりになることだろう。

電話で使えるのは「ロゴス」だけ。しかし、人間がチームをつくったり人間関係を保ったりするためには、「エートス」と「パトス」が必要である。

存続の危機にあるオプ・エド〔新聞で社説の反対側に記載される論説〕は理性的なものだと考える方もいるだろう。だが違う。活字にすると、たしかに「ロゴス」が強調される。だが、オプ・エドは見た目ほど理性的なものではない。メッセージの「ロゴス」よりも重要なのは、書き手が誰か（政治家なのか、有名ジャーナリストなのか、その新聞社のエディターなのか）ということである。

最近のオプ・エドは、昔ながらの新聞とはかけ離れたものになってしまった。その昔、マディソンやハミルトンが、ニューヨークの新聞のオプ・エドとして書いたエッセイは、のちに連作論文『ザ・フェデラリスト』となった。だが、その時代、エッセイは匿名で書かれていた。一方、現在の新聞に寄稿するのは、すでにできあがった「エートス」があるので、エッセイをとおして「エートス」を確立する必要のない人ばかりだ。

ミュージカルはすべてを兼ね備えている

ハミルトンと言えば、彼の生涯を描いた『ハミルトン』というヒップホップ・ミュージカルがブロードウェイで上演されている。レトリックの観点から見ると、ミュージカルはほかの現代的なカルチャーと同様に、あらゆるツールの特徴を兼ね備えたものだ。

音楽は「パトス（感情）」に訴えるもの。物語は「エートス（人柄）」だ。それからラップの歌詞がある。これは素晴らしい「ロゴス（論理）」だ。作詞を担当したリン＝マニュエル・ミランダは、ラップという形式をとることで、実に2万語もの言葉をミュージカルに詰め込んだ。1943年初演のミュージカル『オクラホマ！』で使われたのはたった4300語だ。機関銃のように繰り出される言葉が、普通なら経済学者しか話さないような公的債務をめぐって議論する場面さえ、ショーのハイライトに変えた。「エートス」「パトス」「ロゴス」を組み合わせた、完璧な形だ。

　ほかの手段も、どの感覚を通じて受け取られるものであるかによって、「エートス」「パトス」「ロゴス」の観点から分析することができる。手紙は理性的なもの。贈り物はすごく感情に訴えるものだ。ただし、その贈り物が小切手ではなく、何か形のあるものの場合に、それは「エートス」を相手に伝えるものとなる。相手との関係を強くすることもできるし、贈り主の財力を誇示することもできる。つまり、何かを相手に贈るということは、素晴らしいジェスチャーとなるのだ。声は、理性だ。香水は？　あなたはどう考えるだろうか？

　これまで見てきたように、人間の感覚とそれぞれがもつ力を考えれば、ただ立ち上がって話をするだけで、なぜ理性的に聞こえるスピーチができるのか、説明がつく。大勢の人を説得したいなら、声以外のものも使わなくてはならない。それについては次章で見ることにしよう。

25章のポイント

　説得するチャンスがきたら、「エートス」「パトス」「ロゴス」のどれに重点を置けばいいのかをよく考えて、適切なツールを選び、適切なタイミングで説得すること。さまざまな手段の特質を判断するには、そのツールがどの感覚に訴えるものかを考えてみればいい。

・視覚は主に感情と人格。
・聴覚を介したものは最も論理的である。
・嗅覚、味覚、触覚は、ほとんどが感情に訴える。

Part 4

ADVANCED AGREEMENT

大勢の人の心をつかむ技術

26章

説得力のある話をする

社会で最も高い賄賂は、偉大な雄弁家の足下にある。ほかの者は彼の名声の前で沈黙する。彼こそが真の支配者だ。
——ラルフ・ワルド・エマーソン（19世紀の米国の思想家）

ここまで、さまざまなレトリックの技法を見てきたので、いよいよ大砲を持ち出すときがきたようだ。キケロが提唱した弁論術の5部門（要素）——「発想」「配置」「修辞」「記憶」「発表」——だ。キケロは公の場で行うスピーチのためにこのような分類をしたのだが、上司を説得したいときなど、もっと身近な場面でも、これが使える。この章では、キケロの5部門を参考にして、私たちの発言をどのようにまとめたらいいのかを見てみよう。さらに、次の章では、この5部門をうまく使った対照的なふたり、バラク・オバマとドナルド・トランプの発言を取り上げる。

キケロがこの5部門を「発想」「配置」「修辞」「記憶」「発表」の順にしたのには、きちんとした理由がある。これはスピーチを組み立てるときにたどる順番なのだ。まず、何を言うかを発想する。次にそれをどの順番で話すかを決める（配置）。そして、そのときの聴衆に合わせてどんな表現（修辞）で語るかを決める。そこまで決まったら、それを自分の頭、もしくはコンピューターに記憶させる。

最後に、聴衆に向かって発表する。

スピーチを発想するところから見ていくことにしよう。たとえば私が、自分の住む町で騒音禁止条例を可決させたいとする。なにしろ、落ち葉を掃除するためのブロワーの音がうるさくてかなわない。

この件をめぐって、町が特別委員会を開いたとする。委員会のメンバーが、私にこの件を説明する時間を15分くれた。騒音禁止条例に反対する人も同じ時間を割り当てられることになっている。その後、委員会のメンバーが私たちに質問をしたり、自らの意見を述べたりする。そして最後に、この件を来春の町議会の議題にするかどうかを、投票で決めることになる。

ステップ1　どのように「発想」するか

ただ椅子に座ってスピーチの原稿を書くのではなく、私は外に出て落ち葉を踏み分けながら、自分と、そして町のみんなが望んでいることは何だろう、と考える。これが発想の第1段階だ。自分が望んでいることは何だろう？　自分の目的は聴衆の気分を変えることなのか、考えを変えることなのか、それとも何らかの行動を起こさせることなのか？

私の本当の願いは、町内の人たちが落ち葉掃除用のブロワーを禁止しようという声をあげてくれることだが、スピーチの狙いは、聴衆の考えを変えること——この町には新しい騒音禁止条例が必要だ、と納得させることだ。

そのためには、どんな技法を使うべきだろうか。過去形（非難）か、現在形（価値）か、未来形（選択）か？　私たちが話し合うのは未来について——何を選択するかだ——だから、未来形を使う審議のレトリックを使うべきだろう。もちろん価値観にも触れるが、聴衆がすでにもっている価値観に焦点を定めることになる。そして、騒音の件で誰かを非難する気はない。

聴衆に何を望むかが決まったので、次は論点を決める。キケロの教えによれば、**論点がシンプルか複雑かを考えるべきだ**という。**もし論点が複雑ならば、問題をいくつかの小さな論点に分けなければならない**。だが今回のケースでは、論点はいたってシンプルだ。この町に騒音禁止条例は必要か否か。

さらにキケロによれば、**問題を両方の側面から議論できるように準備しておく必要がある**という。そこで、まずは反対派の論点から考えてみよう。**相手がどんなことを主張するのか想像してみる**、ということだ。相手は価値観に重点を置いた主張をしてくるだろう。騒音禁止条例によって踏みにじられる、「権利」や「自由」についての議論を展開してくるはずだ。

こうして頭のなかで想像してみると、議論の重要なポイントを見つけることができる。この議論は何のためのもの？　そもそも私がこの条例を提案したのはなぜだろう？　問題なのは騒音なのか、ブロワーなのか？　——騒音全般が問題なのだと思う。ブロワーは単なるきっかけにすぎないし、バイク、銃、10代の子どもがタイヤをきしらせる音、その他、現代の日常生活のなかで聞こえる不快な音すべてが問題なのだ。

目的と論点を決めたら、次は聴衆の価値観を見定めなければならない。昨年、私たちの町は「ミッション・ステートメント」を採択した（いまや町にもミッションがある時代なのだ）。そのミッション・ステートメントには、「静かな田舎町」という文言が盛り込まれている。だが、その一方でよく聞くのは「自宅の敷地内でなら、何でも好きなことをする権利がある」という共通認識だ。

そこで、私の議論の中心となるものは何だろうと改めて考えたとき、「静かな住環境」ではなく「権利」について話すべきだろうという結論に達した。反対派も権利に焦点を絞って反論してくることはわかっているので、相手のお株を奪うのも悪くない。そうすると、私の議論の核はこうなる。「騒音は控えよう、なぜなら自宅での静かな生活を楽しむ権利が侵害されてしまうから」

これで、一般論から結論を導く演繹法を使った論理は十分。次は、鹿が昔より寄ってこなくなったという話や、通りの向こうに住んでいるファーソン夫人が、かつてのように、夏の時期にハンモックで昼寝をすることができなくなったという話を持ち出すことにしよう。

それから、このまま騒音の大きさを規制しなければ将来どのようなことになるか――住民はみんな耳が聞こえづらくなり、かつて戸外でレクリエーションを楽しんでいた人たちもみんな家に引きこもってしまう――を説明して、原因と結果の話にもっていく。町民に挙手をしてもらって、このポイントを固めることもできる。年々大きくなるブロワーの音や、その他の大きな音を立てる機械のせいで、自宅での静かな生活が阻害されていると思う方はどれくらいいらっしゃいますか？

ステップ2　どのように話を組み立てるか

基本的な議論を「発想」したら、今度はそれを「配置」しなければならない。レトリシャンはさまざまなことを試してきたが、**「スピーチの組み立て方」の基本は何千年経っても変わらない**。基本的には、次に挙げるのが定石である。**まず「エートス（人柄）」、次に「ロゴス（論理）」、最後に「パトス（感情）」**である。

まずは、聴衆を引きつけるところから始める。次に、あなたが聴衆と共通の価値観をもっていること、良識をもっていること、聴衆の利益を考えていることをアピールして、聴衆に好意をもってもらえるようにする。さらに、聴衆にあなたとの一体感をもたせる。これらはすべて「エートス」を利用したものだ。

そのあと、あなたの主張を持ち出す。事実から話を始め、あなたの立場を主張し、あなたの考えるポイントを論理的に述べる。そして相手の主張を退ける。最後に、集団への忠誠心や怒り——行動に結びつく感情なら何でもいい——を呼び起こして、聴衆を煽る。昔から定評のある流れに沿ったスピーチをしたいなら、次の順番で組み立てるといい。

1．序論：「エートス」をアピールする部分。ここで**聴衆の「関心と好意」**を得ること、とキケロも述べている。

2. 陳述：**問題のこれまでの経緯や、事実や数字を挙げる**。時間があれば、両方挙げるとなおよい。この部分は、**簡潔に、明瞭に、もっともらしく話すことが大切**だ。同じことを何度も言ってはいけない。事実を時系列に沿って述べること。ただし、ことの発端から述べる必要はない。いま議論が必要な事柄に関するものだけを述べればいい。「信じられないかもしれないが」と前置きしなければならないような事実を述べて聴衆を驚かせてはいけない。ここでは、予測できることだけを話すべきだ。聴衆が耳にするのは、普通で、意外性のない、ありのままの話でなくてはならない。

3. 提議：**あなたと論敵の意見が一致する点、一致しない点を挙げる**。論点を定義する方法を用いることも可能だ。これは生物学の問題です、これは倫理上の問題です、これは権利の問題です、これは実務的な問題です、公平性の問題です、などという具合に。

4. 立証：ここから実際の議論に入る。**あなたの議論の核となるものを述べ、その例を挙げる**。「私たちはこうするべきです、なぜならこうだからです」

5. 反論：ここで**相手を論破する**。

6. 結論：あなたが**最も訴えたいポイントを、もう一度述べる。できれば少し感情的に**。

15分あれば、この流れに沿って話をすることができる。技術的には、2分もあれば可能だ。序論の部分では、マイクの高さのことなどをユーモアを交えて話してもいいし、主催者や聴衆に向かって、スピーチをする機会を与えてもらったことに対する感謝を述べてもいい。事実を陳述するのは

1、2分もあれば十分だし、提議——意見の一致、不一致について述べる部分——も同じくらいあれば事足りる。

立証には、この短いスピーチのなかで最も長い時間を割くことになるだろう。なぜなら、例示や前提、原因や効果など、あなたの議論の強みとなるポイントを、ここですべて述べなければならないからだ。反論では、相手が挙げた、もしくはこれから挙げるポイントをひとつだけ取り上げて論破する。そして結論は、短く一文にまとめる。拍手。着席。

私の場合、町民の目に映る私の「エートス」には少しだけ問題がある。ニューイングランド地方では、そこで生まれた人以外は〝新参者〟とみなされる。何十年もそこに住んでいても、である。以前ニューハンプシャー州に住んでいたことがあるとはいえ、私がオレンジ郡に引っ越してきたのはかなり最近のことだ。だから、私自身のことはあまり多くを語らないほうがいいだろう。

清潔で肌に馴染んだシャツにワークパンツという、周りの町民と同じような服装をして会場に行き、難しい言葉はあまり使わないように心掛けなければならない。ここまでは「エートス」にかかわる部分だ。話をする機会を与えてもらったことに感謝の意を示したあと、すぐに事実を述べはじめる。凝り性の友人がこの町で調査した結果、騒音が年々ひどくなっている、と。

提議のところでは、選択肢を挙げる。それには「特に何もしない」という選択肢も含める。反対派は、騒音がひどくなっているという点には同意しているが、それがどれほどの問題なのか、という点で意見が一致していない。それから、騒音を規制することが、個人の権利をどれほど阻害するものかについても見解の相違がある。

提議の部分で、「やむなく達した結論」の技を使えば、「エートス」を補強することができる。**聞き手が自分と反対意見をもっていると感じたら、あなた自身も「やむなくこの結論に至ったのだ」というふりをするといい。**そして、自宅での生活を楽しむ権利についての強い思いを語るのだ。だがこのとき、権利の定義を論敵よりも幅広いものにすること。自分の生活を楽しむ権利には、「平和で静かな暮らしを営む権利」も含めていいかもしれない。

そして立証の部分に移る。ここで私の議論の核心となるものを述べる。

私たちがここに住んでいるのは、オレンジ郡が特別な場所だからです。何が特別なのか？　それは、私たち自身がいつも口にしているように、「静かな田舎町」である点です。ですが、新しい機械を次々に導入していては、もはや静かな町ではなくなってしまいます。

さらに、相手が言うことを見越して、こんなふうに付け加える。

ビルは、これは権利の問題だ、と述べるでしょう。私もそう思います。たしかにこれは権利の問題です。私が私の生活を楽しむ権利と――玄関までの通路を綺麗にしたり、薪を割ったり、川にビーバーを見にいったり――ある人が自身の家の敷地内で何でも好きなことをする権利との対立です。ですが、「何でも好きなこと」が大きな音を立てることになるならば、その人の権利は私の権利を侵害することになります。また、その人自身の評判にも傷がつくことになります。

最後に結論だ。私は自分の議論で最も説得力のあるポイントをもう一度述べ、騒音条例を制定した町がどんなふうになるかを説明する。薪を切り出すときにはチェーンソーを使ってもいいし、デジタルテレビも見られるし、スノーモービルを楽しむことだってできる、ただし、使える時間帯を制限しましょう、と。そうすれば、その他の時間は、私たちが気に入っている、この静かな田舎町での生活を楽しむことができる。自然が豊かで美しく、都会や郊外で暮らす人たちには味わえない、特別な魅力のある町のままでいられるのだと。この町が特別であること、そして私たちはほかの町の人とは違うということを思い起こさせて、ちょっとプライドをくすぐるのは悪いことではない。

「配置」は、レトリシャンのあいだではおろそかにされがちだが、今日では特に重要である。私たちがする議論——個人的なものでも——は、たいてい、こま切れの時間に、さまざまな場所で、さまざまな手段を使って行われる。あなたという人間をわかってもらうにはどのタイミングがいいのか？　論理的に話したほうがいいのはどんなときで、情熱を込めて話したほうがいいのはどんなときか？

配置に関する法則は、スピーチ以外の場面でも役に立つことがわかるだろう。「エートス」「ロゴス」「パトス」の順で使うのが最もうまくいくことを、ぜひ覚えておいてほしい。あなたの強みから話を始めることだ。事実でも論理でもいい。そして**最も説得力のある言葉を、最初と最後にもってくることが大切**だ。

ステップ3　どんな言葉を使って表現するか

言うべきことを発想し、配置したら、どんな言葉を使ってそれを表現したらよいのかを決めなければならない。つまり、**使いたい文体を決める**ということだ。

レトリックの文体は、私たちの話し方や書き方とつながるところがあり、近代文学の文体によく似ている。だが、文学では自己表現を称えるが、レトリックでは聴衆の表現に重きを置く。現代社会では集団のなかで目立つように文体を選ぶが、レトリックでは、**聴衆に馴染むために文体を選ぶ**。古代ギリシャ人は文体の「美徳」と「悪徳」を見つけ出したが、これは私の町の特別委員会でも役に立つ。

ひとつ目の美徳は、適切な言葉、つまり、その場とその場にいる聴衆に合った言葉である。私の場合、外国語やこれ見よがしな言葉を使わない、ということになるだろう。18世紀のレトリシャン、クリストフ・マルティン・ヴィーラントが述べた法則「雄弁でないほうが、かえって雄弁に聞こえる」に従うことにしよう。アリストテレスも、教養のない人のほうがシンプルに話をするが、そのほうが「一般大衆に訴えるには、教養のある人よりもずっと効果的だ」と語っている。

適切でない文体：内部で燃焼するエンジンの轟《とどろ》きや、それが周りの丘でこだまするのが好きな人も、なかにはいるでしょう。一方で、オデュッセウスが広く静かな海に漕ぎいでるように、静かな空間で魂を入れ替えたい人もいるでしょう。
適切な文体：自分の敷地内でデジタルテレビを見たりスノーモービルを楽しんだりしたい人もいるでしょうし、もっと静かな環境で暮らしたい人もいるでしょう。

ふたつ目の美徳、明瞭さは、わかりやすい、ということである。連邦準備制度理事会のアラン・グリーンスパン議長の言葉は、まるでデルフィの神のお告げのようで、本人にとってはよかったのかもしれないが、私にはよくわからなかった。

適切でない文体：反対派による準憲法的な議論は、先例拘束性の原則に照らしてみると、自己矛盾を抱えています。
適切な文体：町には騒音を規制する権利がないのでしょうか？　いいえ、あります。

3つ目の美徳は鮮烈さだ。これは少々厄介だが、恰好よさを増してくれる。聴衆の目の前で〝本物らしさ〟を出せるかどうかという、説得者の能力にかかわる徳だ。スピーチのなかでもストーリーと事実を述べる「陳述」の部分で最も強い効果を発揮する。

適切でない文体：人々はこうした騒音から著しい悪影響を受けています。
適切な文体：リード夫人は私にこう話してくれました。彼女の敷地の裏にある小川を下っていったところにビーバーの巣があるのですが、そこへ行っても最近は、ビーバーたちが寄ってきてくれないときがあるそうです。そこで、彼女はりんごを両手に持ち、笛をぶら下げて、自宅――どこかご存じでしょう――から800メートルほども下っていったそうです。周りが静かであれば、ビーバーたちは寄ってきてくれます。リード夫人の手からりんごを食べる様子を見たことがある方もいるでしょう。ですが、デジタルテレビの音が聞こえると、尾っぽをひるがえして巣のなかに逃げ込んでしまうそうです。

4つ目の美徳は最も大切なディコーラム、適応する技術だ。語り手が無理に聴衆と同じ話し方をしようとする様子は、聴衆から見れば愉快かもしれないが、説得力には欠ける。そこで私は、地元の人が言っていたのと同じことを同じように言ってみようと思う。

適切ではない文体：やっていいことと、いけないことを、おめえに指図するつもりはねぇ。なんでかっちゅうと、俺だって昔、木を何本か切って、どえらい音を立てたんだ。

適切な文体：私も騒音を出すことはあります。秋にはふたつのチェーンソーを使って、3平方メートル分の薪を切り出しました。その音はオレンジ池まで響いていたと思います。

5つ目、そして最後の美徳は、声のリズムや言葉の巧妙さに関するものだ。私の場合なら、簡素なものが最も効果的だが、終わりのほうで交差配列法を使ってもいいかもしれない。

つまり、こういうことです。私たちが騒音をコントロールするのか、騒音に私たちが振り回されるのか。

これはうまくいくかもしれない。ただ、手の込んだ言葉は、覚えにくいのが難点ではある。古代ギリシャ人は、これについてもいい解決法をもっていた。

ステップ4　スピーチをどう覚えるか

ほかのレトリシャンと同様に、キケロも思考の目録をつくり、それを表現する彼なりの方法をもっていた。古代ギリシャ人は記憶について独特の考え方をしており、レトリシャンたちは生涯を通して、記憶術の練習に励んでいた。

たとえば、レトリックを学ぶ人は、まず頭のなかに家を描くよう教えられた。そして、その部屋に自分の考えや表現方法を、自分なりのイメージで収め、そうした家を増やしていき、村を作るのだ。これには、何年にもわたる修行が必要だろう。だが、いったんつくりあげたら、それは生涯使えるはずだ。

古代ローマの紳士は、スピーチをする必要がないときでもこの〝記憶の村〟を日に一度は訪れて、必要な分野をめぐり歩いてはイメージを頭に定着させていたそうだ。そうしておけば、いざスピーチをするとなっても、村のあちこちを訪れるだけでいい。

今日の私たちから見ると、いささか奇妙に見える。だが、私たちも同じことをしている。たとえば、パワーポイントを考えてみよう。スライドに載せられたイメージ——写真、図表、グラフ——は、特定の概念を表す。聴衆と一緒にスライドを見ていくことで、語り手は何を話すべきかを思い出すことができるのである。

私の場合、話せるのは15分だけなので、簡潔に話すつもりだし、メモや記憶術に頼る必要はない。だが古代ローマ人は、何時間も話さなくてはならなかったし、聴衆が話を遮ることも頻繁にあった。窮地に陥ったら、彼らは〝記憶の村〟に潜り込み、覚えていることを引っ張り出してきたのである。

ステップ5　どのように「発表」するか

発想、配置、文体、記憶までうまくできたら、「発表」だ。**発表では、声、リズム、息継ぎのタイミングとともに、ボディランゲージも重要だ。**

ルネッサンス期と啓蒙時代の初期、人々はボディランゲージに熱中していた。当時のジョン・ブルワーによるベストセラーは、いまもダートマス・カレッジの図書館に収蔵されている。手や指を使ったサインを、顔の表情や感情と結びつけて示した版画が載っている本で、実用的な解説も添えられている。

たとえば、称賛を示すには、まず手の平を上に向け、指をくっつけた状態で腕を前に突き出す。

そのあと指を開きながら、手首から先を上に向け、手の平を聴衆のほうにくるりと返す。これで称賛だ！　一般の人はこのような本を研究して、紳士の振る舞いを真似ていた。

トーマス・ジェファーソンは大統領になったとき、これと反対のことをした。彼は馬車には乗らず、コーデュロイのパンツをはいて馬に乗った。「ジェスチャー」を使って、自分はヨーロッパ人ではなく、アメリカの実直な市民のひとりであると示したのだ。

まずは、声について考えてみよう。**理想的な声は、大きくて、安定して、柔軟性がある声**だ。声が大きいのは、伝える能力があるということだ。安定性は持久力を意味する。長い演説をするときは、序論では甲高い声など出さず、静かに話して声を温存することが大切だ。

柔軟性というのは、そのときどきに応じて、声のトーンを変えられるということだ。レトリシャンはさまざまなトーンの声を出すことができる。威厳に満ちた声、何かを説明するときの声、ストーリーを語るときの声、おどけた声、会話をするときの声、討論をするときの声、強調したいときの声。一方、現在の私たちのほとんどは、会話で使うときの声しか出せない。

だが、現在のスピーチでも、声色を変えることはおおいに役立つだろう。**最初は、柔らかい口調を使うといい。そして、スピーチの終わりに向かって徐々に声を大きくしていく**。話している内容に合わせて、話すスピードを上げたり下げたりする必要もあるだろう。

体の動きについて言うと、レトリシャンの教えでは、**聴衆の気をそらすようなジェスチャーは控えるべきだとされている**。だから、あるポイントを強調したいときは、肩から上を少し前かがみにするといいだろう。**間違った印象を与えるジェスチャーをするくらいなら、何もしないほうがいい**。

だから私は、顔の表情に的を絞ろうと思う。これもまたキケロの教えなのだが、「目は心の窓」である。**目の表情が、何よりも雄弁なジェスチャーとなる**だろう。

よし、これで準備は万端だ。私は白い壁の会議室に入っていく。ニューイングランドの人は、こちらを励ましてくれるようなタイプの聴衆ではないが、少なくとも、いま目の前にいる人たちは、こちらに注目してくれている。私は部屋にいる50人ほどの人の顔を見渡した。

キケロの論理だけではなく、彼のエピソードも私を勇気づけてくれる。かつてフォロ・ロマーノで行われた重要な裁判で、キケロは緊張のあまり話すのを中断し、そのまま逃げ出してしまったという。歴史上、最も偉大なレトリシャンであり、ジュリアス・シーザーから共和国を守った男が、逃げ出したのだ。恥ずべきこととはいえ、この事件はのちのレトリック界に大きく寄与するものとなった。なぜなら、このことがあって以来、スピーチをする者は、最も雄弁な人でさえ逃げ出すことがあると考えて、不安を落ち着かせることができるようになったからだ。

さて、ここまで私のスピーチを例に見てきたので、今度は達人たちの技を見てみることにしよう。

緊張しているときに試してみよう

１９６０年代にダートマス・カレッジで演劇を指導していたある人物は、「駆け出しの俳優にひとつだけアドバイスするとしたら何と言いますか」と言われて、こう答えた。「もっと大きな声で話すこと」。これは、特に緊張しているときに効果がある。大きな声で話すことに意識を集中すると、自信に満ちた声で、リズミカルに語れるようになる。

大勢の人の前で話すときに試してみよう

長きにわたりロナルド・レーガン大統領のスピーチライターを務めたマーティン・アンダーソンは、レーガンに、背筋を伸ばして立ち、手は軽くお椀の形にして、親指をズボンの縫い目に沿わせておくようアドバイスしたという。大統領は、その姿勢では落ち着かないと言ったそうだが、そうすることでリラックスして見える。

TEDの人気プレゼンで使われているテクニック

レトリックはいまも生きている。TEDの動画を見てみよう。ご存じの方も多いだろうが、TEDとはさまざまな分野で活躍する人たちを招いて18分間の講演をしてもらう世界的な組織だ。TEDは2006年からトークイベントの模様を映した動画の配信を始め、それから6年後には、オンライン動画の視聴者数10億人を達成した。TEDの責任者の表現を借りれば、「広める価値のある考え」をもっている人は誰でもメインステージでスピーチができるし、もしメインステージでできなくても、世界中で行われているTEDが協催するイベントでスピーチができるという。

あなたなら、TEDで話す内容をどうやって考えるだろうか？ この章で紹介したスピーチのルールに従えばいい。キケロなら、TEDでも注目を集めたことだろう。彼はスピーチがどういうものかよくわかっていた。だが私は、TEDで行われた何百というスピーチを研究した結果、**人気のある人がみんな使っているあるテクニックを見つけた。スピーチを、何かを見つける旅に見立てる、というテクニック**だ。

私たちは、主張するポイントを挙げてからそれを証明する、という方法を学校で習ったが、TEDで行われる演説は、それとは逆だ。彼らは証明（例）を挙げ、それから結論を示す。言い換えると、学校で教えてくれるのは演繹的な推論であり、TEDのスピーチは帰納的な論理を用いているということだ（13章を参照のこと）。結論の前に裏付けとなる証明をもってくることで、語り手はスピーチをストーリーに仕立てることができ、聴衆とともに、そのポイントを〝発見〟することができる。

たとえば、「人を操ることをいいことに使うためにはどうすればよいか」というテーマの演説をしたいとしよう。あなたは「地球の平和を望むのなら、人を操ることの正の側面についても知らなくてはならない」と言って、聴衆の注目を集めることもできる。だが、ほとんどの人が「ちょっと待った。私は人を操るのは嫌いだ。この変な奴が、私が人を操るようにしようと思ってもそうはさせないぞ」と思うだろう。演繹法を使うと、こういうことになってしまう。

だが帰納法を使ってみるといい。例示からヒントを見つけ出そう、というアプローチだ。貧困層へのケアの必要性について友人を説得しようとした個人的な話から始めてみることにしよう。

私は最高の論理を使って、貧困層をケアすれば経済を活性化させられること、病気の拡散を防げること、それ自体が道徳的に素晴らしいことだと訴えました。ですが、隙のない議論をしても何も得られませんでした。なぜでしょうか？　私の友人は、貧困層へのケア自体に反対しているのではなかったからです。彼女は、そのケアに自分の血税が使われることに反対しているだけだったのです。彼女の主張は、「生活保護は、貧困層の依存性を高め、悪い習慣と怠け癖をつけてしまう」というものです。私は彼女が貧困にあえいでいる人をステレオタイプで見ていると、大声で非難しました。そして、貧困層の人が怠けているわけではないことを示す統計を示したのです。けれど結局、私たちはお互いに怒鳴り合うだけで終わってしまいました。私は偽りのない事実と隙のない論理を使ったのに。

次に、結論の部分で、この話から得られるヒントを示す。

ほかに、友人を納得させるテクニックはあったのでしょうか？　冷徹な事実と論理以外で。

そして、あなたは年老いた父に運転をやめるよう必死で諭した話をもうひとつの例として挙げる。あなたは父親に、彼が運転すると、彼自身にとっても周りの人にとっても危険だと説明する。ここでも、あなたは事実と論理のミサイルを打ち込んだわけだ。だがミサイルは、すぐに跳ね返ってきてしまう。けれども話をしているうちに、あなたは父親が「あきらめる」という言葉を使ったのを聞いた。

父は、運転をあきらめるのは人生をあきらめるのと同じだ、と私に言いました。そこで私は突然気づいたのです。父にとって、配車サービスを使ったり、友人にどこかへ連れて行ってくれるよう頼んだりすることは、〝快い夜のなかへおとなしく流されてしまうこと（イギリスの詩人、ディラン・トマスの詩の一節）〟なのだと。つまり、死に向かって無抵抗に一歩進むということなのです。父にはまだその準備ができていない。これは事実や論理の問題ではない、と私は思いました。父の気持ちの問題なのです。父にとっては人生の問題、どこまで体の衰えと戦えるかという問題なのです。

では、運転しない人生になったらどうなるのでしょう？　もし、〝配車サービスを使えば自立していられる〟と父を納得させることができたら？　そこで私は、議論に使う言葉を換えようと思いました。私の考える事実と論理を使うのではなく、父の信念や期待の観点から話をしようと思ったのです。

さらに、説得するための武器として、愛情も加えます。私は父のことを愛していると伝えました。決してあきらめない父は私のヒーローであると。そして、現代的な方法を使って、自分を敬慕《けいぼ》する友人や家族と父が出かけることは、決して人生をあきらめることではない、と話しました。むしろ、新しいことに挑戦する勇気を示すことになる、と説得したのです。私は父に、配車サービスを試しに1週間利用してみないか、と持ち掛けました。そして、父が配車サービスアプリをスマートフォンにダウンロードして登録するのを手伝いました。

そしてそこから、政治の話、世界経済の話、人間の将来についての話に広げていくのである。そして、聴衆にちょっとした課題を出す。

誰かと意見が合わないことがあったら、相手の信念や期待や望んでいることを利用してみてください。あなたの選択肢に同意させるための〝てこ〟として使うのです。そして、あなた自身に問いかけてみてください。こうやって人を「操る」ことで世界は悪くなるのか？　よくなるのか？

そして、こう締めくくる。

どうしても倫理の問題が気になって仕方がないという場合は、こうしてみてください。誰かを操ったら、あとでそのことを相手に伝えるのです。おそらく彼らは、それでも考えを変えないでしょう。それどころか、どのように操られたのかがわかっても、あなたが彼らの信念や期待を尊重したことを評価してくれるはずです。たしかにあなたは相手を操ったかもしれない。ですが、それは相手に思いを寄せるという、素晴らしい行為なのです。

26章のポイント

エドワード・エヴァレットは実に気の毒な人だ。彼もゲティスバーグで演説を行ったのに、彼のことを覚えている人はいないのだから。だが、当時の人々は、リンカーンのたった268語の短い演説に当惑した。あの時代にしては、ずいぶん簡素な演説だったし、リンカーンの甲高くて鼻にかかった声は、端のほうにいた聴衆には届かなかったからだ。

一方、当時のエヴァレットは注目の人物だった。国民的な演説者として、ダニエル・ウェブスターを後継すると思われていたのだ。エヴァレットは2時間でも聴衆を引きつけることができる人だったし、その日もそうだった（彼の演説は一読に値する。戦いの場面などはまるで映画のようだ）。ウェブスターと同じくキケロを信奉していたエヴァレットは、意識してキケロの5部門を使っていた。私たちも、スピーチやプレゼンテーションをするときは、ぜひ使ってみよう。

- **発想**：スピーチに使える材料を掘り起こすこと。本書で紹介した論理的なテクニックはすべてこの段階で使われるものだ。
- **配置**：序論（「エートス」はここに盛り込む）、陳述、提議、立証、反論（ここまでの4つは「ロゴス」に重点を置くこと）、結論（ここでは感情を表すこと）。

・**修辞**（**文体**）**：**文体における5つの美徳とは、適切な言葉、明瞭さ、鮮烈さ、ディコーラム、そして装飾（声のリズムや言葉の巧妙さ）。

・**記憶：**これは現代のスピーチに当てはめるのは最も難しい技だ。古代の人は、小さいうちから記憶の訓練をしていた。幸い、私たちにはパワーポイントがある。聴衆と一緒にスライドを見ながら思い出すことができる。

・**発表：**ここで語り手は実際に演じる。あなたの声は部屋全体に聞こえるくらい大きくて自信に満ちているだろうか？　ジェスチャーのことも考えてみよう。キケロは目の動きもジェスチャーの一部と捉えていた（アイ・コンタクトと目の表情の両方）。自信を示したいのなら、まずは目の表情から始めよう。

・**TED式　結論の前に証明をもってくる：**TED形式で話をするときは、結論の前に、その裏付けとなる証明をもってくる。

27章 聴衆の心をつかむ

私は聴衆をうならせた。
――マルクス・トゥッリウス・キケロ

偉大な雄弁家はもういない、と思っている人は、2004年7月27日に行われたスピーチを見てみるといい。その日、ひとりの男が、まさに歴史の流れを変えるようなスピーチをした。

「バラク、誰だって?」聞き慣れない名前の候補者が民主党党大会の基調講演者として演壇に上がったとき、誰もがこう言った。彼が聴衆に向かって手を振っているあいだ、テレビのレポーターたちはカンニング・ペーパーを使って、オバマのプロフィールを読み上げた。

比較的無名のスピーチが大統領の座へとつながったのは、1860年以来のことだろう。そのときは、イリノイ州出身のエイブラハム・リンカーンという田舎弁護士が、有名なクーパー・ユニオン演説で、ニューヨークのエリートぞろいの聴衆を魅了した。リンカーンの聴衆は比較的数が少なかったものの、「この男に大統領にふさわしい知識と経験があるのか」と誰もがいぶかしんでいた。

リンカーンは、そんな聴衆を説得する必要があった。オバマも、自分が政界のロック・スターであることを証明しなければならなかった。そして両者とも、見事に成功したのである。

スピーチのおかげでオバマの著書『マイ・ドリーム』は瞬く間にベストセラーとなり、何千人というオバマの信奉者が生まれた。彼は一夜にして、政界の新星から大統領候補者になったのだ。次に彼が党大会でスピーチを行ったのは2008年、民主党の指名を受諾したときだった。

当時、私はオバマが行った初めてのスピーチをわざわざ見ようとは思わなかった。だが、これは間違いだった。彼はレトリックの力がどれほど大きいものかを示してくれた。この章では、オバマがどうやって何百万人もの人を魅了したのか、そしてどうやって自分をリーダーとしてふさわしい人物に見せたのかを見てみよう。

アリストテレスは、政治的なスピーチでは審議のレトリック（未来形を使い、何が聴衆にとっての利益となるのかを訴え、選択を促す）を使うべきだと語り、本書でも、ページのほとんどを審議のレトリックに割いてきた。

だが、人々の心をひとつにするためのスピーチには、価値観にかかわる演示のレトリックを使うといい。演示のレトリックをよく知っていれば、スピーチを聞くときに何に気をつければいいか、何を批判すればいいかわかるだけでなく、あなた自身ももっと雄弁になることができる。

まずは、オバマの象徴的なスピーチから見てみよう。さらに最近のスピーチも取り上げて、彼の魔法のような言葉の裏にある演示のレトリックの手法にも注目する。そのあとは、何千年も前に生み出され、近年ではドナルド・トランプも使っている短い文を重ねていく技法にも触れる。この技法は、トランプをホワイトハウスに送り出すのに一役買った。

このふたりのことをどう思おうと、彼らから学ぶものは多い。ふたりとも、古代から受け継がれてきたレトリックの名手である。間違いなく、レトリックは今日でも効果的なのだ。

オバマはなぜ聴衆の心をとらえたのか

オバマはキケロの教えを忠実に守り、自分のスピーチを、説得力のある伝統的な方法で組み立てている。

1. **序論**（**聴衆の関心と好意を得る**）：オバマは党大会のスピーチの冒頭で、まず自分の特質や人柄を設定した。「私がこのステージに立っているなんて、とても信じがたいことです」謙虚な姿勢を見せる素晴らしい作戦で、このあとの陳述にスムーズに移行できる出だしだ。

2. **陳述**（**事実や数字を挙げる**）：彼はまず自分の両親の話を語り――酪農を営んでいた父はアメリカに留学し、母は父の故郷から見ると〝地球の反対側〟にあるカンザス州で生まれ育った――自分の存在こそアメリカ的であると述べている。「いまここにいる私は、自分の人生がアメリカという大きな物語の一部であることを知っています」と彼は言う。「国民のささやかな夢に誠実であること、それこそが、アメリカの真の特質なのです」

3. **提議**（**両方の意見を取り上げる**）：優れた演説者は、提議の段階で両方の意見を取り上げる。自分の意見を熱のこもった言葉で伝える。相手の意見を、あからさまに非難するのはよくないだろう。相手の間違った考えに落胆している、と聞こえるように言うほうが、はるかにいい。これがオバマのやり方だ。「今夜、私はあなた方に言いたい。私たちにはやらなければならない仕事がたくさんあるということを」もっとはっきり言えば、「ブッシュとチェイニーが率いていた4年間のあとなので、やらなければならない仕事がたくさんある」ということだ。提議の部分で「自分たちのほうがはるかに理性的だ」と示して、自分こそが適任だ、と暗示したわけだ。

4．**立証**（**議論のポイントを述べる**）：やらなければならない仕事がたくさんある、ということを裏付けるために、オバマは伝統的な手法を使った。事象を羅列するという方法だ。海外に流出した仕事、アメリカを身動きのとれない状態にしている石油会社、安全という名のもとで犠牲にされる自由、〝私たちを区分けするくさび〟として使われてしまう信念、そして泥沼の戦争。

5．**反論**（**相手を論破する**）：ここで、オバマはキケロの教えから少し離れた。直接的に共和党を非難するのではなく、アメリカを分断しようとしている〝情報操作屋や中傷専門の広告屋〟を非難したのだ。そのあと、このスピーチの一番の聞かせどころである一文を語る。ここまで彼は声を一定に保ち、理性的で早口で歯切れのいい口調で話してきた。それがこの部分に差し掛かると、大きな声で、演壇を叩かんばかりの勢いでこう言ったのだ。「今夜、私は彼らに言いたい。リベラルのアメリカでもなければ保守のアメリカでもない。〝アメリカ合衆国〟なのだと！」この一文は、世界中のメディアで取り上げられることになった。

6．**結論**（**ポイントをもう一度**）：素晴らしいスピーチの締めくくりには、内容の要約と聴衆に行動を呼びかけることのふたつの役割がある。「結局のところ、これこそが選挙の目的なのです。皮肉に満ちた政治と、希望に満ちた政治、あなたならどちらに参加したいでしょうか？」（この修辞的疑問文に対して党員たちが嬉々として〝希望!〟と叫ぶ)。「ロゴス」を存分に使ったあと、オバマは「そして」という言葉を多用して、喝采の波に乗っていく。彼は幸せな未来を語ることで、聴衆を行動へと駆り立てる。「……そしてジョン・ケリーは大統領に、さらにジョン・エドワーズは副大統領に就任することでしょう。そしてこの国は希望を取り戻し、長く続いた政治の暗闇から……」一言言うたびに聴衆が歓声を上げる。歓声は次第に大きくなってホール全体に広がり、オバマの声が聞こえないほどになった。最後には彼が「ありがとうございました。みなさまに神の祝福がありますように」というのを、口の動きから読み取らなければならなかった。

ケリーは大統領に就任しなかったものの、オバマのスピーチは大成功だった——オバマにとっては。

・聴衆の心をひとつにする

オバマの別の演説もいい例になるので見てみることにしよう。まずは1期目の就任演説から。覚えているだろうか、演示のレトリックは価値観を扱う。現在に焦点をあてて、善と悪、正と不正を明らかにする。**価値観の話をするときに最もいい方法は、論敵の価値観と対比させる**ことだ。

私たちは自分の生き方について謝罪はしませんし、それを守ることに何のためらいもありません。テロを起こしたり、罪のない者を殺害したりすることで目的を果たそうとする人たちに向けて、こう断言します。私たちの精神は強く、決して打ち砕かれることはない、と。あなた方に、私たちを倒すことはできません。私たちがあなた方を打ち負かすからです。

ここでもうひとつの技法が使われていることにお気づきかもしれない。ほかの人物が話しているかのように、あるいは、ほかの誰かに向かって語りかけているかのように装う「活喩《かつゆ》法」だ。共通の敵がいることが、人を最も強く結びつける。さらに、悪者を断罪する言葉を口にすることほど、自分をいいリーダーに据えるのにふさわしい方法はない。このとき、オバマは実際に敵に向かって話していたのではない。彼が語りかけていたのは、聴衆だ。オバマは、アメリカ国民に忍耐を求めるのではなく、アメリカ人の決意を高らかに宣言した。私たちは敵より長く生き残る、なぜなら私たちは強いからだ！　と。

どんなに策を練ったところで、「問題に取り組むいい機会だ」と相手を諭して、目の前の仕事に取りかからせるのは難しい。オバマもよく使った手だが、**問題を「課題」と言い換えても聴衆を実際に動かすのは難しいだろう。そんなときには、「自分たちの力を証明する機会が与えられた」と言うといい。**オバマも1期目の就任演説でこのテクニックを使った。彼は経済の落ち込みを「国民の資質が問われているとき」と言い換えたのである。

私たちの子どもの、そのまた子どもに、こう言われるようになりましょう。試練を与えられたときにも、私たちはこの旅を終わらせることを拒んだ、と。私たちは、引き返すことも、くじけることもなかった。地平線と降り注ぐ神のご加護をしっかりと見つめ、自由という最高の贈り物を胸に抱き、次の世代に無事届けたのだ、と。

第二次世界大戦を経験した人たちは、男性であれ女性であれ、自分たちが〝最も偉大な世代〟だと思っている。そんな人たちが聴衆だったことを心に留めておいてほしい。

・聴衆をほめながら諭す

失敗のことを扱った章で、謝罪に頼ってはいけないと書いた。その代わりに、自分の高い基準に沿うことができなかったという言い方をするべきだ、と。これと同じテクニックが、他人の失敗、もしくは、あなたと誰かが一緒にしてしまった失敗について話すときにも役に立つ。価値観に訴える演示のレトリックから、何を選択するかという審議のレトリックに速やかに移るのは、最もいい形だ。共通の価値観を思い出させながら、聴衆に自信を取り戻させるような話し方をするのがいい。

アメリカは、この8年で示してきたよりも、もっといい国のはずです。この国は、もっと素晴らしい国のはずなのです。

このテクニックを知っている親たちは、〝小さな悪党〟に向かって、ベビーフードを壁に塗り付けるなんて何て悪い子なの、とは言わずに、こんなふうに語りかける。

まあ、サディー。こんなことをしちゃだめよ。あなたらしくないわね。

これこそ、オバマがとった手法である。2008年の民主党党大会で大統領候補の指名を受諾したときのスピーチで、彼は、アメリカはここ8年で示してきたよりも「もっといい」国のはずだ、と語った。この発言ではもちろん、たくさんの課題を残した政敵を批判しているわけだ。

• 話を盛り上げるために、映画のテクニックを使う

オバマは、聴衆の目の前で実際に起こっているかのようにも語った。

ある デモ行進が、警官の発砲や催涙ガスによって阻まれました。煙が消えたあと、そこに残っていたのは、280人の逮捕者と60人の負傷者と、16歳の少年の息絶えた姿でした。

上院議員時代にオバマが行ったこの短いスピーチは、労働会議のメンバーを魅了した。ここでは、**映画のような順番で事件を描くというテクニック**が使われている。まるで映画の1シーンのように、広いアングルから始まり、徐々にズームインしていく。最初にあなたが見るのはデモ行進の場面だ。そこに警官がなだれこんでくる。少しズームインすると、煙がもうもうと立ちこめ、銃が発砲される場面が映る。さらにズームインすると、カメラが無名の人々をとらえ、やがて、息絶えた10代の少年の顔のアップをとらえる。衝撃が走る。このスピーチは、労働運動を気高く劇的なものとして描くことで、聴衆の心をひとつにまとめた。これぞ、演示のレトリックである。

・比較することで、複雑なものをシンプルに見せる

２００８年の春、民主党の大統領候補の指名をめぐる争いは、オバマとヒラリー・クリントンのふたりに絞られた。どちらかにスキャンダルのひとつもあれば、相手側が有利になるような状況だった。そんなとき、オバマが通っていた教会の牧師であるジェレマイア・ライトが、アメリカを断罪せよと説教している姿がユーチューブに流れた。それまでの選挙運動では人種のことは争点にはなっていなかった。それを争点にしても、どちらにも勝ち目はないからだ。

オバマはこの牧師の発言に何らかの反応をせざるをえなくなった。するとオバマは、この口の悪い牧師から単に距離を置くのではなく、大胆にも人種問題を論じる役割を引き受けたのだ。まるで壊れた車を直してロケットにしたようなものだ。

教会にあふれているのは、親切心と残酷さ、優れた知性と驚くべき無知、苦悶《くもん》と成功、愛と、そう憎しみや偏見です。それこそがアメリカにいる黒人が経験してきたことなのです。

オバマは、牧師の行き過ぎた発言は、とても複雑な話のほんの一部にすぎないと語ろうとしたのである。だが、複雑な話を複雑でないかのように話すには、どうしたらいいのだろう？　連続する節のなかで対照的なものを組み合わせる「対照法」というものがある。この技法を使えば、オバマも、ライト牧師が実際にはアメリカを称えていた――罵ってはいなかった――と暗示し、色あせたコインの明るい面を見せることができる。

さて、ではこのときのオバマの発言には、どのような意味があったのだろう？　彼は演示のレトリックを使って、アメリカの黒人――この牧師を含めて――の価値観が、多くのアメリカ人の価値観と変わらないものである、と述べたのだ。苦悶と成功、愛と憎しみや偏見である。

・ポイントを強調するために、前の文が終わる前に新しい文を始める

私たちが抱えている課題は新しいものかもしれません。これに立ち向かう方法も、新しいものかもしれません。ですが、私たちの成功の根底にあった価値観――実直であること、勤勉であること、勇気とフェアプレーの精神、忍耐と好奇心、忠誠心と愛国心――これら、すべては、古くから、あるものです。

なぜ彼は単純に「こうした価値観は、古いのでしょうか？」と言わないのだろうか。そのほうが簡潔ですっきりしている。だが、文の途中にさまざまな問題を差し挟むことで、オバマは一拍、間をとり、最後の一語一語を強調したのだ。「これら、すべては、古くから、あるものです」この4つの単語が、長く単調なリズムを締めくくっている点にも注目してほしい。1フレーズごとに圧力がどんどん高まっていき、最後の句でそれが解放されている。私はじっと座ってこの名スピーチを聞いていたが、最後の部分では鳥肌が立った。

・たったひとつの言葉で、聴衆にあることを思い出させる

バージニア州のみなさん、私があなた方に言いたいのは一言だけです。たった一言。明日。明日です。

大統領選挙の前夜に、オバマはこう言った。映画『卒業』（1967年）に出てくる感じの悪い奴のセリフ「お前に向かって言いたいのは一言だけだ。たった一言……いかさまだ」を真似たのだろう。感じはよくないかもしれないが、忘れない。オバマだって、こう言うこともできただろう。「これまでの選挙運動は、すべてこの日のためにありました。選挙日です！」だが、繰り返すこととひとつの語ですべてを要約することで、人間の未来が〝明日〟にかかっていると聞こえるようにしたのだ。ポップカルチャーを参考にしながら。聴衆がスピーチのテーマを忘れないように、ひとつのキーワードを使って焦点を合わせるのである。

・聴衆のヒーローと自分を関連づける

大統領選挙運動中、オバマはマーティン・ルーサー・キング・ジュニアが牧師をしていたエベニザー・バプティスト教会で、第一級のスピーチをした。時折、理屈っぽくなりすぎて話の流れが乱れたり、「共感の不足」といった優雅さに欠ける言葉を使ったりしたものの、キング牧師が使っていた比喩やその他の技法をおおいに引用し、最後には人々に「アーメン」と叫ばせた。

平和と正義をかけた戦いを、私たちはひとりで勝ち抜くことはできません。機会と平等をかけた戦いを、私たちはひとりで勝ち抜くことはできません。この国を癒やし世界を修復する戦いを、私たちはひとりで勝ち抜くことはできません。

連続する文の初めと終わりを繰り返すと、感傷に訴える美しいフレーズになる。「私もあなた方のように、ひとりの信者です。そして、かつてキング牧師が掲げていた灯火を運ぶ役割を担っています」

もしあなたが、友人や家族に愛された善き人の引退や葬儀にあたってスピーチを頼まれることがあったら、あなたの言いたいことをリズムよく言えるか、パターンを繰り返すスピーチにできないか、表現を工夫できないか、考えてみるといい。そのようなスピーチができれば聴衆に好意をもってもらえる。

•最後に未来の話にもっていく

オバマは大統領に就任すると、その直後の就任演説を、もうひとりの政界のヒーローであるジョン・F・ケネディ風に始めた。

今日、私があなた方に伝えたいのは、私たちが直面している課題は現実のものだということです。どれも深刻で、数も多い。短期間で容易に解決できるものではありません。しかし、覚えておいてください。この国は、きっとそれを解決できるということを。

これらの文は、ものを書く人が好んで使う言葉で言えば、「物語の展開」によく沿っている。まず、私たちが直面している問題は大変なものだ、と述べる。そして、いばらの道だが、最後までともに歩こう、と告げる。最後には、きっとハッピーエンドになると予告するのだ。まるで、古典的なヒーローが出てくる寓話をレトリック的に述べたかのようだ。

ヒーローには使命があって、障害にぶつかるが、それをすべて乗り越える。では、この道徳的な話のヒーローは誰だ？　私たちだ！　束の間、聴衆は、障害が大きいことが嬉しいことであるかのように思わされる。自分たちの勇気を示す、またとない機会だ！　と。

もっと大切なことは、オバマのスピーチが演示のレトリック——現在形を使って聴衆の心をひとつにまとめるスピーチ——から、何を選択するかを決める審議のレトリックに移ったことだ。現在の話から未来の話へと移ったのである。

•選択の結果を夢として語る

本を手に入れることが、DVDを借りたりマクドナルドでハンバーガーをピックアップしたりするように簡単なことだったとしたら、どうなるでしょうか？　ハッピー・ミールについてくるのがおもちゃではなく、本だったら？　アイス売りのように移動図書館が公園や校庭を回ってくれるなら、どうなるでしょう？　あるいはキオスクで本を借りられるとしたら？　夏のあいだ――つまり、子どもたちの読書があまり進まない時期に――読んで感想を言わなければならない本のリストが配られるとしたら？　また、地元の図書館で開かれる夏の読書会に招待されるとしたら、どうなるでしょうか？

このスピーチは、図書館員の会議で行われたものだ。〝本好きにとってのエデンの園〟のように聞こえたに違いない。たしかに、これは、アフリカ系アメリカ人のリーダーが行った〝夢〟に関するスピーチのなかで、最も忘れがたいスピーチというわけではない。だが、オバマは単にユートピアを語ったわけではなく、ベルを鳴らしながらやってくる移動図書館、お店のなかにある図書館など、具体的なアイディアを聞き手に届けた。

トランプの短い文を重ねていく技法

オバマは、美しい言葉、丁寧につくりこまれたリズム、さらに「エートス（人柄）」、映画を観ているかのような物語を使って、古い時代のレトリシャンたちの理想的な姿を示してみせた。今度はドナルド・トランプのやり方を見てみよう。トランプは原稿をおとなしく読むような人ではない。彼はコメディアンや古い時代の説教者のやり方を踏襲している。つまり、彼は即興で話をするのだ。

トランプのマジックはスピーチの長さにあるのではなく（とても長くなることがある）、ちょっとしたキャッチフレーズを詰め込むところにある。彼はコメディアンのように短い文を畳みかけるように使ってパンチライン（話の聞かせどころ）までいき、そこで繰り返しやお気に入りのフレーズ（「私を信じてください」）を使ってそのパンチラインを強調する。

短い文のひとつひとつは、前の文と同じ話題や論理のこともあれば、まったく違うときもある。コメディアンの話が、乾燥機のなかで消えた靴下の謎から、オペラみたいないびきをかく妻への文句へがらりと変わるのと同じように、トランプが選挙運動中にしたスピーチは、聴衆の規模の話から嘘つきのメディア、移民問題まで、たいていは非合理的に変わっていった。

一見、馬鹿げているようにも見えるが、これは昔からあるテクニックだ。あるとき彼のスピーチを見ていて、短い文を重ねる部分の時間を計ってみようと思いついた。すると、どれもだいたい12秒であることがわかった。これは興味深い。

そこで、ユーチューブにアクセスして、ほかのスピーチの動画でも計ってみた。ほぼ12秒だ。13秒以上になることや11秒を下回ることはめったにない。実に興味深い。

なぜ12秒なのだろう？　それは、深く息を吸ったあとに、人間が息を吐き続けられる時間がだいたい12秒だからだ。みなさんもぜひ試してみてほしい。深く息を吸って、息が切れるまでこのページを大きな声で読んでみるとわかる。

古代人は、人間が脳で何かを認識するまでにかかるのが、ちょうどそのタイミングだと信じていた。考えをうまく表現するのにも、同じくらいの時間がかかる、と。聴衆がその考えを吸収するまでの時間は？　スピーチのなかで、演説者が一息で話すのと同じくらいの時間がかかる。レトリシャンはこの時間のなかで短い文をいくつか重ねていく方法を「複雑複合文」と呼んだ。**偉大な演説者は例外なく、結論あるいは感情面でのクライマックスと言える箇所で、この短い文を重ねていく技法を使っている。**バラク・オバマも２００４年民主党の党大会でのスピーチでこれを使っている。

リベラルなアメリカでも、保守的なアメリカでもなく、〝アメリカ合衆国〟なのです。黒人のアメリカでも、白人のアメリカでも、ラテン人のアメリカでも、アジア人のアメリカでもなく、〝アメリカ合衆国〟なのです。

キケロのように、オバマは聴衆をうならせた。一方トランプは、これをちょっと違ったやり方でやっている。彼はコメディアンがギャグを言うように、短い文を重ねていき、12秒でわかる考えを風船のようにひとつずつ聴衆に投げるようなやり方をしている。これは特にソーシャル・メディアに適した方法だ。というのも、ソーシャル・メディアを見る人の注意力が12秒より長く続くことはほとんどないからだ。また、12秒ごとに観客に歓声をあげさせることで、観客の「自分も参加している」という気分を掻き立てる効果もある。

要点を伝えるときに有効なテクニック

では、私たちはこの手法をどのように利用したらいいだろうか？　熱狂的な聴衆やプラカードを掲げる支持者の前でスピーチをすることにでもならないかぎり、伝統的なやり方にならうのがいいかもしれない。**短い文を重ねていく手法は、聴衆を盛り上げるためだけでなく、スピーチやプレゼンで要点を伝えるときにも使える。**

さらっと要点をまとめるのではなく、刺激的な言葉を並べてみよう。聴衆を盛り上げて、町のリサイクル条例の制定を支持させたい？　あなたの組織に入ってもらいたい？　それとも、価値のある素晴らしいアイディアをみんなに知らせたい？

まずは、スピーチをとおしてあなたが本当に訴えたいことは何かを考えてみよう。それが、あなたの枠組みになる。どんな言葉から話しはじめればいいかわからないときは、「これは……についての話です」で始めるといい。そのうち、話題やその場に応じたもっといい言葉を思いつくようになるだろう。

一方で、「これは……についての話です」と言ってしまうと、テーマにすぐに入ることになってしまうし、聴衆にそれを知らせてしまうという側面もある。オバマのように、うまい対照法を使うのもひとつの手かもしれない。「これはリベラル対保守の話ではありません」という具合に。

たとえば、アメリカの刑務所で囚人たちが奴隷のように扱われているという現代の問題を、TED形式で話したいとしよう。奴隷制度の廃止を規定したアメリカ合衆国憲法修正第13条には、罪を犯した者は例外とするという規定がある、と聴衆に話すとする。その場合は、こんなふうに短い文を重ねていくことができる。


これは隠喩ではありません。刑務所にいるアフリカ系アメリカ人だけの話でもありません。文字どおり、すべての囚人のことなのです。合法的な奴隷、アメリカ合衆国の憲法で定められた奴隷なのです！ 私たちに国民としての自覚を与えてくれる、合衆国の憲法で。

27章のポイント

大統領に就任するとすぐに、オバマの価値観に訴える演示のレトリックは鳴りを潜め、選挙運動中に訴えた、実際の政策の話をするようになった。彼のスピーチのファンだった人は落胆したが、大統領の力とは、究極的には実行力なのであって、スピーチがうまくできることではない、とオバマは知っていたのだ。

2期目になると、オバマは世論を味方につけたいときに演示のレトリックを使い、たとえば移民問題、銃規制の問題、地球温暖化の問題などへの対応を渋る議会にプレッシャーをかけた。リーダーというのは、最も出来のいいスピーチを、私たちが共通してもっている価値観を思い起こさせる場のためにとっておくものだ。

- **アイデンティティを利用した戦略**：聴衆と部外者を分ける方法。語り手の言うとおりにすれば、いい結果になると信じさせる。
- **目の前で起こっているかのように語る**：選択肢を生き生きと語って、それを選択すると夢が叶うと聴衆に想像させる。そして、映画的な手法で、物語を劇的に聞こえるように語る。
- **比較することでシンプルに見せる**：別のあるものと比較する方法を使うと、複雑な物事をシンプルに見せることができる。ひとつの言葉に集約させてポイントを強調する。あるいは、前の文が終わらないうちに、たたみかけるように次の文を始める。
- **ヒーローと自分を関連づける**：聴衆のヒーローと自分を関連づけること。ただヒーローを称賛するのではなく、そのヒーローに似た話し方をするといい。
- **短い文を重ねる**：伝えたいことの核をつくり、ひらめきに満ちた12秒の文にしてスピーチの枠組みをつくる。

28章

説得力のある文章を書く

私の意見によって明らかにしようとしているのは、物事の尺度ではなく、私の見え方の尺度である。
――ミシェル・ド・モンテーニュ（16世紀のフランスの哲学者）

1571年の冬、38歳の誕生日を迎えたばかりのその男は、自宅である城の塔にこもっていた。歴史上最も独創的な考えをもった男、ミシェル・ド・モンテーニュは、外交官としてもビジネスマンとしても成功を収めた人物だ。彼が所有していたシャトー・ディケムというワイナリーは、いまでも高級なソーテルヌ・ワインを生産している。

人生も半ばを過ぎた彼は、1万5000冊の本と、ペットの猫と犬に囲まれながら、「エセー（エッセイ）」に取り組んでいた。フランス語でエセーといえば、「科学分析すること」、そして「試み」というふたつの意味をもっている。

モンテーニュのエセーは、彼自身を被験者にした実験だった。心に負荷をかけてみたり、溶かしてみたりして、彼の人生の価値を分析する実験だ。それまでこんな実験をした人はいなかったし、彼が書いたエセーのおかげで世界は大きく変わった。モンテーニュの書いたものは啓蒙時代の先駆けとなり、激しい宗教戦争が終わったあとにはキリスト教世界の回復に一役買い、トーマス・ジェファーソンにも多大なインスピレーションを与えた。

こうしてモンテーニュは、これまで何世代もの学生を苦しませてきた文学の一分野である「エッセイ」を発明した。おかしくて、わいせつで、独創的で、まるでこちらに語りかけてくるような彼のエッセイを読むと、最高にいかした伯父さんにでも会ったかのような気分になるはずだ。

彼の功績は、新しい文学の形式を発明したこと以上のものだ。彼のエッセイは、人類の歴史上、最も印象的な議論でもある。矛盾するいくつもの真理によって世界が引き裂かれた時代に、モンテーニュは、謙虚で、科学的で、好奇心に満ちた視点で人間を描いた。彼の有名なモットーは、あらゆる書物の冒頭に記されてしかるべきものではないだろうか。「私はいったい何を知っているというのだろう？」

互いに相容れない信念をもち、それぞれに怒りを抱えた集団が形成されていった時代、モンテーニュのように文章で相手を説得しようとする行為は、ただの「筆力を磨くいい機会」には終わらなかった。自分をよりよい存在として認識できるうえに、社会を少し癒やすこともできる。だから、現代の私たちも文章を書くことで、人生というものを考えてみよう。文章を書くときのテクニックを集めた書籍は数多く存在するが、本書では、説得するための3つの要素「エートス（人柄）」「パトス（感情）」「ロゴス（論理）」に焦点をあててみようと思う。もうよくご存じの言葉だろう。

これから、この3大要素を利用した文章のテクニックを紹介し、最後には、それらすべてを使って書かれた、あるエッセイを見てみよう。これは私の息子が実際に書いたものだ。

そのままを書かない

最も説得力のあるエッセイとは、個人的なことを書いたものだ。そうした文章は、**書き手を身近に感じさせるぶん、より強い説得力をもつ。**読み手の好意と信頼が得られれば、あなたの文章の要点に、読み手を同意させることもできる。

エッセイはあなた自身のことを書くものだが、**どんなに個人的なことを事細かに書こうとも、それは真のあなたの姿をさらけ出すこととは違う。**

あなた自身について書くことで、あなたは、「人間」という種の一例を示すことになる。あなたの内面にあるギラギラした不完全なものをさらけ出すことで、「人間とはこういうものだ」という教訓を示すのである。

モンテーニュもそう考えていたに違いない。文章を書くという行為が人生に加わったことで、彼は、「自分自身のことを知れば知るほど、人というのがどういうものかを知ることができる」と考えるようになった。そして、自分のエッセイを出版することで、人間とはどういうものかを、すべての人類に向かって訴えていたのだ。

とてつもなく非人間的な時代に、書くという行為で人間に訴えるという彼のやり方は、素晴らしいとしか言いようがない。当時は、ヨーロッパ全土で、激しい宗教戦争が繰り広げられていた。モンテーニュは、好感のもてる、信頼に値する人物——彼自身——のことを書くことで、非人間的な行為を繰り返す人々も、本当はそんなに悪い人間ではない、と周りの人間に示した。最も説得力のある方法で、モンテーニュはヒューマニズムという概念——人間が互いに力を合わせれば、社会をよくしていけるという信念——の誕生に、大きく貢献した。

モンテーニュは自分をどのように表現していたのだろうか？　彼は、長所も短所も含めて記した。**自分を本来よりもよく見せようとしないところが、モンテーニュのエッセイのいいところだ。**彼は自分が怠け者であることを喜々として認めている。たとえば「ある本が気に入らないと、すぐに別の本を手にとる」とか。それから「何もしないことに飽きるまで」本は読まない、とも書いている。

モンテーニュは、6章で紹介したテクニックを使っている。つまり、欠点を戦略的に使うテクニックだ。**自分は不完全な人間です、と示すことで、聴衆の共感を得ることができる。文章で自分の欠点をさらけ出したい場合は、自虐的なユーモアを使うといい**だろう。

自分がどんなに気まぐれかを書いた部分は、モンテーニュが最も魅力的に見える箇所である。彼はペットの犬に、いつも勉強の邪魔をされていた。犬が遊んでくれとせがんでくると、何をしていても「犬と遊びたいのを我慢することができないような、子どもっぽいところが私にはある」と告白している。

彼は、単に自分が普通の人に見えるように、こうした告白をしているわけではない。ほかの人との共通点もたくさん挙げている。たとえば「残忍さについて」という題名のエッセイでは、自分のペットの犬について記したあと、ほかの文化圏でどんなふうに動物がかわいがられてきたのか、例を挙げて語っている。たとえば、トルコには動物専門の病院があるとか、ローマではガチョウのエサ代が税金から支払われていたとか、アテナイにはラバが餌を好きなだけ食べられる寺があるとか、古代エジプトでは動物もきちんと葬って、その死を悼んでいたというようなことも書いている。

つまり、動物を大切にしていたのは、モンテーニュや彼の時代の人だけではない、と指摘しているのだ。彼の欠点は私たちの欠点と同じ。これまで数々のダイエットに挑戦しては失敗してきたとジョークを言って、同じようにダイエットに失敗してきた聴衆からの共感の笑いを誘うコメディアンと同じだ。

自分の欠点をうまく使う

謙遜してはいるが、何気なく自慢している、と思われないように自分のことを書くのは、案外難しい（「俺ってくそまじめすぎるんだよな。オールAとっちゃったりしてさ」）。だが、細かいことまで詳しく書き、ユーモアのセンスを発揮すれば、「エートス（人柄）」の最も大事な要素である「ディコーラム（適切さ）」をうまく活用することができる。読み手に、あなたも彼らの仲間のひとりだと思わせるのだ。高貴なワイナリー所有者であり外交官でもあるミシェル・ド・モンテーニュにそれができるのだから、あなたにもできるはずだ。

私は毎月、個人的なことを綴った300語のエッセイを雑誌に寄稿しているのだが、そこでモンテーニュの教えを生かそうと努めている。どのエッセイも、読み手に何かを納得させるものになるようにさりげなく試みているが、**自分の欠点をさらけ出すことで、メッセージがあまりきつく聞こ**

えないようにしている。これまでに120本のエッセイを寄稿してきたが、まだまだ題材には事欠かないし、ネタになる欠点にも事欠かない。

周りの人に感謝の気持ちを伝えることの大切さについて私が書いたエッセイを、ここで取り上げてみたい。「もっと頻繁に感謝の気持ちを伝え合えば、この世界はもっといい場所になる」と説教じみた言い方をすることもできるだろう。だが、そこに「エートス」はあるだろうか？　読み手はあなたをどう見るだろうか？

だから私は、そうは書かずに、自分はあまり感謝を口にするタイプの人間ではない（実際にそうだ）が、妻に愛想をつかされないように、そういう人間になろうと努力している、と書いてみた。どの家庭でも争いのもとになる皿洗いや洗濯といった細かいことにも言及する。自分の欠点を書くことで、少なくとも人類の半分のことを描いているわけだ。

感謝することは大切だ、と最近盛んに言われる。多くの人が、感謝するのは自分を助けることでもある、と気づきはじめている。たしかに、いま自分が持っているものに感謝するのは、素敵なことだ。だが、私の妻のドロシーは、これを新しい作戦として使っている。感謝の意を示すことで、夫である私を操ろうとしているのだ。

20年にわたり育児をしてきた妻がフルタイムの仕事に戻ったときから、それが始まった。私は自宅で本の執筆をしていたので（皮肉なことに、説得に関する本だ）、私が家事を担当することになった。初出勤の日、仕事から帰ってきた妻は私に向かって「洗濯をしてくれてありがとう」

と言ってくれた。

そのとき私は、これまで妻が洗濯をしてくれても、一度として礼を言ったことがなかったことに気づいた。そして私は、洗濯はすべて自分がやろう、と決意した。

次は皿洗いだ。個人的には、1日か2日分は洗い物をためておいて、一気に片づけるほうが効率的でいい、と思っている。だが、妻はいつもシンクがきれいに片づいていないと気が済まないと言うので、彼女の仰せどおりにすることにした。彼女は初日に私に「ありがとう」と言ってくれたので、それから私は皿洗いの達人になった。

妻はいつでも感謝を示してくれることに、私は気づいた。毎晩、子どもに読み聞かせをしても、彼女の親戚に親切にしても、庭仕事をしても、いつだって「ありがとう」と言ってくれる。何かするたびにそう言われて、私はますます、それを一生懸命にやるようになっていった。

ふたりでこのゲームをやればいいんだ、とある日私は考えた。そこで、お金を稼いできてくれること、ときどき料理をしてくれること、暖炉に火をくべてくれること、嫌味を言わずに私に最新の電子機器を買わせてくれたことに対して、彼女に感謝の気持ちを表すことにした。

感謝の軍拡競争というわけではない。彼女が私に感謝を示してくれるときは、心からそう思っていると信じている。私にしても、彼女に負けじと「ありがとう」と言うことで、彼女が私のためにどれだけのことをしてくれているか、気づくことができた。

この春、私たち夫婦は結婚35周年を迎える。彼女には感謝してもし足りないと思っている。

このようなエッセイを書くときのポイントをいくつか取り上げてみよう。

- **すぐに主題に入る：**どのエッセイにも主題がある。主題がすぐにわからないと、読み手はイライラして読むのをやめてしまうだろう。特に短い文章の場合は、字数に余裕もないので、あなたの言わんとすることを手際よく述べなければならない。主題を1文目か2文目に書くこと。
- **テーマにひねりを加える：**感謝するのはいいことだ。なるほど、たしかに。教えてくれてありがとう。さて、今度はそれをちょっとひねってみよう。政治的なものにしろ、人間性の危機を訴えるものにしろ、すべてのエッセイは読み手を楽しませるものでなくてはいけない。ありきたりな話では、母親なら聞いてくれるかもしれないが、読者は離れていってしまう。

　私の書いたエッセイは、感謝を示すことの大切さが叫ばれている、という話で始まっているが、そこから、感謝することは説得術にもなる、という話に移っている（ここまで本書を読んでくださったのなら、そう言っても驚きはしないだろう。だが、エッセイの読者のほとんどは、そう思っていない）。読み手には、この「ありがとう」がそのあとどういう展開になるのか知りたい、と思ってもらえるように書いたつもりだ。

- **気づいた、と書く：**あなたの言いたいポイントをそのまま書くのではなく、そのことに気づいた、と書くといい。TED形式のスピーチが、個別の事例から結論に導く帰納的な論法を使うように（26章を参照のこと）、人を引きつける文章にするためには、そうした書き方をするといい。
- **欠点を見せる：**私は妻に感謝したことはなかった。すぐにお皿を洗おうともせず、彼女が「ありがとう」と言うのを軍拡競争にたとえたりした。だが、自力でこうした欠点に気づき、それを改善しようとしていることが贖罪《しょくざい》になっていると思ってもらえるとありがたい。

私のエッセイを読み終わるころに、「ありがとう」と言うだけで、このろくでなしが結婚生活を続けられるのなら、きっと自分にもできるだろう、と読者が思ってくれたら理想的だ。説得は成功したということだ。

読み手に共感してもらう

エッセイのなかで「パトス（感情）」と「エートス（人柄）」を見分けるのは難しい。どちらも、人間のさまざまな面、特に正当に評価されにくい一面に、共感を覚えさせたり感情移入をさせたりするものである。アリストテレスが「エートス」は一種の「パトス」だと言ったのは、この点も理由のひとつではないかと思う。ここで言う人柄とは、読み手があなたをどう見るか、ということだ。

ここで、先ほどと同じ雑誌に私が投稿した別の文章を見てみることにしよう。このエッセイで私が読み手の共感を誘いたかったのは、正当に評価されていない男性たちのことだ——具体的に言うと、専門職に従事している、白人男性だ。私の目的のひとつは、人間というものはいいものだ、と読者に思わせることだ。

この文章は、２０１６年の大統領選挙運動中に、幾人かの白人男性が不名誉な行動をとったことを受けて書いた。あの行いのせいで、私たち白人男性全員がろくでなしだと思われてしまったからだ。だから私は、読み手に、プレッシャーにさらされている白人男性の気持ちになってもらおうと、感傷に訴える実話を書いた。妻と私の35回目の結婚記念日が迫っていたので、私はそのプレッシャーにもさらされていた。

35年前、あるひと言が私の人生を変えた。

私にはもったいないくらいの一言だった。じつは、その日は朝から失敗だらけだった。ちょうどクリスマス前のことで、私はひとりの女性を連れてスキーへ出かけていた。彼女にとっては初めてのスキーだ。リフトが動き始めると、彼女は泣きだしてしまった。そのときになって初めて、私は彼女が高所恐怖症だと気づいた。それでも彼女は勇気を振り絞ってリフトに乗り、少しずつ斜面を滑り降りるという一日を過ごした。

その夜、ふたりで私のアパートに帰ると、私は、数年前に親友からもらった珍しいチリ産のワインを開けた。親友からは、特別な夜にこのワインを開けるように、と言われていた。今夜がそのときだ。

乾杯をして、ワインを一口飲んだ。だが飲んだ途端、ふたりともワインを吐き出してしまった。ただのお酢になっていた。独身男のワンルームマンションで、いい加減な保管の仕方をしていたために、傷んでしまったのだ。それでも、私はそのワインを全部飲んだ。とても特別なワインだったから。そのあと、今度はシャンパンのボトルを開けた。

彼女がプレゼントの包みを開いた。小さな箱に入っていたのは大きな指輪だ。男物の金の指輪で、真ん中にダイヤモンドが控えめについている。

このとき、私はワインのせいで相当酔っ払っており、片膝をつかなければ起き上がっていられないほどだった。きちんとリハーサルをしておけばよかったし、しらふだったらよかったのに。私は、できるかぎりはっきりと、こう言った。この指輪を実家の金庫で見つけて婚約指輪にしようと思ったのだけれど、ホリデーシーズンで金細工師は大忙しのようで、どのみち指輪なんだし、それが大事なことなのだから、これでいいのではないかと思ったんだ、だから僕と結婚してくれるかな？

はい、と彼女は言ってくれた。

このエッセイは、物語の展開曲線に沿っている（27章で紹介したオバマのスピーチでも使われていた）。物語はまず、ヒーローが居心地のいい場所から放り出されて、不運に見舞われたり、何かに挑戦をしたりするところから始まる。だが、これは短いエッセイなので、「ある一言」というのが魔法の言葉のように聞こえるようにして、サスペンス風味を加えた（実際、ある意味では魔法の言葉だった）。

ヒーロー物語の展開曲線では、このあと数々の障害にぶつかりながらもなんとか目的を達成し、クライマックスで勝利を収めることになる。300語しか使えないので、私は駆け足で曲線をたどり、クライマックスは「はい」という一言で締めくくった。この「はい」という言葉の直前は、切れずに続く長い一文で盛り上げた。学校の先生は当然ながら、切れずに続く長い文章はよくない、と生徒たちに教えるだろう。だがこの場合、なぜ愛する人に男物の指輪を渡すことになったのかを、酔った頭で必死になって早く説明しようとしている感じを伝えたかったのだ。文章のぎこちなさは、そのときの私のぎこちなさを表している。だが、それもすべて、ドロシーの「はい」という一言で解決した。

ええと、読み手には、何に納得してほしかったのだろう？　そうだ、男というのは、笑ってしまうくらい無力なときがある、馬鹿みたいな振る舞いをしているように見えたとしても、一生懸命考えてのことなのだ、と言いたかったのである。言い換えれば、私たちは人間だ、ということだ。モンテーニュと同じように。

読み手の頭に潜り込む

「エッセイは、あなたの真の姿をさらけ出すものではない」という文は、「ロゴス（論理）」が言わしめるものだ。パートナーや顧客に何かを選ばせたいとき、それを選ぶと得をする、とあなたは相手に言うだろう。あなたが相手に選ばせたいものは、あなたにではなく、相手にとっていい選択だ、と。

だが、説得力のある文章を書くとなると、もう少し巧妙な手を使わなければならない。人がエッセイを読むときは、説得されようと思って読みはしないからだ。読み手はあなたとまったくかかわりのない人だろうし、何かを買おうとも思っていない。せいぜい、エッセイを楽しく読みたいというくらいの気分だろう。

だから、あなたにできることは、あなたの会社の製品を買わせようとか、車を借りさせようとかするのではなく、読み手の考え方に影響を与えることくらいだ。そして、読み手の考え方を変えたり、心に影響を与えたりするためには、読み手の信念や期待を、少しずつ取り除いていかなければならない。

この手の読心術を会得《えとく》したいなら、モンテーニュの文章を読んでみるといい。彼はエッセイのなかで、古代の哲学者、王や王妃、泥棒や殺人者、子どもや女性、それに動物に至るまで、さまざまな者の頭のなかにこっそり入り込んでいる。特に動物だ。

彼はこう書いている。「猫と遊んでいるときは、私が猫を遊ばせているのか、猫が私を遊ばせているのか、わからなくなる。猫が私のペットなのか、私が猫のペットなのか？」これはいまのように猫の動画が投稿されたり、動物心理学が研究されたりする前の時代に書かれたものであることを、考えてみてほしい。

私は新しいエッセイの下書きをしながら、モンテーニュの気持ちを考えていた。今回のテーマは食べ物だ。親というものは年々、子どもの育て方について神経質になっていくようだ。親は完璧でなくてはならないと思い込み、子どもはそれを証明するものであるかのような気持ちになってしまう。子どもが完璧に育たなければ、親が子育てに失敗したことになってしまうのだ。

個人的な話をすると、私の遺伝子を受け継いだ子どもが完璧であるはずはないと思っている。だが、多くの親が、文字どおり、「人は、食べたものでできている」と考えている。つまり、毎回の食事が子どもをつくりあげる要素になる、ということだ。

「ほら、元気を出して！　マティーニでも飲んで、子どもにはクッキーをあげたらいい」と書きたいのは山々だが、それでは自分の思っていることを書いているだけで、ときに過干渉な親を納得させる文章にはならない。だから私は、仕事をもち、罪悪感を抱いている親たちが共通してもっているであろう信念について書くことにした。自立した女性という価値観についてだ。料理がうまくないことを、女性の自立に結びつけて書いたのである。

ある人が、貧しいアメリカ人女性に、どうやって10人もの子どもを食べさせているのか、と尋ねた。すると彼女はこう答えた。「子どもの嫌いなものをつくって、好きなだけ食べさせてやるのよ」

この話を聞いて、私は亡くなった母のことを思い出した。貧しくもないし、未亡人でもなかったが、母も料理が上手ではないことを自慢げに語る人だった。

母は決して過激な人というわけではない。食事の前にはお祈りを欠かさず、1960年代になるまで淑女らしく手袋を着けていた。けれど、母のつくるハンバーガーはまるで原子炉から出てきたような代物だったし、母が野菜をゆでると、たいていの野菜はお湯のなかで形を失っていた。

小学3年生のころ、学校から帰ってきた私は、お昼にカフェテリアで食べたシェパード・パイ〔ひき肉と野菜を炒めて煮込んだ上にマッシュポテトをのせてオーブンで焼いたもの〕の話を熱心に母に話して聞かせた。友達はみんな、シェパード・パイが嫌いだった。私が自分のぶんを平らげたあと、手つかずのままだった友達のぶんまで分けてほしいと頼んでいるのを見て、みんなが私のことをからかった。その話を母にすると、母はまるで私が母を弁護しているみたいだ、と笑った。オジーとハリエットのような家族（50年代のアメリカの理想の家族像）やコメディー・ドラマ『パパは何でも知っている』に出てくる完璧すぎる母親とは違うことを、私自身が証明しているようなものだ。

最近では、食事もまた、多くの親が罪悪感を覚えるもののひとつになってしまった。もちろん、栄養に気を配った食事は大切だし、子どもが喜ぶような食事にするのも素敵なことだ。高潔な親は、このふたつを両立させようと頑張っていることだろう。だが、私の母の考え方からも学ぶことがある。子どものころの毎日が完璧でないほうが、大人になったときにさまざまなものに感謝ができるようになる、ということだ。私は大学の学食も好きだったし、レストランのメニューを思い浮かべただけで、よだれが出る。

料理に対してあまり情熱がわかないところは母の性質を受け継いでいるようだが、子どもたちは妻の料理の遺伝子を受け継いでいるようで、料理上手に育ってくれた。将来の孫たちには、少々すまない気がする。母が残してくれた料理下手な遺伝子が、受け継がれないといいのだが。

ありがとう、母さん。

これは私の母のことを書いた文章と言えるのだろうか？　もちろん。だが、母親というもの全般について議論したものでもある。完璧な母親は、完璧であることに縛られた奴隷になってしまう。奴隷になってはいけない。

説得力のある文章に必要なもの

説得力のある個人的なエッセイとは、どんな人にも欠点があること、誰でも試行錯誤を繰り返していること、そしてお互いに共通する信念があることに気づかせることで、「人間はみな同じである」という人間賛歌に変えるものである。いまあなたは、文章を書くのは苦痛以外の何ものでもない、と思ったかもしれない。たしかにそうだ。それに、先ほど私が例として挙げたエッセイは、読者に仕事を辞めさせて、生活困窮者に食べ物を配布するフードバンクでボランティアをさせようとするものではない。

だが、私にかぎって言わせてもらえば、文章を書くことで、私自身がいい影響を受けたと思う。エッセイを書くことで、人間はいいものだ、と思えるようになったのだ。モンテーニュも、エッセイを書くことで、書きはじめたころよりも高潔な人物になったのではないかと思う。

一方、もしあなたが高校生だったり、知り合いが高校生だったりする場合、エッセイは、すぐに結果として跳ね返ってくる、より現実的な問題だろう。自分の行きたい大学に入れるかどうかがかかっているからだ。

息子のジョージが高校生だったころ、私にエッセイを書くのを手伝ってほしいと言ってきたことがあった。私はアドバイスをしてやってもいいがふたつ条件がある、と息子に言った。ひとつ目は、下書きにはすべて目をとおして批評してやるが、書くのは手伝わない、ということ。ふたつ目は、何度も何度も下書きをすること。この夏は苦しい夏になるぞ、と警告したが、まさにそのとおりになった。

だが、苦しい思いをしただけのことはあった、と息子自身も言っている。息子の頑張りで、この経験は、どんな文章講座よりもためになるものになった。まず私たちは、次のような原則を確認するところから始めた。

•あなたの〝うり〟は何だろう?

トップレベルの大学はうまく文章が書ける学生を探しているが、それ以上に書き手の人柄に興味をもっている。SAT〔大学進学適性試験〕のスコアを見れば、あなたがどれくらい頭がいいかわかるし、高校の成績を見れば、あなたが熱心に勉強に取り組む学生であるかどうかがわかる。それに加えて、入学者を選考する人たちは、大学に何らかの形で貢献してくれる人材を探している。

彼らに、昨年入学した学生のなかで優秀な学生はいましたか、と訊いてみれば、私の言っていることがわかってもらえると思う。「私たちのクラスには、本を出版したことのある学生もいるし、オリンピックに出場したことのある選手もいるし、クマの形をしたグミで巨大な作品をつくった学生もいます」これが、私の言う〝うり〟だ。何かを成し遂げた学生が集う多彩なキャンパスにしたい、という彼らの信念に見合う性質をもっているかどうか、ということである。

自分には〝うり〟なんかない、とがっかりしないでほしい。ジョージにいたっては頭痛のことをエッセイに書くことにしたのだから。だが〝うり〟はあるにこしたことはない。私の友人のアレックスは、柔道二段の黒帯だ。それでも、彼女がエッセイに書こうとしたのは、大好きなアニメ『カルビンとホッブス』のことだった。私がなんと彼女にアドバイスしたかは、言うまでもないだろう。あなたに何か〝うり〟があるなら、そのことを書いたほうがいい。

・あなた自身のことを直接書かない

大学入学試験のためのエッセイは、相手を説得するためのものである。選考委員に、あなたの入学を許可させるのが目的だ。「亡くなった祖母の話が書いてあるものが多くて、うんざりしたものだよ」と、以前に選考委員をしていた人が話してくれた。

つまり、このエッセイは、あなたの心の引き出しから感情を引っ張り出してくるものでもなければ、自分が書いていて楽しいことを書くものでもなければ、好きな作家の真似をして書くものでもない。学校の先生というのは、「あなた自身のことを書きなさい」ということばかり強調しすぎる。**読み手を説得したいなら、読み手の考えや希望を書き、あなたならそれを体現できる、と示す必要がある。**こう考えてみるといい。もしあなたが、学生を選考する立場だったら、学生にどんなことを求めるだろうか。

それからもうひとつ大切なのは、選考委員の退屈を吹き飛ばしてやることだ。選考委員は毎年、何千というエッセイを読む。そのなかで「**最も独創的な文章**」**を書く必要はない。読んでいて面白いものなら、それでいい。**では、どうしたらそういうエッセイが書けるのだろう？　ストーリーを語ればいいのだ。

・ストーリーを語る

ストーリーに必要なのは、主人公――おそらく、あなた自身――と背景、いくらかの障害、そしてサスペンスの要素だ。ヒーローが旅をする、という話にすることも忘れてはいけない。選考委員は、よく学びよく成長していける学生を望んでいる。だから、エッセイには、あなたが学びを得て成長していく姿を書かなくてはならない。

あなたの〝うり〟について書こうと、頭痛のことを書こうと、ただ自慢話を書いたり、その詳細を説明したりするだけではいけない。何か貴重な経験をしたときのことを書かなくてはならない。そして、その経験からあなたは何を学んだのか？　思慮深く、繊細で、勇敢で、強い、いまのあなた（あるいは、選考委員が考えるいまのあなた）を形作るのに、その経験がどのように役に立ったか？　学びを得るプロセスについて述べ、気づきを得た瞬間のことを書かなければならない。

・自分のいい面といやな面を挙げる

息子は30回以上も下書きをしなおし、アルバイトとハイキング以外はその夏のすべてをエッセイの執筆にあてた。あんなに大変な思いをしたことは、それまでほとんどなかっただろうし、みじめな思いもしたと思う。

息子は、中1になったころから始まった慢性頭痛の話をエッセイに書いた。そのころ、私たち家族はニューメキシコ州からコネティカット州に引っ越したところで、息子は都会の学校に通いはじめたところだった。その頭痛はウイルスによって引き起こされるもので、特に、よく遊びよく動くエネルギッシュなAタイプの人には、悪影響を及ぼすフィードバックループが起こるという。つまり、頭痛がストレスを引き起こし、そのストレスが頭痛をさらにひどくする、ということらしい。

妻と私は、息子をあちこちの病院へ連れて行った。どの医者も薬を処方してくれたが、その薬を全部飲んでいたら、息子はゾンビみたいになっていたことだろう。そして私たちはとうとう、クラヴィッツ先生という心理学者に行きついた。先生は「バイオフィードバック（生体自己制御）」という治療法の権威だった。彼は息子を、脳波を測定する機械につないだ。機械にはモニターがあって、赤い棒グラフが並んでいる。息子はその棒グラフを緑色にしなくてはならないのだという。

「どうやればいいんですか」息子が訊いた。

「自分の限界を受け入れられるようにならないと」とクラヴィッツ先生は言った。「君が抱えている問題を手放すんだ。つまり頑張りすぎないようにしなければならない、ということだね」

息子は目的に向かって努力するタイプの人間なので、機械の前に座って、脳を働かせようと頑張る。「んがぁぁぁ！」棒グラフは緑色になるはずである（ここで、私が現在形に変えたことに注目してほしい。そのほうが、ストーリーが生き生きとして聞こえる。時制をうまく使った方法を自分でもできそうだと思ったら、ぜひ文章を書くときに取り入れてほしい）。

赤いままの棒グラフを見つめながら、息子は自分について考える。最高位のボーイスカウトになるまでに集めた40個もの技能バッジのことや、ノルディックスキーで競走するのが好きなこと、10歳になるまでにニューハンプシャー州にある48もの高い山に登ったこと、自分は目的を達成するために努力できる人間であること。そのあとは、彼に語ってもらおう。

僕が泣きながら機械の画面から目を上げると、壁には一枚の絵がかかっていた。太くて大胆な筆づかいで描かれた、柔らかくて青々とした草が一面に広がる原っぱの絵だった。葉の生い茂ったブナの木が、古い羊小屋を覆うように枝をたわませている。そよ風が草をなでていく。

ふと、機械に目を戻す。すると、ひとつの棒グラフが緑色に変わっていた。

どうやってやったのだろう？　僕は何もしていない。こんなに簡単に何かができたことなど、いままでにない。人に僕の言いたいことを伝えるためにスピーチ・セラピーに2年も通ったし、8歳になるまで靴のひもも結べなかった。僕はどうやってあの棒グラフを緑色にしたのだろう？　あの絵が何かの鍵を握っているに違いない。自分があの絵のなかに描かれている木の下にいるところを想像してみる。前髪が跳ね上がった、ブロンドのふさふさした髪の少年が、背中を丸めてぎこちなく座っている。

画面に目を戻した。棒グラフはすべて赤色だ。なぜ僕なんだ？　どうして僕がこんな目にあわなきゃならないんだ？

次に僕はヨブのことを考える。聖書のなかで父が好きな人物だ。天では神の御前に天使やサタンが集まっていた。そこで神はヨブのことを、どこまでも忠実なしもべである、とほめたたえる。「それは神が彼に親切になさるからです」とサタンが言う。「試しに彼に試練をお与えになれば、きっと彼はあなたを呪うでしょう」そこで、神はヨブの信仰心を試すために、彼の体を皮膚病でおかし、彼の家族を殺し、彼の財産をすべてお奪いになる。ヨブは初めこそ声をあげて不平を述べたものの、最後には運命を受け入れる。「あなたはどんなことでもおできになると、私にはわかっています」すると、神は突然、財産、家族、きれいな肌、すべてをもとどおりになされる。

　僕がヨブのような振る舞いをしたらどうなるだろう？　僕の人生はもとどおりになるだろうか？　きっとそれが、頑張りすぎない、ということなんだろう。絵のなかの原っぱに無理に自分を置こうとしないで、原っぱは原っぱのままにしておいたらいいのだろうか？

　一本の棒グラフが緑色になる。

　よし、ひとつ緑になったぞ。徐々に先生の言ったことがわかってきたが、僕はその考えが好きではない。これからの人生で、頑張りすぎないようにするということは、人生には限界があるということになるのではないか？　僕という人間を変えなくてはいけないのだろうか？

　僕の世界は昔に比べて広がったし、もはや自分が世界の中心でないことはわかっている。もちろん、僕にはすべてを変えることはできないし、簡単にいくことばかりではないだろう。そして僕はこれからも頭の固い頑固者でいることだろう。それでも、あの絵を見たとき、僕は心地よさを感じた。僕がいなくても、あの世界は完璧で平和だった。そのままで美しかった。僕がすることは何もない。僕の力の及ばないものを受け入れること、僕の存在にかかわりなく、ただそこにあるものを心地よく感じること、これが信心というものなのだろうか？

　すべての棒グラフが緑色に変わった。

このエッセイは、物語のすべての要素を含んでいる。主人公、葛藤（Aタイプの子どもは自分のAタイプ的な性質にAタイプ的な方法で立ち向かう）、サスペンス（息子の頭痛は治るのか?）、そして気づき（信心とはどういうものか、という息子の発見）。息子は、自分は成長する力をもった思慮深い人間である、と示した。自分の欠点もさらした。そして、上品さとユーモアをもってストーリーを語り、選考委員が気に入るような、知的で成熟した学生であることを伝えたのだ。

このエッセイのおかげもあって、ジョージは第1志望だった大学に入学することができた。彼の書いたエッセイは、850篇のなかから選ばれた10篇に入り、キャンパスで行われた集会で読み上げられた。「僕の前に読まれたのは、パレスチナ人の書いたエッセイで、イスラエル軍に自宅を爆撃されたときに、小さい弟の盾になってくれた人のことを書いたものだったよ」と、あとで息子が教えてくれた。「なんてこった、この次に僕の頭痛の話が読まれるのか、と思ったよ」だそうである。

28章のポイント

おそらくどんな表現も、ある意味では議論である。キケロの言うように、聴衆を「喜ばせ、教え諭し、楽しませる」ことも、あなたこそが理想的な学生であると選考委員を納得させることも。

だが、モンテーニュが証明してみせたように、個人的なことを綴ったエッセイは、自分自身と議論することで、最も強力な説得手段となりうる。エッセイを書くときは、自分が当惑したことをストーリーにして伝えたり、自分の欠点を、すべての人間に共通する要素として書いたり、個人的な学びを社会で分かち合える教訓的な話に結びつけたりするといい。いい文章は、人との結びつきを強くもしてくれる。いい文章を書くのは難しいが、書くという行為自体が、執筆者本人にとっても大きな癒やしになる。

- **欠点を戦略的に利用する**：あなたが不完全な人間であることを示して、読者に親愛の情を抱いてもらおう。
- **テーマにひねりを加える**：まず、退屈な世間一般の常識を述べているだけだと思わせる。それから、それとはちょっと違った見方を述べる。「ありがとう」と言うのはいいことだ、だが私の妻はそれを使って私を操っている、などという具合に。
- **気づき**：読み手に向かって講義をするのではなく、そのことに気づいたときの自分の話を書き、それを読む過程で、読み手にも一緒にその気づきを得てもらう。
- **物語の展開**：物語の概要は、ヒーローが自分の慣れ親しんだところから一歩外へ踏み出して探求の旅をするのだが、その途中に、とても克服できるとは思えないような障害にぶちあたるが、最後には見事に打ち克つ、というものにするといい。説得力をもたせるには、読み手が、あなたの成功体験を追体験できるような書き方をすることだ。

29章

目的に合った技法を使う

私の舌の上には、大きな牛が立っている。
――アイスキュロス（古代アテナイの三大悲劇詩人のひとり）

ここまでさまざまな技法を学んできたので、あなたも伝える技術の達人に近づいてきたことだろう。ここで問題となるのが、どんなときに、どのテクニックを使えばいいのか、ということだ。この章では、たとえば昇進を勝ち取りたいとき、アイディアを売り込みたいとき、不愉快な人をうまくあしらいたいときなど、いくつかの場面を想定して、いつ、どんな技法を使えばいいのかを考えてみることにしよう。

どのテクニックを使えばいいのかを感覚的につかむためには、周りの人がしている議論や会話を観察して、どんなテクニックを使っているのか、または使いそこねているのかを考えてみることだ。妻は、家に帰ってくると、NPR〔公共ラジオ局〕で聞いた技法について私に話すのが大好きだ。あなたも、議論を耳にしたときには、次のように自問してみるといい。

- **目的**：説得者は、この議論から何を得たいのか？　その人は聴衆の**気分**や**考え**を変えようとしているのか、それとも聴衆に**行動**させたいのか？　その人は誰かを**非難**しているのか、**価値観**に焦点をあてたスピーチをして仲間の結束を固めようとしているのか、それとも何を**選択**するかという話をしているのか？

- 「**エートス**」「**パトス**」「**ロゴス**」：説得者は何を強調しているか——**人柄**、**感情**、それとも**論理**？
- **カイロス**：説得者が説得する**タイミング**はいいか？　正しい**ツール**を使っているか？

何か物を売る人は、これらのスキルを幅広く取り入れて使う。ここで言う〝物を売る〟とは、広い意味で使っている。ある商品を取り上げ、聴衆を、それが欲しくてたまらない気持ちにさせ、それを叶えるための行動を起こさせる、という意味である。

ここで言う〝商品〟とは、物のこともあればアイディアのこともあるし、あなた自身のこともある。あなたが職をもっているか、誰かほかの人と一緒に暮らしているか、または人間であるならば、何らかの形で〝売り込む〟という行為をしてきたはずだ。問題は、あなたはそれをどのくらいうまくできているか、自分のやり方に満足しているか、もっとうまくやりたいと思っているかどうかである。

うまく〝昇進する〟方法

まずはあなたを売り込むことから考えてみよう。たとえば、あなたのすぐ上の先輩が退職したとする。あなたは同僚の嫉妬を買わずに、どうにかそのポジションにつけないだろうかと考えている。この場合のあなたの目的は簡単だ。上司にあなたをそのポジションに任命させることだ。

このときに使うのは審議の議論だろう。なぜなら選択に関することだからだ。価値観を語ることもあなたの議論を有利にしてくれるかもしれない。もしあなたが手段を選ばないタイプの人なら、ほかの候補者に勝つために、法廷で使われるような言葉（非難）をいくつか使ってもいいかもしれない。でも、メインの戦略としては、あなたが会社や組織のためにできることに焦点をあてて、話のほとんどを未来形で語るのがいいだろう。

さて、あなたはアリストテレスが提唱した3大要素のうち、どれを強調するだろうか――「エートス（人柄）」か「パトス（感情）」か「ロゴス（論理）」か？　「パトス」は真っ先に消せるだろう。これは怒りや集団への忠誠心など、強い説得力をもつ感情だが、職場で使ってもあまり効果はない。感情を表すのは、いよいよ上司が決断をするというときまでとっておいたほうがいいだろう。そのときが来たら、ぜひ自分を選んでほしいと訴えるのに「パトス」を使ってみるといい。

では「エートス」か「ロゴス」か？　上司はあなたを評価するわけだから、あなたの人柄が主要なアピールポイントになるだろう。もちろん、論理も役に立つ。仕事の改善点を鋭い視点でまとめたメモを書くのもいいだろう。だが、それも結局、豊富な実践的知恵を見せることで、あなたの「人柄」を示していることになる。

「エートス」の3つの特質を覚えているだろうか？　「徳（大義）」「公平無私（思いやり）」「実践的知恵（技能）」。組織の価値観に沿った行動をとることで、あなたの徳を示すといい。あなたならどうやってコストを削減するか、新たな仕事をとってくるか、新たな社員を見つけるか。**会社が最も価値を置くものを、あなたがどうやってもたらすかを、具体的に述べるといい。**

公平無私であることを示すには、まず、聴衆のことを考えよう。この場合の聴衆はただひとり、上司である。上司を気づかっていることを示すには「何かご要望はありますか?」と訊いてみることだ。とてもシンプルに聞こえるが、管理職をしていたころ、直属の部下からこの言葉を聞いたことはほとんどない。

妻は、彼女が仕事を再開するときに私がしたアドバイスのなかで、これが一番いいアドバイスだったと言っている。彼女は、毎週行われている上司との1対1の面談で、どんなことに気をつけたらいいか、と私に訊いてきたのだ。そこで「君がやっている仕事の進捗状況を話し終えたら、何か要望がないか訊いてみるといい」とアドバイスしてあげた。2、3週間のうちに、彼女は職場になくてはならない人になった。

ジョージ・H・W・ブッシュからの手紙

ごく簡単にあなたの善意を表すもうひとつの方法は、相手に感謝の意を伝えるメッセージ、相手を祝うメッセージ、相手をいたわるメッセージを書いて送ることだ。相手に気持ちを伝えたいと思ったら、メッセージ――メールでも手書きのカードでもいい――を書いて送るといい。

ジョージ・W・ブッシュの父であるジョージ・H・W・ブッシュは、心のこもった手紙を書くことで有名だった。しかも彼はその手紙を、わざわざタイプライターで打っていたのだ。私がかつて面倒を見ていたインターン生は共和党の支持者ではなかったが、ブッシュを褒める記事を書いた。するとブッシュ本人から、彼の記事を称賛する短い手紙が届いた（異論のある部分についても書いてあった）。そのインターン生は、ブッシュの個人的なファンとなった。知り合いでもない若者宛てに、わざわざ貴重な時間を割いて手紙を書く彼の行為は、相手を気づかっていることを示す行為としては模範的だ。職場の上司、部下、同僚にメッセージを書いて送るという習慣を、ぜひ身につけるといい。

どのように上司に自分を売り込むか

あなたが、こうして上司に善意を示すことなど、もうすでにやっているとしよう。その場合は、自分は実践的知恵をもっていて、ほかの候補者よりも「徳」があるということを示すために、これから会社がとるべき戦略を書いた詳細な資料を作成するといい。このときには好機をとらえる技術である「カイロス」が必要になってくる。いつでも実行に移せる用意があることを示すために、できるだけ早く資料をつくって送ることだ。ただし、雑なものになってはいけない。

そして、どうやってその資料をプレゼンするかを考えなければならない。印刷して透明のプラスチックのバインダーに挟むのがいいだろうか？　メールに添付して送るのがいいだろうか？　上司が資料を読むのがあまり好きではない人なら、パワーポイントを使ったプレゼンをさせてもらうのがいいかもしれない。パワーポイントの資料をメールで送ったほうがいいだろうか？ ここで必要なのが、正しいタイミングと正しいツールである。

上司からのフィードバックを待つあいだ、ほかにも「エートス」を高めてチャンスを広げる方策はないだろうか？ そうだ、ディコーラム（適切さ）だ！ 自分が望んでいるポジションに見合う服装をしていないなら、見合うようにいますぐ変えよう。

上層部が使っている専門用語や共通認識を表す言葉を使って、「符号を利用した毛づくろい」をしよう。アイデンティティを利用した戦略を取り入れてもいいかもしれない。どうしたら、あなたを昇進させるべきだと上司に思ってもらえるだろうか？

上司にあなたとの一体感をもたせる一番手っ取り早い方法は、自分の若いころに似ていると思わせることだ。映画『リバー・ランズ・スルー・イット』でロバート・レッドフォードが、自分と瓜二つのブラッド・ピットをキャスティングしたように。ビジネスにおける社会学を研究している学者によると、経営者は、自分と似た性質の人を雇いがちだという。

あなたのアイデンティティを利用した戦略を見た同僚は、あなたのことを、とんだご機嫌とりだと思うかもしれない。だからディコーラムは、あらゆる方面に効くものでなくてはならない。上司の機嫌をとりたいなら、同僚にも同じようにしなくてはならない。上司からのフィードバックを待っているあいだを利用して、同僚とうまく付き合うようにしよう。同僚と過ごす時間をつくることだ。それから、あなたがその同僚のことを褒めていた、と周りから本人の耳に入るようにするのもいいだろう。

上司との面接で使える技法

さて、あなたの戦略が功を奏して、上司から面接に呼ばれたとしよう。このとき、原稿を暗記したり、技法を覚えたりする必要はない。あなたの「エートス」をアピールする戦略に絞ればいい。つまり、実践的知恵（会社にとって何がいいことなのかがわかっていて、それを実現するためのスキルをもっている）、徳（会社の価値観と同じ価値観をもっており、それを守るためには何でもする覚悟である）、公平無私（上司に対して忠誠心をもっており、彼の仕事がはかどるようにしたいと思っている）を示すことが必要だ。ディコーラムをよく心得て、ふさわしい服装（管理職にふさわしいもの）をし、「符号を利用した毛づくろい」をして、上司を喜ばせよう。

こうした戦略を使った想定問答をしてみよう。うまくいくだろうか。

上司：なぜこのポジションにつきたいのかな?

あなた：あなたが部下を指導しているのを見ているからです。部下たちのキャリアアップをぜひサポートしたいと思っています。

素晴らしい！　おそらく、この上司は指導するのがうまいのだろうし、経験から学ぶことが大切だと常日頃から強調しているのだろう。あなたの受け答えは、私利私欲のない善意と徳にあふれたものになっている。また、弱点を強みに変えるという、倫理上の逆効果を狙う戦略にもなっている。その点を上司はついてくる。

上司：君は自分がいますぐに部下を指導できると思うかい？　履歴書を見るかぎり、大勢の部下を指導した経験はないようだが。

これは「エートス」についての質問のようだが、上司を納得させるためには、いくらか論理を使うことが必要だ。上司の目の前に座っている状態で、どうやったらあなたの指導力を示せるだろうか？

ひとつの方法は、具体的な例を挙げることである。個別の事例から結論を導く帰納法を用いた論理だ。あなたが、これまで指導的な立場にはなかったとしよう。そのとき思い出してほしいのは、「事実」というのは、例示をするときのひとつの要素でしかないということ。ほかのふたつの要素は、比較することと、ストーリーを語ることだ。いまこそ、語るときだ！

あなた：同僚が私に助言を求めにくるのには理由があります。ひとつ例をお話ししましょう。会計を担当しているジェイムは、昇進するために自分をアピールする素晴らしい方法を考えています。秘密にするように言われているので、いまは言えませんが。彼が私に、あなたに会う段取りをしてもらえないか、と頼んできたので、彼があなたの前で簡単にプレゼンができるように、あなたの予定に組み込ませていただきました。来週の火曜日に、彼とお会いになることになっているはずです。

うまいぞ。ストーリーを語り、上司をあなたの立場になって考えさせるような言い方だ。聞き手に、あなたの目を通して何かを見させたり、あなたが体験したことを聞き手にも追体験させたりすると、聞き手はあなたの話すことを聞きたい、と思うものだ。上司は、あなたがまとめた、「会社がこれからとるべき戦略について」という提案書の話に触れる。このときは、自分の強みについて話し、総仕上げをしよう。

上司：ほかに付け加えたいことはあるかね？
あなた：はい、ほかにもいい候補者はいると思います。ですが、私は誰よりもこの仕事に打ち込む覚悟でいます。どうか、私にチャンスをください。必ず期待に応えてみせます、いえ、それ以上のことをしてみせます。どうしてもこのチャンスをつかみたいのです。

いい締めくくりだ。こうして、感情を表して、部屋を辞去する。感情を露わにするのが気に入らない上司もいるだろうし、逆に、チャンスをつかむためにもっと必死な様子を見せる人を好む上司もいるだろう。だが、**概して、面接の終わりに少し感情を表に出すのはいいことだ。**

どのように自分の考えを売り込むか

考えを売り込むときにも、同じテクニックが使える。たとえば、あなたが、レトリックを知ることは素晴らしいと思い、読書会でぜひ本書を取り上げたい、と考えているとする。このときの議論は、読書会で取り上げるか否か。だから、感情が担うべき部分は少ない。

仕事の面接と違うもうひとつの点は、あなた自身の「エートス（人柄）」よりも、作品の「エートス」がものを言う、ということである。読書会のメンバーが、これまでにあなたが勧めた本はすべて気に入った、というのでもないかぎり。ここで例として挙げるために、本書があなたの勧める初めての本、という設定にしてみよう。どこから話を始めればいいだろうか？

この本を読めば、きっとみなさんも驚くことと思います。少なくとも、私は驚きました。

まあまあだ。どうやって話をつなげたらいいだろうか？

タイトルに惹かれたので（本書を掲げてみんなに見せる）、本屋さんで手に取ってみたのです。この本が「議論」について書かれたものだとわかったときは、棚に戻そうかと思いました。

なるほど。仕方なくこうなった、という口調で話すわけだな。なかなかいいぞ。公平無私な立場を打ち出し、聞き手にあなたの論理的思考を一緒にたどらせるやり方だ。

ですが、その前に本をパラパラとめくってみました。すると、こんなことが書いてあったのです。(私が過ごしたレトリック的な一日のことを書いた部分を読み上げる)この本は堅苦しい学術書ではありませんし、ありふれたビジネス本でもありません。面白いし、どうやって会話や議論をすればいいのかを学ぶこともできます。ですが、私がこの本をみなさんと一緒に読みたいと思ったのは、それが理由ではありません。それ以上のことをこの本は教えてくれるのです。

これはいい。「ちょっと待って、ほかにももっとあります」という論法だ! あとは、本書を褒めるだけだ。一部を例として読み上げてみて、個別の事例から結論を導く帰納法的な論理を使ってもいいし、定義づけをする戦略をとってもいいし——学術書でもビジネス本でもない——何かもっといい点があると期待させるのもいいだろう。聞き手は、次にあなたが言うことを聞き逃すまい、と次第に身を乗り出してくる。

この本は、会話や議論は人を支配するためのものではないと教えてくれます。もちろん、伝える技術は、自分が得たいものを手に入れるために使うものです。ですが、会話や議論することで、争いやその他の無益なこと——政治の世界でも、家庭でも職場でも——を避けることができます。この読書会は、人生をちょっとよくするための、真面目な本を読む会です。この本にはエンターテインメント的な要素も盛り込まれていて、いたって真面目な本というわけではありませんが、この本の目的はとても真面目なものです。

とてもいい。読書会の一番大切な価値観を述べ、この本がその価値観に合うものだと示している——本書がもつ「徳」を売り込むものだ。さらに、最後に、未来のことに話をもっていっている。

読書会のメンバー：著者は、何というか、専門家なんですか？

あなた：レトリシャンです。

おっと、「実践的知恵」を問う質問だ。著者はこの質問の答えになるヒントをどこかに書いていただろうか？

あなた：学者というわけではありません。

定義し直す、という素晴らしい戦略だ。メンバーは、著者は専門家ではあるけれども学者ではないということなのか、と訊いたのだ。読書会では学術書は読まないことになっている。だが、これだけでは、まだこの実践的知恵を問う質問には十分に答えられていない。ここからどういう話にもっていくべきか？

ですが、著者は出版業界で何年も管理職やコンサルタントの仕事をしていましたし、ジャーナリストでもあります。結婚していてお子さんもいらっしゃいます。ですから、レトリックを実際の生活に当てはめることができるのです。

これこそ実践的知恵の定義だ！　私よりうまく言ってくれたじゃないか。あとは伝える技術について要約すれば大丈夫だ。

ですから、この本ほどこの読書会に適した本はないと思います。個人的な話も織り交ぜてあって、大学では学べなかった、実際に使える社会的で知的なスキルを学ぶことができます。まだ疑っているなら、もういくつか、本のなかから抜粋して読んでみてもいいですよ。

読書会のリーダー：それには及ばないと思いますよ。いま、読んでもらいたい人はいますか？いませんね。では決を採りましょう！

おめでとう。本書の「エートス」を使って本書をいいものに見せ、帰納法と再定義、それから価値観を盛り込んだ話をすることで、読書会のメンバーに本書を取り上げたいと思わせて、あなたはこの素晴らしい議論に勝ったのだ。

臨機応変に返答するために

事前に用意した言葉を述べるのは比較的易しいが——その気があるなら読書会でのスピーチを暗記していってもいい——そうしてしまうと、誰かが異論を唱えたときに、臨機応変に返答をするのが難しくなってしまう。あなたが難しい場面にいると想定してみよう。

あなたは、〝規格化された〟B&B（ベッド&ブレックファスト）のチェーン店をフランチャイズにするために、資金を集める必要がある。そこで、ベンチャー企業向けに、パワーポイントを使った素晴らしいプレゼンをしなければならない。

売り込みたいのはB&B&B（ベッド&ブレックファスト&ビヨンド）というチェーン店だ。この会社のB&B&Bホテルは、魅力的で、居心地がよく、従来のB&Bの価値観を残しながらも、一定の品質とブランド力を保っている。「スターバックスとお洒落なブティック・ホテルを合わせたようなホテルです」とあなたは言う。そして「自宅にいるようなくつろいだ時間と、確かなブランド力に裏付けされた質」をアピールする。

ひとりのベンチャー企業のオーナーが渋い顔をしている。なぜだろう。

ベンチャー企業のオーナー：規格化されたB&B？　それぞれ個性があることがB&Bの特徴

なのに、それを規格化するなんて矛盾していませんか？

あなた：それを言うなら〝ベンチャー企業〟だって、ふたつの相反する言葉で成り立っていて、同じことでしょう。

なんともうまい切り返し！　だが、聞き手には、あなた、そしてあなたが選ぶものに対して一体感をもたせなければならない。聞き手の仕事をからかうのは、いいディコーラム（適切さ）とは言えない。もう一度トライしてみよう。

あなた：それはいいご指摘です。それこそ、B&B&B社のいい点です。私たちは成熟産業を、まったく新しい形で売り込もうとしているのです。間違いなく独自性がありますよ。矛盾しているように聞こえるかもしれませんが、こうすることで、ふたつの成熟産業、つまり、規格化されたホテルチェーンと、独立したB&Bの施設、両者の欠点を克服することができます。顧客は、そこでしか味わえない体験を保証されています。似通った施設はひとつとしてありません。その一方で、質の高いサービスも保証されているのです。このような選択的ブランディングの手法をとれば、5年以内にROI（投資利益率）は80％を超えるでしょう。

成熟産業やROIといったベンチャー企業でよく使われる言葉を使って、ベンチャー企業のことならよくわかっている、と示している。加えて、その企業の最も重要な共通認識である「リスクをとって利益を上げる」ということにも言及している。この戦略を覚えておくといい。何かトラブルが起きたときには、適切な符号を取り入れた言葉を話せば、時間を稼ぐことができる。

譲歩を示すのも、とっさの切り返しにふさわしい。特に、あなたの聞き手が異論を述べた場合にはおおいに役立つだろう。あなたが先ほどベンチャー企業のオーナーに向かって言った「それはいいご指摘ですね！」は、素晴らしい譲歩になっている。敵対心をもってなされた質問もあなたに有利なものに変えてしまう、いい柔術策だ。

いい受け答えが思いつかなければ、まずは相手に同意する

では、威勢よく切り返せば、それでいいのだろうか？　そうではない。威勢のいい切り返しだけが譲歩ではない。ほかにいい言葉が思いつかないときは、相手に同意すればいい。「符号を利用した毛づくろい」と同じで、譲歩でも時間を稼ぐことができる。

柔術のためのいい言葉が見つからない場合は相手の議論をそのまま使ってみればいい。そこから、時制を未来形に直したり、主要な話題を自分に有利なものにしたりすることもできる。ここでは、以前に物議をかもした問題について考えてみよう。あなたは、別のアイディアをもち出したいと思っている。今回は、政治的な意見だ。

あなた：ヘッド・スタート・プログラム（育児支援施策）の予算を、もっと増額すべきだと思います。わが国の3分の1の子どもは貧困ラインより下にいます。彼らにまともな朝食と早期教育を与えないかぎり、その子どもたちが大きくなったときに、問題を招くことになります。

相手：私はそうは思いません。貧困家庭への援助は削減すべきだと思います。生活保護を受けている母親たちは怠け者で、社会における損失です。

こう言われたら、あなたなら何と答えるだろう？　それは偏見だ、と言うこともできるが、そうしたら話はそこで終わりだ。マクロ経済学の観点から構造的な問題を説いて、相手の偏見を正すのもいいだろう。最後には、母親たちは時給6ドルで懸命に働いている、と情緒的な例を挙げて、「パトス」に訴えることもできるはずだ。

聞き手がリベラルで知的な人たちなら、こうした返答は効くかもしれないが、それでも相手は納得しないかもしれない。それに、こうした返答をすぐにその場ですることは難しい。ほかに何か手はあるだろうか？　困ったときには、譲歩すればいい。

あなた：たしかに。生活保護に頼っている怠け者もいるでしょうね。

譲歩をうまく使うコツは、相手が気づかないうちに論点を定義し直すことである。あなたはわざと〝生活保護を受けている母親〟という言葉を使わずに、なかには〝怠け者〟もいる、という話に変えて、相手が悪者と捉えている存在から人格を奪った。〝生活保護を受けている母親〟という言葉は、子どもが近所で悪さをしていようがお構いなく、自分はボーイフレンドといる女性、というイメージを想起させてしまうからだ。〝怠け者〟という言葉だけを使えば、もっと曖昧な意味になり、具体的なイメージを喚起させずにすむ。

時制を変えて、議論できる話にする

だが、**譲歩だけでは、議論に勝つことはできない**。そこで**今度は、時制と論点を変えてみよう**。

問題は、より少ない国の予算で長期的な政策をどうやったらカバーできるか、ということです。ヘッド・スタート・プログラムで支援を受けて育った子どもは、将来刑務所に入る確率がずいぶん低くなるといいます。刑務所に入ってから支援するのではなく、まず彼らに仕事を与えることのほうが大切だと思います。

時制を変えることで、同族意識を喚起する話から、議論できる余地がある話へ変わった。しかも、〝より少ない予算で〟という、保守派の共通認識も取り入れている。この議論はうまくいくだろうか？いくかもしれない。あなたの意見に異論を唱えた人以外にも聞き手がいる場合、特にうまくいくだろう。

この方法は選挙のときにも使える（物をよくわかっている聴衆がいる場合にかぎるが）。あなたが地方選挙に出ることになったとしよう。公式な討論会で、現職が、10代のころのあなたが「Tokin' Male（マリファナを吸っている男）」と書いてあるTシャツを着て映っている古い写真を会場に見せたとしよう。

現職：この候補者はドラッグを乱用していたのです。ドラッグを使う者は公務員になることはできません！

これは痛い。聴衆がみんな、こちらに顔を向ける。さて、あなたならどうする？　選択肢を挙げてみよう。

1. マリファナを吸ったことはない、と否定する。薬物中毒から抜け出そうとしている若者が、教会に寄付するための金を必要としていたので、そのTシャツを買ってやったのだ、と言う。
2. 肺まで入れたことはない、と言う。
3. 相手を攻撃する。

あなた：現職は、未婚のまま3人の父親になりました。私には、家族という価値観をもっている人が好ましく思えます。彼は、家族に価値を感じていないようですが、家族はおおぜいいるようですね！

相手の人格を攻撃することにも、「徳」があるかもしれないが、あなたは、そんなことをするために立候補したのだろうか？　吸ったことはないとか、肺まで入れたことはないとか否定するのは、最後の手段だ。本当に吸ったことがなくても、高校のときに恰好をつけたくてそのTシャツを着ていただけだとしても、否定しようとすると、その言葉を繰り返して言うことになり、聴衆の頭にマイナスの印象が残ってしまう（21章の、論理を使わないで価値観を述べるテクニックを思い出してほしい。論理に重点を置くよりも、価値観に重点を置いたほうがうまくいくときがある）。だから、譲歩を使って言ってみよう。

あなた：嘘をつくことはできません。たしかに、私は高校生のころ、このTシャツを着ていました。髪型もいかにも、という感じです。

聞き手の気分を軽くするユーモアもうまく取り入れている。さて、次は？

あなた：当時は、やんちゃなこともしました。しかし、自分の子どもをもって、責任ある大人になったいま、そのことを後悔しています。ですが、みなさんは古いTシャツについて話をしたいのでしょうか。そうではなく、駐車場から出てくるたびにまたがなくてはならない、道路に開いた穴をどうやって直すか、という話をできないものでしょうか？

ほかにも色々な返答が考えられるだろうし、ターゲットにしている聴衆によっては、別の返答のほうが効果があるかもしれない。だが、時制を過去（非難）から現在（同族意識を喚起）、そして未来（何が有利か）に変えて譲歩することで、聴衆の注目を集めることができる。

29章のポイント

この章では、伝える技術という武器をひとつにまとめてみた。

- **攻めるとき**：目的を考えること、正しい時制を使うこと、聴衆の価値観と共通認識を知ることが大切だ。「エートス（人柄）」の力を使おう。
- **守るとき**：何を言ったらいいのかわからないときは、譲歩してみよう。そしてその譲歩を再定義してみよう。最後に、時制を未来形に変えること。

それぞれのテクニックについては、巻末の「伝える技術　技法の一覧」を参照していただけたらと思う。

30章

価値観で分断されている世界を生きるために

学びへの欲求があるところには、多くの議論が必要だ……なぜなら、善き人の意見とは、つくられつつある知識にほかならないからだ。

——ジョン・ミルトン（17世紀のイギリスの詩人）

「アメリカ人がどうしてあんなに太ってるか知ってますか？　水を飲みすぎるからなんですよ」

それは、夜も更けたイタリア、リビエラ地方でのこと。私は美しい海辺の町で、地元の起業家、ジアンニとカルロと夕食をともにしていた。私たちはすでに、政治のことから教育の現状、地中海の魚の生息数に至るまで（私たちが食事をしていたのはシーフード・レストランだったので、この話にはレストランのオーナーも飛び入り参加した）さまざまなことを話していた。

数時間かけてゆっくりと食事をしてワインもたっぷり飲んだあとに、ジアンニがこの発言をしたのだ。「先月、アメリカに行ったんですが、アメリカ人はみんな水のボトルを持っていたんですよ。それに……」彼はテーブルに身を乗り出して言った「みんな太っているんです」彼のこの発言を発端に、さらにワインを1、2本空けながら議論が続いた。とても高尚な話題とは言えないし、ジアンニも本当にそう思っていたのかどうかは怪しい。だが、議論を通じて互いの絆を強める、というヨーロッパに古くからある習慣に従った行為だ。

あの発言がワインを飲みながらでなかったら、私は恥ずかしくて小さくなっていたことだろう。ほかのテーブルにいた客も、私たちを見て笑っていた——たぶん、私たちを、ではなく私たちと一緒に、静かに笑っていた。

リーダーシップをとるための技術

アメリカ人が議論嫌いなのは、伝統の一部なのだろうか？　いや、19世紀の半ばまでは、そんなことはなかった。アメリカが生まれて間もないころにこの国を訪れたヨーロッパ人は、アメリカ人はとても議論好きだったと記している。いったいどうしてこうなってしまったのだろう？

それは、私たちが議論する能力を失ってしまったからだ。かつて、レトリックは教育、特に大学教育の中心だった。それが１８００年代になると衰退し、古典文学全般の人気も衰え、学界でも、「リーダーシップを発揮できる人材を教育すること」というリベラルアーツの目的が忘れ去られていった。

読者のみなさんは、ここまでレトリックという伝える技術が個人的にも非常に役立つことを見てきたので、これが**何百年にもわたってリーダーシップをとるための技術として学ばれてきた**ことを、信じてくれることと思う。だが、アメリカにおいて、レトリックは力を発揮できなくなっている。だから私はこの章を書いているわけだ。「レトリックこそ、いまの混沌とした政局から私たちを救ってくれるものである」と。

アメリカという共和国の形成に、レトリックが極めて重要な役割を担ったこと、レトリックが衰退したことで、民主主義という貴重な道具が私たちの手から奪われてしまったことについて、これから述べたい。そして最後に、人々が互いに楽しく相手を説得したり、操られないようにうまく立ち回ったり、賢く議論したりする、レトリカルな社会という展望を示そうと思う。想像するより難しくはないはずだ。私はもう何年も、家庭でそれを実践しているのだから。

建国の父たちはレトリックを使いこなしていた

あなたも、「アメリカは〝キリスト教徒の国〟として建国された」と聞いたことがあるのではないだろうか。しかし、この国の統治システムの誕生はレトリックに負うところが大きい。ただし、アメリカ独立戦争が起こる前の時点で、レトリックはすでに衰退しはじめていた。1600年代、一流の科学者が集う英国王立協会は、〝数学のような明白さ〟をもつ〝親しみやすくて飾らない、自然な話し方〟を求めるようになった。社会全体に「簡潔な英語に戻そう」という機運があったのだ。

それでもレトリックは、学界の慣習として、18世紀までは高等教育のなかで重要な位置を占めつづけていた。アメリカの憲法制定会議に出席した人は全員、完璧なレトリックの知識をもっていたのである。建国の父たちに多大な影響を与えた近代の哲学者ジョン・ロックも、オックスフォード大学でレトリックを教えていた。晩年、ロックは、キケロ、アリストテレス、モンテーニュらとともに、アメリカの独立宣言に影響を与えた人物として、トーマス・ジェファーソンから功績を認められている。

建国の父たちは、古代ギリシャや古代ローマに夢中だった。古代ギリシャやローマの寺院を模した家に住み、ラテン語で書いた手紙をやりとりし、みずからがトーガ〔古代ローマ人が着ていた、布を巻く形式の外衣〕を着た肖像画を描かせたりもした。

辛辣だがウィットに富んだ話をするジョン・アダムズは、自分のことを、同じく辛辣でウィットに富んだキケロの生まれ変わりだと考えるのを好んだ。アダムズの日記には、キケロは毎日有酸素運動をしていたようなものだ、という記述もある。「実に高貴な運動である。肺が鍛えられるうえに、気力が湧き上がり、気管も開き、血行もよくなる。健康にとてもいい」アレクサンダー・ハミルトンは、匿名で文章を書くときにはキケロのニックネームであった〝トゥリー〟と署名するのを好んでいた。

建国の父たちは、ローマ共和国の悲劇に既視感を抱いていた。1805年、キケロの自伝を読んだジョン・アダムズはこう書いている。「どのページを開いても、あらゆる時代のあらゆる国の歴史と重なることが書いてある。特に、この40年のわが国の歴史はまさにこのままだ。出てくる名前を換えれば、どの話も我が国の歴史に当てはまる」

当時、アメリカの政治システムは、単なる政治理論的な実験の域を超えていた。大胆にも、世界の歴史を塗り替えようとしていたのである。独立戦争はまさに「歴史は繰り返す」例であったが、そこには、かつてない点も加わっていった。

最も重要な改善点は、派閥主義に抵抗したことだ。アメリカの建国の父たちは、アテナイやローマの民主主義が滅びたのは、経済的・社会的な階級間に軋轢《あつれき》が生じたことにあると考えていた。そこで、アメリカでは「権力の抑制と均衡のシステム」を構築した。上院とは貴族を代表するもので、議員は州議会により選出される。一般の人々は、下院の議員を選出する。そして、両方の議会で大統領を選出する。上院、下院は互いに相手の行動に目を光らせるというシステムだ。

価値観によって分断された政治

建国の父たちは、アメリカという共和国が理想の形だと思っていたわけではない。いずれはほころびが生じることもあるだろうと読んでいた。ハミルトンに至っては、そのうちこの共和国にも、政党（建国の父たちはこれを派閥と同じものだとみなしていた）がはびこるだろうと予測していた。

だが、ハミルトンもその他の政治家たちも、そういった現象は「権力の抑制と均衡のシステム」と、リベラルな教育を受けた専門家たちの「冷静で偏見のない」調停によって改善されていくと信じていた。ハミルトンは、議会が〝審議する〟機関としての役割を果たすと考えていたようだ。

当時はまだ、レトリックの教育を受けた人が数多くいた。1700年代にハーバード大学を受験した学生たちは、レトリックのテクニックを示さなければならなかった。連邦裁判所の初代長官ジョン・ジェイは、キングス・カレッジ（いまのコロンビア大学）に入るのに、キケロの演説本を3冊読まなければならなかったそうだ。独立宣言に署名したジョン・ウィザースプーンは、以前はレトリックの教授をしており、第4代大統領のジェームズ・マディソンは彼の教え子だった。

しかし、建国の父たちの時代の教育も、結局は皮肉な結果を招いた。教育を受け、政治の均衡を保つことを期待されたリーダーたちが、自ら政党をつくりはじめたのである。どちらも自分たちは派閥ではないと言い張り、派閥の禁止を主張した。

政治的分断により、社会における礼節も失われていった。1800年代初頭の新聞の紙面では、過激な個人攻撃が行われ、性的なスキャンダルの記事が躍った。政治は、同族意識を喚起する言葉であふれ、国家の深い分断――ローマ共和国のように社会的な階級による分断ではなく、信念や価値観による分断――によって進行されるようになった。現代の候補者は、こうした環境を当たり前と思っているだろう。

「ポスト事実」の時代

アメリカのこれまでの歴史において、しばしば価値観が政治的な議論を阻む要因となってきた。市民は自分たちの理想とするものに肩入れし、ほかの意見をまったく寄せつけない同族グループをつくるようになっていった。奴隷制度の廃止と国の権利とのあいだで対立が起こったときには、南北戦争に発展した。

現在では、価値観の相違はそこまで深刻ではないが、それでも同族グループが形成される。同族グループに分かれると、どんな現実も同族的な解釈をされるようになる。事情通の人たちも、報道がフェイクニュースだったときには衝撃を受けたことだろう。どの嘘も極めて巧妙で、なかにはロシア政府が後ろ盾をしているものもあった。

この報道が警鐘を鳴らしているように、私たちの政治に影響を与えようとするものは、ますます巧妙になってきている。自分の政治信念に合った事実だけを信じる傾向も強くなっている。支持していない情報源や組織からの情報を、私たちは信じなくなってしまった。

「それはフォックス・ニュースの情報ですか？」と、バーニー・サンダースの支持者なら鼻で笑うだろう。「それなら、真実ではありませんね」

「CNNがそう言ったのか？　絶滅寸前のメディアはいつも嘘をつく」

ジャーナリストは、かつてないほどのプレッシャーにさらされている。真のジャーナリズムを貫こうとしても、双方の極端な政治思想の持ち主から拒絶されてしまうからだ。かつては、誰かが証拠の一部を述べれば、複数のメディアがいくつかの観点からそれを扱った。それがいまでは、大企業、リベラル、エリート主義者、裏切り者など、それぞれがひとつの観点でしかものを見なくなってしまった。

だが、すべてが悪いというわけではない。私たちはニュース以外のものから事実を知ることもできる。いつだって、科学はある。経済状況や社会状況を表す統計だって、政府機関から発表されている。

専門家は、私たちは「ポスト真実（post-truth）」の時代に入ったと言う。オックスフォード英語辞典も、2016年の〝今年の言葉〟として「ポスト真実」を選んだ。

だが、私たちは、ポスト真実の時代にいるのではない。常に真実は存在する。ただ、それが何かを知らないだけだ。そして信念や価値観といった真理も存在する。

正確に言うなら、**世界は「ポスト事実（post-fact）」の時代に入ったと言えよう。事実の情報源に対する信頼が失われ、議論しようにも共通の土台となる事実が存在しない。**事実に基づく社会ならば、地球では温暖化が進んでいる、という前提から話を始めることができる。事実がなければ、議論することなどできないのだ。

いまこそ「議論」をしよう

そもそも、議論をしようという人もあまりいない。審議（選択）の議論には力がある、という些細な信念さえも、ほかの意見を受け入れない同族的な考え方が広がったことで、押しつぶされてしまった。個々人を見ても、自分で議論することなどほとんど考えてみたこともなく、議論は専門家任せになっているのが現状だ。反対の意見を言うのはその道の専門家に任せ、議論するのは弁護士やラジオ番組のホスト、あるいは上司に任せてしまっている。

その一方で、自分の考えが違うことを表すとなると、たとえば、怒り、痛烈な非難、過激思想、独断主義など、反社会的な手段を使ってしまう。他人に対して無礼な態度もあちこちで見られる。たとえば、車で通勤しているとき、スーパーマーケットで買い物をしているとき、雇用主が社員を解雇するとき、あるいはラジオやテレビ、それから国会でも。

だが、あなたもご存じのとおり、お互いに暴言を吐き合っているだけのものに議論というレッテルを貼るという間違いを、私たちは犯してしまっている。**相手を口汚く罵るのは、議論ができないことの証**——そして、説得したり総意を得たりするための信念がないことの証である。

大統領選挙運動で価値観に関する論点が主になってくると、赤い州（共和党支持）と青い州（民主党支持）のアメリカに分かれてしまうのは偶然ではない。一方がモラルという観念をもっていて一方がもっていないからではなく、価値観だけでは審議の議論が成り立たなくなってしまうからだ。

もちろん、「符号を使った毛づくろい」や価値観の話を使えば、聴衆の心をひとつにして、語り手であるあなたとあなたのものの見方に聴衆が一体感をもつようにすることができる。だが、審議の議論は最終的には、審議をするものでなくてはならない。幹細胞の研究、人工妊娠中絶、同性愛者の結婚制度といった政治的な論点は、真実は何であるかを見極めるときのように、是か非かを決めなくてはならない問題であって、中間的な結論で議論を終わらせるわけにはいかない。

気候変動の問題ですら、アル・ゴアが「モラルの問題だ」と言ってから、国を二分する問題になった。それまでは、ほとんどの共和党員が、人的要因により温暖化が進んでいると認識していたのに、ゴアの発言以降、共和党のリーダーたちは気候変動を否定しはじめたのである。

政治家が価値観を政治問題化し、政治問題を価値観に関するものにしてしまったら、もはやまともな議論はできない。同じ意見をもつ者同士で組んだそれぞれの派閥に分かれて、議論は終わりだ。

一方で、**審議の議論には政治を魅力的にする力があり、極端主義者を中道の軌道へと引っ張って**

くることもできる。秘訣は、信念のセントラルパークとでも言うべき「政治の共通認識」を使って説得することだ。**誰かをあなたの意見に寄り添わせたいと思うなら、その人の信念の核心にまで入り込んでいかなければならない。**それができないなら、目的を変えなくてはならない。あなたの意見を彼らの信念から少しだけ離れたところにあるものに設定するか、もしくは、「行動を起こすのは、たいして大変なことではない」と示さなければならない。

いまこそ伝える技術を身につけよう

アリストテレスによる「徳」の定義を思い出してほしい。「何かを選択するときのありようが中庸であること」

最も説得しやすい人は、どのイデオロギーにも属さない中庸な意見をもっていることが多い。一方、イデオロギー信奉者は、定義によれば、説得することができない。だが、国がイデオロギーにより分断され、価値観について語る政治家や、自分の信念を頑なに変えない政治家を私たちが敬うようになったら、どうなってしまうだろう？

アメリカの高校や大学ではレトリックを多くの授業で取り上げるようになってきている。レトリックの教師やレトリックを学んでいる学生は、一味違う。まず、**伝える技術を学んでいる彼らは容易に攻撃することができない。騙すのも、同じくらい難しい。**何十人もの学生に本書の原稿を読んでもらったが、彼らのコメントはほかのどんな読者よりも厳しいもので、私も縮み上がったほどだった。

また、そのどれもが的を射ている。彼らの前でスピーチをする政治家には同情する。さらに何百万人も教育して、こうした尊敬に値する国民が増えたらどうなるだろう？　そして私たちも、さらに伝える技術を学びつづけたらどうなるだろう？

きっと、こんな文化が広がるだろう。まず、政党から有権者が離れていく。なぜなら同族的な話ばかりする政治はみっともないからだ。そして政治家たちはこぞって、私利私欲がないことを証明しようとする。候補者は、レトリックに熱心な英国で行われているように、知的な会話をせざるを得なくなる。選挙運動で財政改革を訴えなくてもよくなる。なぜなら有権者がその裏にある策略に気づいてしまうから。車のセールスマンは、顧客を誘惑して車を買わせるのに苦労する。そして、私たちは、お互いにきちんと話をしたり聞いたりするようになる。

さて、少し楽観的な話になってしまった。けれども、ぜひ、読者のみなさんにもレトリックという伝える技術の復権に力を貸してもらいたい。

私自身がレトリックを学ぶようになったとき、子どもたちはまだ幼かったが、私は無意識のうちに自宅でレトリックを学ぶ環境をつくりはじめていた。アリストテレスやキケロ、さまざまな技法について話し、夕食の席で使われた技法を指摘したりした。議論をするときは時折子どもに勝たせてやり、もっとうまく議論できるようになりたい、という気持ちを起こさせるようにしたりもした。

そして、子どもたちが成長して、より説得上手になるにつれ、私が負ける回数が、勝つ回数を上回るようになってしまった。実に腹立たしい。だが、誇らしい。

伝える技術　実践編

ドバイにあるアメリカン大学で教鞭をとっているレトリシャン、デイヴィッド・ランデスが、新版にこのページを加えるというアイディアを出してくれた。読者のみなさんからも、レトリックの筋肉を鍛えたい、という要望があった。それこそがこの実践編の目的である。技術を磨くには練習が必要だ。

だが、練習だけでは終わらない。伝える技術をきちんと学べば、人生を変えることだってできるかもしれない。伝える技術は知性を解き放ち、私たちを偏見や狭量な考え方、同族的な考え方から自由にしてくれる。

何よりもまずは、レトリックを使う習慣をつけることが必要だ。初めに、自分の目的をリストアップする。友達をつくったり、人に影響を与えたりしたいのか？　いい仕事ができるようになりたいのか？　うまく文章を書いたり話したりできるようになりたいのか？　異性にモテたいのか？　10代の子を怒らなくてもすむようにしたいのか？

それから、目的を達成するのに最も効果がある技法は何かを考えてみよう。たとえば、「エートス（人柄）」を利用すれば、人間関係を改善できるだろう。修辞技法を使いこなせるようになれば、もっといい文章を書いたり、もっといいスピーチができるようになる。誰かを「誘惑」して説得したいときは？　ウィットや「パトス（感情）」、譲歩のテクニックを使うといい。どの技法を使うかが決まったら、さっそく練習してみよう。
まずは、その昔、レトリックを学んでいた学生たちにならい、ふたつの側面から議論する訓練をしてみよう。

■ふたつの側面から考えてみよう

これは、議論のツールというよりも規律に近い。〝世界の見方〟と言ってもいいだろう。古代ギリシャ人は、何についても、もう一方の側面からの見方を考えずにはいられない人たちだった。食べ物（おいしいかまずいか）、飲み物（おいしいかまずいか）、セックス（いいものか恥ずかしいものか）など、日常生活のごくありふれたものごとについても議論をすることができた。ありとあらゆるものには、別の見方がある。

いつでもふたつの側面から考えるくせをつければ、心を解放することができる。違う考え方をしてみよう、という姿勢でいれば、人生がもっと楽しくなる。常套句を言ったり、何かを主張したり、意見を発表したりするときは、「だが一方で……」という文をぜひ付け加えてみてほしい。心のなかで言ってみるだけでもいい。誰かの意見になるほどとうなずいたときには、心のなかで言ってみよう。「だが一方で……」

体のどこかが痛いのは、嫌なものだ。
だが一方で、痛みは体からの警告と考えることができる。熱いストーブに触れたときには、痛みを感じなければ困る。

政府は、各家庭が家計をやりくりしているのと同じように、財政を健全に保たなければならない。だが一方で、政府と家庭はまったく違うものだ。家庭を構成している夫婦は、通貨を製造することができないのだから。

あなたもこのように考える習慣をつけよう。いままで知らなかった新しい世界が見えてくるはずだ。次に挙げる事柄をふたつの側面から論じてみよう。「だが一方で……」という言葉を使って文章を完成させること。自分が同意できる内容にするように。

君子危うきに近寄らず。

戦争はどんな状況でもしてはならない。

猫は犬よりも扱いにくい。

若者はズボンをずりさげてはくべきではない。

民主主義は君主制よりもいい。

議論をさらに膨らませよう。先ほど自分が考えた議論を、さらにもうひとつの側面からも考えてみる。「だが一方で……」と自分が言ったことに対して、さらに「だが一方で……」と返してみること。

君子危うきに近寄らず。

だが一方で、リスクを避けるばかりの人生では悔いが残る。

だがそうは言っても、トラックでハイウェイを走っているときに、この先のことを心配しても仕方ないだろう?

友達や家族と食事をしているときに、「だが一方で……/だけど……」と言い返して議論のボレーをしてみよう。

■「枠組み」をつくり直してみよう

ふたつの側面から議論する方法や「だが一方で」を使う練習と似ているが、「枠組みづくり」は、言葉をボレーしあうのではなく、議論そのものをまったく別のコートに移そうという試みだ。「これは……の話か、それとも……の話か」という言い回しを使って、次に挙げる文の枠組みをつくり直そう。たとえば「男の子なら、アメフトをやって精神を鍛えるべきだ」という文章はどうだろう。これは「精神の話をしているのですか、それとも、あなたが個人的にアメフトが好きなだけですか?」というように枠組みをつくり直すことができる。いくつかの文章を挙げてみるので、ぜひ試してほしい。自分の好きなように枠組みをつくり直すのだ。

ひとりで出かけるのは危ない。
私たちは競争に勝たなければならない。
新入社員は会議で黙っていなければならない。
金銭はすべての悪のもとだ。

■比喩を使ってみよう

食事のときに、目の前に並んでいる料理や、それを食べたり飲んだりしたときの感覚を、できるだけ多くの比喩を使って表現してみよう。たとえば、ボール一杯の豆を差し出しながら「豆をおひとついかが？」と言うのは提喩だ。一粒の豆で豆というもの全体を表している。

■相手に歩み寄ってみよう

この人の意見は我慢ならない、という人と話をしてみよう。相手の意見を変えさせることができるだろうか。「積極的関心」を使うといい。相手に次のことを要求してみる。（1）すべての言葉の意味を定義してもらう（2）詳細を話してもらう——統計や傾向に触れてもらうのが一番いい（3）情報源を教えてもらう。皮肉に聞こえないように気をつけよう。純粋に興味があるように見せること。結果がどうなったか、メモしておくといい。相手は自分の考えを少しは変えただろうか？　何か学べることがあっただろうか？　少しは相手のことを好きになっただろうか？

■ドキュメンタリー番組を見てみよう

ドキュメンタリー番組を見て、どんな議論がなされているかを考えてみよう。その議論をひとつの文に要約してみてほしい。それができたら、制作者がその議論をするために、どんな技法を使っているのかをリストアップしてみよう。

■広告を分析してみよう

広告は、人を巧みに操ることの楽しさにあふれている。広告を選んだら、その広告がどんな議論を展開しているか説明してみよう。どんな人をターゲットにしているだろう？　「エートス（人柄）」「パトス（感情）」「ロゴス（論理）」をどのように利用しているだろうか？

フェイスブック、インスタグラムなどのソーシャルメディアで同じことをしてみよう。写真や絵、歌詞によってなされている「議論」も分析してみよう。

■場面に応じた技法を考えてみよう

次の場面に最も有効な技法をリストアップしてみよう。

料理を注文したのだが、運ばれてきたものが気に入らなかったとき。

友人と人生観がまったく違うことに気づいたとき。

友人を「今夜一緒に出かけよう」と携帯メールで誘うとき。

■聴衆の価値観を考えてみよう

次に挙げる人たちがもっていそうな価値観を2、3個考えてみよう。価値観を大切にして自分らしくあるために、彼らはどんなことを犠牲にするだろうか？（例：裁判官は公平さに価値を置くだろうから、自分の人気を犠牲にしても、無罪とすべき者は確実に無罪にするだろう）

僧侶・裁判官・赤ん坊・警察官・芸術家・国のリーダー・10代の子ども・CEO・囚人

■短い文を重ねてスピーチしてみよう

スピーチの締めくくりを、書いてみよう。書けたらそれを暗記し、12秒で言ってみよう。グループでやる場合には、全員がスピーチをすること。ひとりでやる場合は、毎日か1日おきくらいに、短い文を重ねる技法で締めくくりを書いて、鏡の前で練習してみよう。

監修：ジェイ・ハインリックス、デイヴィッド・ランデス

＊その他の練習問題は左記よりＰＤＦファイルをダウンロードいただけます。
www.poplar.co.jp/therhetoric

＊また著者のホームページ（英語サイト）にも、さまざまな練習問題や説明が載っています。
www.arguelab.com

伝える技術　技法の一覧

ここでは、毎日の生活のなかで役立つように、伝える技術のテクニックや概念をカテゴリー別にまとめておく。用語や技法の名前を覚える必要はない。覚えておいてほしいのは、次のことだけだ。

- 会話や議論の**目的**と**時制**を定める
- 強調したいのは**人柄**なのか**論理**なのか**感情**なのかを考える
- 説得に適した**タイミング**と**手段**を考える

■目的

個人的な目的：あなたが聴衆に望むこと。

- **気分**：最も変えやすい。
- **考え**：気分を変えるよりも少し難しい。
- **行動**：これが最も難しい。聴衆の行動する気分を掻き立て、その行動こそ自分の望んでいることだと思わせなければならない。

論点をコントロールする：会話や議論の主要な論点をコントロールする。

・**非難**：過去形で語られる。アリストテレスはこれを、「法廷のレトリック」と呼んだ。主に扱うのは、「善・悪」に関する話題。
・**価値**：現在形で語られる。これは「演示のレトリック」、または同族意識を喚起するレトリックである。主に扱うのは「称賛と糾弾」。
・**選択**：未来形で語られる。これは「審議のレトリック」。主に扱うのは、何を「選択」するのか、何が「有利」か――聴衆にとって最もいいことは何か、という話題である。

■エートス
これは、語り手の人柄を利用して相手を説得するテクニック。つまり、語り手やその他の人の評判を土台にする。スピーチをするときには、語り手の人柄――もしくは聴衆が考える、語り手の人柄――を強調すること。エートスにとって大切な3つの点は、「徳（大義）」「実践的知恵（技能）」「公平無私（思いやり）」。

ディコーラム（適切さ）：信頼に値するリーダーはこうあってほしい、と聴衆が期待するような振舞いをする、語り手の能力。
・**符号を利用した毛づくろい**：その聴衆に特有の言葉を使う。
・**アイデンティティを利用した戦略**：そう行動することが、自分たちのすべきことである、と聴衆に思わせる――その選択をすることこそが、自分たちのアイデンティティである、と思わせる。

- **反語法**：部外者に向けた言葉の本当の意味が、グループの人にだけわかるような言い方をする。

徳（大義）：聴衆の価値観に沿ったように見えること。

- **自慢話**：率直だが、語り手の徳を高める効果はあまりない。
- **他人からの称賛**：第三者に、語り手の人柄が信頼できるものであると話してもらうこと。第三者が公平無私であればあるほど、効果がある。
- **欠点を戦略として使う**：欠点やミスを意図的に知らせ、徳があるように見せる。
- **意見を変える**：力のあるほうを、最初から支持していたように見せる。
- **不可避な状況を支持する**：徳を示すために、不可避な状況を支持するほうに回る。
- **論理を気にせず価値観に重きを置く**：グループの結束を固めるために、価値観を表す言葉とグループの共通認識に焦点を絞り、聴衆に語り手との一体感をもたせる。
- **アイデンティティ**：人に自分自身のことを表現してもらう。たいてい、初めに出てくる言葉が、その人が自分をどう捉えているかを表している。ほとんどの人は、自分のアイデンティティを保つためならどんなことでもするものだ。

実践的知恵（技能）：いい選択をする能力、問題を解決する能力。

- 経験をアピールする。
- 場合に応じてルールを曲げる。

- 中庸であるように見せる。

公平無私（思いやり）：大きな善のためなら、自分の利益を犠牲にすることもいとわないように見えること。

- **やむなく達した結論**：明らかに正しいとわかったので、その結論に達した、と見えるようにする。
- **自己犠牲**：その選択肢は語り手ではなく聴衆のためになることだ、とアピールする。
- **やや自信がないように見せる**：自分のスキルに自信がないように見せる。

嘘つきを見抜く：信頼できる人かどうかを判断する。

- **ニーズのテスト**：説得者のニーズとあなたのニーズは合っているか？
- **同等の経験**：説得者は、話題にしていることを実際にやったことがあるのか？
- **はぐらかされた質問**：この選択肢は誰が得をするものなのか、訊いてみる。もしはっきりとした解答が得られなければ、その人が公平無私であるというのは、信じないほうがいい。
- **「それは場合による」と言うかどうか**：何にでも当てはまるような選択肢ではなく、あなたに合わせた解決法を提示してくれるのが、いい説得者だ。
- **推測する能力があるか**：本当の論点は何なのかをつかむ技術をもっているか。
- **極端主義者**：その説得者は、反対の議論をどのように説明するだろうか？　その説得者の主張の中核は、あなたの考えにどれくらい近いだろうか？

- **極端主義者かどうか見抜くには**：極端主義者は、中庸の選択肢を極端だと表現する。
- **徳を測る物差し**：説得者は、両極端なもののあいだにある、あなたの価値観のスイート・スポットを見つけることができるだろうか。
- **符号を使った説得に対する免疫力をつける**：あなたの属しているグループを定義する言葉を意識してみよう。その言葉を使って説得しようとする人がいたら要注意。

ミスを挽回する：自分の失敗を利用して、エートスを高める。
- ミスをしたあとすぐに、目的を設定する。
- 悪い知らせを一番先に知る。
- すぐに未来の話に変える。
- ミスにより被害を受けた人を見下さない。
- 謝罪に頼らず、自分の仕事が自分の基準に満たなかったことに対する気持ちを表す。

■パトス

パトスは、聴衆の気分を変え、語り手の論理を受け入れやすい状態にし、語り手の示す目的に自分もかかわろうという気持ちにさせる。

共感：聴衆の気持ちに寄り添うこと。

- **大げさに共感する**：聞き手への共感を大げさに示すことで、語り手が変えたいと思っている聞き手の現在の感情を、聞き手自身が恥ずかしく感じるようにすることができる。

信念：アリストテレスは、これが聞き手の感情を動かす鍵だと述べた。
- **経験**：聴衆自身の経験について触れる、もしくは聴衆の頭にその経験を刷り込む。過去の話から信頼を得る。
- **ストーリーを語る**：聴衆の目の前で起こっているかのように語る。
- **予測**：聴衆に、何かいいことや悪いことが起こることを予期させ、感情を誘う。

声のトーンを調節する：感情を抑えて語ったり、徐々に感情を露わにしていったりすることで、語り手の感情に合わせて聴衆の感情も動いていくようにする。
- **シンプルなスピーチ**：感情的になったときは、凝った言葉は使わない。

感情を口にしない：語り手の感情を、初めから露わにしない。聴衆の聞く気が失せてしまう。
受動態：聴衆の怒りが誰かに向けられることを防ぐため、その事柄は自然に起きたのだ、という体でそれとなく示す。「パブロが椅子を壊した」ではなく「椅子が壊れた」と。
大げさに反応する：まず語り手自身が大げさに感情を表すことで、相手の感情を落ち着かせることができる。特に、何かミスをしてしまい、上司の怒りを免れたいときに、役に立つ。

■説得に役立つ感情

怒り：聴衆を行動へと駆り立てるのに、最も有効な感情。だが、長続きしない感情でもある。

見下されていると訴える：「私の論敵があなた方のことを侮辱している」と聴衆に示す。見下された聴衆は怒りを抱えるものだ、とアリストテレスは述べている。

集団への忠誠心：聴衆のもつ、グループとしてのアイデンティティに合った選択肢と行動を示す。

模倣：手本となる人に対する感情的な反応。語り手のエートスが素晴らしければ素晴らしいほど、聴衆は語り手の真似をする。

ユーモア：聴衆を落ち着かせる効果があるもので、語り手のエートスも高めることができる。

・**洗練されたユーモア**：スピーチや言葉の一部を利用するもの。言葉遊びなど。

・**ウィット**：シチュエーションに応じたユーモア。

・**笑いを誘うユーモア**：ジョークのことで、説得にはあまりつながらない。

・**揶揄**：威勢のいい切り返しで、守勢に立ったときに最も役に立つ。

言葉の工夫：自分なりのテクニックを生み出すときに参考になる。基本的な技法は以下のとおり。

・**常套句をもじる**：よく耳にする言葉を、自分に有利になるように使う。

a．**文字どおりに捉える**：文字どおりに捉えているように見せかけて、その常套句を馬鹿らしいものにしてしまう。

b．**意外な結末**：常套句をいつもどおりに述べ始めるが、終わり方を変えてみる。

c．**つくりかえる**：常套句のなかの言葉を入れ替えてみる。

- **言葉の入れ替え**：普通の言い方、普通の文法を変えてみることによる効果。

a．**交差配列法**：対になった表現において、後ろのフレーズの語順を、前のフレーズの語順と逆にすること。「国があなたのために何をしてくれるかではなく、あなたが国のために何ができるのか」

- **ふたつのものを並べる**：論点を定義するために、意見を対照させて比べる。

a．**「……か、もしくは……か」**：ふたつのものを並列させる。

b．**対照法**：ふたつを対照させることで、どちらかを際立たせる。

- **言葉の意味を変える**：言葉を繰り返すことで、違う使い方をしたり、違う意味をもたせたりする。

- **声に出して訂正する**：自分自身や論敵の話を途中で遮って、訂正を加える。

a．**自分の言ったことを訂正する**：自分の言ったことを訂正しながら、公平で正確な話をしようとしていると見せ、議論を広げる。

b．**再定義**：論敵が使った言葉の定義を変える。

- **表現の強さをコントロールする**：スピーチを盛り上げたり落ち着かせたりする。

a．**皮肉の意味をこめて、控えめに話す**：論敵よりも冷静であることをアピールする。

b．**クライマックス法**：クレッシェンド効果をもたらすために、前の節の最後にくるものを次の節の初めにもってきて、段階的に話を進めていく。

- **新しい言葉をつくりだす**：古い言葉から新しい言葉をつくりだす。

a．**名詞の動詞化**：名詞を動詞にしたり、動詞を名詞にしたりする。

b．**特に意味のない言葉を使う**：言葉の意味を軽くしたり、強調するために一拍の間をおいたりする。

■ロゴス

論理による会話や議論。議論とは論理だけで成り立つべきだ、と考えられがちだが、誰かを説得するときには、理性的なスピーチにも感情や人柄といった要素が必要だ。

演繹法：一般的な原則を個別の事例に当てはめる。

- **省略三段論法**：「私たちは〈選択〉をすべきだ、なぜなら〈共通認識〉だからだ」となる。アリストテレスは、正式な三段論法をスリム化し、普遍的な真理ではなく、共通認識を基にすることを提唱した。

- **裏付けを見つける**：裏付けは、例示や前提からなる。通常、前提は「なぜなら」から始まる文、あるいは「なぜなら」という言葉が暗示されている文で表現される。

- **共通認識**：聴衆の世論を要約した、常套句、信念、価値観。これが、議論の出発点になる。

a．**繰り返し言う言葉**：聴衆がしきりに口にする言葉や考え。それは共通認識が表れたものだ。

b．**意見が否定されたとき**：これも共通認識を知る手がかりだ。聴衆は語り手の意見を否定するときに、自分たちの共通認識を使う。

c．**共通認識のレッテル貼り**：定義づけ戦略の方法として、共通認識を表す言葉を、アイディア、提案書、法案などに当てはめる。

帰納法：個別の例から、一般論へと移る。

- **事実、比較、ストーリー**：帰納法で使われる、3つの例示。

譲歩：相手の言ったことを受け止めてから、自分の意見を述べる。

枠組みづくり：議論の範囲を定めること。これは現代になって使われるようになった用語なので、古典的なレトリックには出てこない。

- **枠組みづくりの戦略**：

1．聴衆の共通認識を見つける。

2．なるべく多くの聴衆の価値観に訴えることができるように、論点は幅広いものにする。

3．未来形を使って、具体的な問題や選択肢について議論する。

- **定義づけの戦略**：議論で使われる言葉をコントロールする。
- **言葉を換える**：論敵の使った言葉を、自分の言葉に置き換える。

- **再定義**：論敵が使った言葉を受け入れるが、その意味を変える。
- **定義の柔術**：論敵の言葉を、論敵を攻撃するのに使う。
- **対照的な言葉を使う**：論敵が使った言葉と対照的な言葉を使って、相手の主張が悪いものであるように見える文脈をつくりだす。

論理の誤り：誰かがあなたを説得しようとするとき、論理の誤りを見つけることは重要だ。また、論理の誤りを理解していれば、それを自分で使うこともできる。

- **間違った証明**：土台にした共通認識や方針が、受け入れられないものであるか、例示が適切でない。

a. **間違った比較**：このふたつは似ている、だから同じに違いない、という誤り。
b. **「天然素材を使っています」の誤り**：天然素材は体にいいものだ。だから「天然」と呼ばれるものはいいものだ、という誤り。「関連性の誤り」とも言う。
c. **大衆性に訴える**：「ほかの子はみんなやってる。どうして私もやっちゃいけないの？」という誤り。
d. **早まった一般化**：わずかな例を見ただけで、一般的にそうだと解釈してしまう誤り。
e. **事実の誤認**：例外的な事柄を見て、それがルールだとしてしまう誤り。
f. **単位の誤り**：りんごとオレンジなど、種類の違うものを扱うときの、計算の誤り、あるいは部分と全体を混同してしまうことによる誤り。

g．**無知による誤り**：証明されていないなら誤りだ、と主張する誤り。

●**間違った結論**：選択肢が多すぎたり少なすぎたりする、あるいは、議論の内容に沿っていない結論を出すこと。

a．**多問の虚偽**：ふたつ以上の質問をひとつの文章に詰め込む。

b．**今回の件は過去の件と同じだという論理の誤り**：今回の件は以前のものと同じだ、または似ていると考えてしまう。

c．**不適切な話題を述べる**：聴衆の気をそらしたり混乱させたりするために、不適切な話題を述べる。

d．**別の論点を持ち出す**：もっと議論しやすい別の論点を持ち出す。

●**証明と結論の分断**：例示はいいが、それが結論につながらない。

a．**同語反復**：論理の反復。証明と結論が同じ。

b．**論敵の主張を、馬鹿げた話にする**

c．**滑りやすい坂**：あるひとつのことをしてしまったら、大変なことが続けて起こるだろうと予測してしまうこと。

d．**前に起こった事柄が次の事柄を引き起こしたとする誤り**：ひとつの事柄が、ある事柄の次に起こったということは、前に起こった事柄が次の事柄を引き起こしたということだ、と推定してしまうこと。私は「雄鶏の誤り」と呼んでいる。

レトリックの反則：議論を行き詰まらせてしまう、あるいは同意を得るのを阻んでしまうようなミス、あるいはそれを狙った意図的な攻撃。

- **未来形からほかの時制に移す**：現在形や過去形を使っても構わない。だが、審議（選択）の議論は、最終的には未来のことを話すものだ。
- **どんなときにもルールを曲げない**：自分の考えに固執したりして、相手側の意見を聞くことを拒む。
- **侮辱**：何を選ぶかの話をするのではなく、ただ相手を貶める。
- **皮肉**：誰かを貶めるために使われる。相手を否定することで、相手の主張は否定されるべきだ、と聴衆の頭に刷り込む。
- **脅し**：レトリシャンはこれを、「威力を使った議論」と呼ぶ。聴衆が何かを選ぶことを否定するものである。
- **汚い言葉やジェスチャー**
- **極端に馬鹿馬鹿しいことを言う**

■好機をつかむ技術（カイロス）

タイミングと手段が鍵を握る。

説得されやすいタイミング：聴衆が語り手の議論に最も説得されやすいとき。

・**説得のチャンス**：聴衆の気分や信念が揺らいでいるとき——気持ちがすでに変わりはじめている——が、説得のチャンスである。
・**説得しやすい聴衆**：語り手の話に聞く耳を持ち、語り手に注意を向け、語り手に好意を抱いている聴衆。
・**聴衆を換える**：いま語りかけている聴衆が、説得されそうになければ、別の聴衆に向かって語りかけよう。マーケティングはこの手法を使っている。

五感：どの感覚に訴えるのかによって、適切なツールが異なってくる。
視覚：たいていの場合、感情と人柄を使って訴える。
聴覚：ほぼいつも、論理を使って訴える。
嗅覚、味覚、触覚：たいてい、純粋に感情的なもの。

■スピーチ
1．**発想**：スピーチの創案。ロゴスを利用する。
2．**配置**：スピーチの構成。
　a．**序論**：聴衆の「関心と好意」を得る。
　b．**陳述**：これまでの経緯や、事実や数字を挙げる。
　c．**提議**：あなたと論敵の意見が一致する点、一致しない点を挙げる。

d. **立証**：あなたの議論の核となるものを述べ、その例を挙げる。
e. **反論**：相手を論破する。
f. **結論**：訴えたいポイントを、もう一度述べる。
3. **修辞**（**文体**）：聞き手を引きつけるような言葉を選ぶ。5つの美徳は次のとおり。
a. **適切な言葉**：聴衆に合った言葉。
b. **明瞭さ**：わかりやすさ。
c. **鮮烈さ**：ストーリーや事実を述べる「陳述」で最も効果を発揮する。
d. **ディコーラム**（**適切さ**）：聴衆が使う言葉や話し方を用いる。
e. **装飾**：声のリズムや言葉の巧妙さ。
4. **記憶**：メモを見ないでスピーチする能力。
5. **発表**：スピーチを実際に行う。
a. **声**：会場全体に聞こえるような声のボリューム。
b. **ジェスチャー**：大きな会場であっても、目が鍵である。目がその他の表情筋ともつながるからだ。公式なスピーチでは、手を使ったジェスチャーは、あまり用いないほうがいい。

謝辞

本書で取り上げたエピソードは、ハックルベリー・フィン風に言うなら「だいたいは、事実」だが、私の家族についてのストーリーはどれもすっかり昔の話になってしまった。喜ばしいことだ。本書のなかでは幼かったり、生意気盛りの10代だったりする子どもたちは、いまでは仕事でもプライベートでも、しっかりと自分の人生を歩んでいる。娘のドロシー・ジュニアは結婚して、ワシントンD．C．で移植患者のケアをする仕事に就いている。息子のジョージは、私立学校で歴史と討論の授業を受けもっている。ふたりはいまでも昔と同じように私を笑わせてくれるし、彼らと話しているとレトリックについて何かしら学ぶことがあるのも嬉しい。

妻のドロシー・シニアは引き続き資金調達の仕事をしているが、いまはロー・スクールのための資金集めは担当していない。彼女はこの仕事のほかに、私たちの住む小さな町の役員3人のうちのひとりに選出されて、そちらの仕事もこなしている。本書で私がたびたび彼女のことを「大事な人」と書いているのを周りの人からからかわれるそうだが、本当に大事なのだからしかたない。私が、仕事を辞めてレトリックの本を書きたいと言ったとき、妻は皮肉でもなんでもなく「あなたならきっとできるわ」と言ってくれた。この言葉にも勇気をもらったが、彼女の強い信頼、固定給、それから私の原稿についての鋭い指摘がなかったら、この本は完成しえなかったと思う。

本書の初版を執筆していたころは、小さな仕事部屋にこもって楽しく仕事をしていたのだが、いまは、たびたび居心地のいいニューハンプシャー州をあとにして、レトリックのワークショップやプレゼンテーションをして回っている。ペース・コミュニケーションズ社とサウスウエスト航空会社の仲間たち、特にクレイグ・ウォーラー、ボニー・マッケルヴィーン＝ハンター、デビー・ダンキン、トッド・ペインター、ケヴィン・ドゥ・ミランダ、J・K・ニッケルに感謝申し上げる。

私のエージェントのシンシア・カーネルは、10年近くにもわたり数カ月に一度は私に電話をかけてきて、本を執筆する気になったかどうか尋ねてくれた。彼女が出版社に売り込んでくれたおかげで、私ももう一度やる気を出すことができた。彼女の協力により、本書はイタリア語、ポーランド語、チェコ語、韓国語、トルコ語、中国語、ロシア語、スペイン語、ドイツ語などに翻訳され、イギリスでも出版された。

編集者のリック・ホーガンは、ウィットの効いた言葉で私を導き、どんな編集者よりもうまく私を励ましてくれた。ジュリアン・パヴィアとネイサン・ロバーソンは、一行一行細かく見て素晴らしいフィードバックをくれ、哲学的な部分についても素晴らしい知識にあふれたメールで議論してくれた。

作家のジム・コリンズ、クリステン・コリンズ＝レイン、リサ・デイヴィス、ピーター・ヘラー、ユージニー・シールズ、ボブ・サリヴァンからは、貴重なアドバイスをいただいた。コネティカット大学の教員でユーモアのセンスに富んだジーナ・バレッカは、難しいレトリック用語に頭を抱えていた私を助けてくれた。ニューハンプシャー州のレバノン高校のデボラ・ネルソンと、彼女が受けもつ上級英語クラスの生徒たちは、原稿を読んで、誰よりも辛辣な、そして面白いコメントをしてくれた。コメントやアドバイスをくれた、シェリー・チェスター、ジェレミー・カッツ、ナット・リード、スティーヴ・マデン、クリステン・ファウンテンにも感謝申し上げる。

国内の大学にいる多くのレトリシャンからも、何年にもわたってたくさんの助言をもらった。幅広い知識と教養をもったデイヴィッド・カウフマンは、学者、教師、小説家であり高潔な人だったが、私は彼に最も感化された。「伝える技術　実践編」を一緒につくってくれたデイヴィッド・ランデスとは、ニューハンプシャー州とドバイをスカイプで結んで、レトリックのさまざまな観点についてとても楽しく議論させてもらった。ヨーク大学のドミニク・デリ・カルピーニと彼の同僚は、執筆のための滞在場所を提供してくれたうえに、画期的なレトリックのカリキュラムを見せてくれた。ミドルベリー大学のダナ・イートンは、学界において最も活気に満ちた演説の実験に参加させてくれた。彼らのような学者たちが、ヨーロッパの暗黒時代の修道士たちと同じように、レトリックを生かしつづけてくれているのだ。

最後になるが、Figarospeech.comとArgueLab.comの何千というフォロワーのみなさんのおかげで、私はレトリックという伝える技術を信じつづけることができた。いまこれを読んでくれているあなたのような何百万人もの仲間とともに、アリストテレス、イソクラテス、キケロ、クインティリアヌス、チャーチル、バーク、キング、マディソン、リンカーン、ハミルトンなど、過去の偉人たちをいま、甦らせよう。みなさんに幸運が訪れますように。

訳者あとがき

「レトリック」という言葉を耳にしたことがあっても、その意味を正確に知っている人は案外少ないのではないだろうか。本書で初めて「レトリック」の意味を知った方も、読み終わるころには、自分でもレトリックを使ってみたくてウズウズしているに違いない。あるいは、自分が今まで使っていたのはレトリックだったのか、と気づいた読者もいらっしゃるかもしれない。

レトリックは古代ギリシャ時代から幾多の盛衰を繰り返しながら、今日まで生き延びてきた学問である。アリストテレスやキケロの時代には、大勢の聞き手を引きつけるための演説の技術だった。19世紀の半ばから、いったんレトリックは衰退しはじめるが、情報社会の訪れとともに再び脚光を浴びることになった。現代では、自分の考えや思いをうまく相手に伝えるための技術、あるいは相手をうまく説得する技術として、注目が高まっているようだ。古代ギリシャ時代に生まれた学問と言うと、なにやら難しいものという印象を与えるかもしれないが、レトリックは日常生活でも使える技術の宝庫である。

著者のジェイ・ハインリックスはこのレトリックに惚れこんで独学で学び始め、ついには編集者の仕事を辞めて本書を執筆した。２００７年に初版された本書は好調な売れ行きを示し、２０１３年には第二版を出版。ニューヨーク・タイムズのベストセラーとなったほか、２０１６年にはハーバード大学の必読図書トップ10にも選ばれている。今般、邦訳のはこびとなった第三版は、読者の要望を受けて新しい章がいくつか加えられたものになっている。

本書の魅力はなんと言っても、その堅苦しくない内容と、ユーモアとウィットに富んだ文章にある。自分の職場での失敗談や、思わず微笑んでしまうような家庭でのエピソードを織り交ぜながら、レトリックのもつ力について解説してあるので、楽しく読み進めるうちに、自然とその技術を学ぶことができるようになっている。豊富な具体例が示してあるので、読者のみなさんも、すぐに実践できることだろう。また、実にさまざまな切り口からレトリックを解説しているところも、本書の優れた点だ。これほど多角的に書かれているレトリックの書籍は、あまりないのではないだろうか。

著者は、この技術をより多くの人に楽しく学んでもらうために、ウェブページも開設している。そのページでは、レトリックに関するクイズ形式の練習問題にも取り組める。この練習問題は、邦訳したものをポプラ社のホームページから閲覧できるようになっているので、ぜひご覧いただき、本書で得た知識の確認に活用していただければ幸いだ。

レトリックを学べば、家庭でも、職場でも、より豊かな人間関係が築けるに違いない。本書で得た知識を、読者の皆さんが日常生活に生かしてくだされば、訳者としてこのうえない喜びである。

最後に、翻訳にあたって、細かなところまで丁寧に原稿を見てくださいましたポプラ社の近藤純さん、数々の鋭い指摘をしてくださいました校正者の方、貴重なアドバイスを多数賜りました株式会社リベルのスタッフの皆様に、この場を借りて厚く御礼申し上げます。

2017年12月　　　多賀谷　正子

ブックデザイン：小口翔平＋山之口和正（tobufune）

ジェイ・ハインリックス　Jay Heinrichs

執筆者、編集者、会社役員、コンサルタントとして30年以上にわたり出版業界に携わってきた。本書の第1版が刊行されてからは、講師として世界中を飛び回り、「伝える技術」を教えている。現在はミドルベリー大学教授としてレトリックと演説の授業を担当。ワシントンD.C.で記者としてキャリアをスタートさせたのち、何誌かの雑誌のスーパーバイザーを務めた。高等教育についての記事で、教育発展支援評議会(CASE)の金メダルを3度受賞。レトリックについての著書に"Word Hero: A Fiendishly Clever Guide to Crafting the Lines That Get Laughs, Go Viral, and Live Forever"(未邦訳)がある。現在は妻のドロシー・ベーレン・ハインリックスとともに、ニューハンプシャー州に暮らしている。

多賀谷正子　Masako Tagaya

上智大学文学部英文学科卒業。銀行勤務などを経て、現在はフリーの翻訳者。共訳書に『親も子も幸せになれる 子育てのヒント100』がある。

翻訳協力：株式会社リベル

THE RHETORIC
人生の武器としての伝える技術

2018年4月9日　第1刷発行
2018年8月15日　第5刷

著者　ジェイ・ハインリックス
訳者　多賀谷正子
発行者　長谷川均
日本語版編集　近藤純
発行所　株式会社ポプラ社
〒160-8565 東京都新宿区大京町22-1
電話:03-3357-2212(営業)　03-3357-2305(編集)
一般書事業局ホームページ:www.webasta.jp

印刷・製本　中央精版印刷株式会社

N.D.C.361/559P/19cm/ISBN978-4-591-15692-6